Il conciliatore e i Carbonari, episodio

Cesare Cantù

Nabu Public Domain Reprints:

You are holding a reproduction of an original work published before 1923 that is in the public domain in the United States of America, and possibly other countries. You may freely copy and distribute this work as no entity (individual or corporate) has a copyright on the body of the work. This book may contain prior copyright references, and library stamps (as most of these works were scanned from library copies). These have been scanned and retained as part of the historical artifact.

This book may have occasional imperfections such as missing or blurred pages, poor pictures, errant marks, etc. that were either part of the original artifact, or were introduced by the scanning process. We believe this work is culturally important, and despite the imperfections, have elected to bring it back into print as part of our continuing commitment to the preservation of printed works worldwide. We appreciate your understanding of the imperfections in the preservation process, and hope you enjoy this valuable book.

CONCILIATORE E I CARBONARI

IL CONCILIATORE

E I CARBONARI

EPISODIO

DI

CESARE CANTÙ

MILANO

FRATELLI TREVES, EDITORI.

1878.

PROPRIETÀ LETTERARIA.

22162
873/92

Tip. Fratelli Treves.

> Nos saltem nullus potuit pervincere terror
> Ne nostrum comites prosequeremur iter.
>
> BOEZIO.

I.

PROEMIO.

Che l'Italia fosse morta, come dicevano Leopardi e i suoi compagni, e la nostra « una vita di uomini malsani, tutta infingardaggine, come destinati a star a vedere ciò che faceano gli altri »; e che solo nel 1859 « la morta coscienza della nazione si sia destata », noi non l'abbiamo mai voluto consentire, nè farci complici di un misero orgoglio, che incolpa tutto il passato di idiotismo; parendoci che spesso, invidiosi perchè fiacchi, noi neghiamo o vogliamo ignorare le glorie nostre. S'anche si verrà a ricantarci che colle idee, colle aspirazioni, cogli scritti non si arriva a nulla, bensì colle braccia, colle barricate, cogli sbarchi dei mille, noi sosterremo che ciascuno deve servir la patria coi mezzi proprj; ci ostineremo a reclamare al nostro secolo (i secoli sono ora così brevi e così rapidi!) una porzione di merito nella lunga gestazione, e d'avere ai più fortunati preparato il campo in trent'anni di fatiche senza riposo e senza transazioni, come senza compensi.

Carlo Dupin, dietro alle tavole delle nascite e morti, calcolò quanto si introduca o si tolga delle opinioni dominanti. E poichè la generazione nuova, con nuovi pensamenti, incalza i miei rari coetanei, e sul declinare della vita più si ama ciò che è perito o vicino a perire, e quegli orizzonti che per noi furono il levante, noi, persistendo a riconoscere ben addietro le aspirazioni all' indipendenza (1), vogliamo badarci sopra un tempo, di cui ormai sono pochi i sopravviventi; e la cui azione fu poco gradita ai Mazziniani del 33 e meno ai vincitori del 59, perchè mirava solo alla indipendenza, non all'unità o repubblicana o regia; per nulla dire di quei beati che hanno solo compassione pel 21, beffa pel 48. Noi, dotati del melanconico privilegio della canizie, alla nuova generazione, che a colpi di compasso uccise l'entusiasmo, diremo, come il marchese di Posa a don Carlos,

> Che non irrida nell'età matura
> I suoi giovani sogni, e mai non getti
> Al verme sepolcral d'una ragione,
> Ostentata più saggia, i santi fiori
> Nati un dì dal suo core, e che non torca
> Dall'impreso cammin se la prudenza
> Leva il capo dal fango e maledice
> L'entusiasmo che del Cielo è figlio.

Tra le migliaja di giornali che nacquero e morirono, la Lombardia conservò speciale memoria di due, brevissimi di vita: il *Caffè* e il *Conciliatore*. Del

(1) È l'assunto della mia cronistoria

primo avemmo occasione di dire a proposito di Cesare Beccaria (2): sull'altro intendiamo ora badarci, non tanto pel giornale stesso, quanto per le persone che vi diedero opera.

E poichè il caso ha posto in mano nostra molte carte che le riguardano, ce ne varremo onde presentare, non cose nuove, ma sotto nuovo aspetto un tempo e un'occasione, che poteva esser madre di insigni venture, e non fu che di martirj. A stringere amicizia con persone già in parte conosciute ci gioveranno molte lettere, genere troppo trascurato da noi, avvezzati nelle scuole a scrivere in ghingheri; mentre piace il sorprendere gli autori in veste da camera, fra le domestichezze, coi giudizj che cascano dalla penna senza pensare che altri li raccolga.

---

(2) *Beccaria e il diritto penale.* Firenze 1862.

II.

LUIGI PORRO.

Fra tante lapidi che si posero in Milano sopra le abitazioni d'uomini illustri, fin su quelle ove stettero poco tempo a pigione, ne fu dimenticata una in via del Monte di Pietà al numero 1579, ora Betlem. Era la casa di Luigi Porro.

Quest'uomo, di cui non si tenne conto nella seconda preparazione, era stato dei più caldi fautori dell'idea d'indipendenza italiana nel 1814, e quanto e come bene la intendesse, lo dicano queste sue lettere a Federico Confalonieri, il quale, dopo l'infausto 20 aprile 1814, istituitasi qui una Reggenza Provvisoria, era stato spedito a Parigi a chiedere dagli Alleati la indipendenza del regno d'Italia; mentre Porro andava al campo austriaco di là dal Ticino; il barone Trechi a Genova all'inglese Bentink.

Carissimo Amico,

Straccio una lettera, perchè la vostra, comunicatami dalla carissima vostra signora, mi vi obbliga, onde dirvi le mie idee. Bravo amico, vedo che proprio e l'amor del nostro paese che vi anima, e me ne congratulo e consolo. Mio caro, non tutti quei che abbiamo posto alla testa qui faranno lo stesso. Infelici, non sanno, che Italia nostra si è sempre perduta per lo spirito individuale.

Continuate l'opera vostra, e non vi sgomentate. Io credo che la nostra indipendenza sia un oggetto che interessar possa la mente di quei ministri austriaci che sono proprio grandi. Nella mia gita a Verona e da Nugent, mi avvidi che l'Austria non era certa di aver questi paesi, e massime a a Verona fui molto incoraggiato di cercare per re Francesco di Este, e mi dissero che il consiglier Baldacci poteva favorire le nostre idee.

Sottoposi a Bellegarde e Nugent la considerazione, che un bel regno, di molto ardor nazionale dotato, retto da un principe austriaco, e che rendeva grande il nostro paese per l'unione del Modenese e le speranze del Piemonte, era per la casa d'Austria una più grande risorsa che non provincie che per lo più sono addormentate dalla amministrazione insolente di governatori ultramontani e senza proprj interessi. La forza di un bel Regno, unito per gl'interessi e legami di famiglia coll'Austria, e che, in occasione di guerra, gli avrebbe potuto dare 30 o 40 mila baionette eccellenti ed essere vero antemurale alla Francia, valeva ben più che la Lombardia, provincia che a stento dava due reggimenti. Queste considerazioni piacquero, ed io ti assicuro che evvi il progetto sul tappeto di unire anche il Genovesato a noi. Bisogna poi far giocare a Metternich anche il riflesso, che, se loro non daranno a noi un governo come aggrada al paese, gli stranieri un giorno o l'altro approfitteranno di queste disposizioni, e la nostra conquista sarà così facile come lo fu nel 1766. Non parlo delle nostre interne cabale de' senatori che furono sventate, nè dell'ambizione di qualcheduno fra noi. Sono cose nulle in confronto dei grandi oggetti, che ci devono interessare.

Allorchè noi avremo fatto il possibile, non avremo colpa verso il nostro paese. Quello che ti raccomando è che si faccia un quadro di quanto abbiamo sostenuto fino al giorno

20 aprile per la cattiva lega di chi ci ha governati, e che quella cattiva caterva di persone sia *deraciné* totalmente.

Amami tanto, che io ti amo assai e di cuore.

13 maggio 1814.

Carissimo Amico,

14 maggio 1814.

A monte tutto quanto vi scrissi jeri. La vostra e quella di Giacomo (Ciani?) dell'8 ha cambiata la scena. L'amor per il nostro paese non deve stancar noi, nè mancar di suggerire quelle idee, che nel momento possono esserci utili (1).

Siamo dunque austriaci? Siamolo almeno come lo sono le provincie e regni Ungheresi e Boemi. Parte dei loro privilegi, diritti della nobiltà, esclusione di esteri dalle cariche nazionali che fossero per essere addette al nostro Regno, se ne sarà dato d'ottenerlo. Ella è una considerazione grande, che più l'Austria favorirà questi popoli, e ne avrà soccorsi ove bisogna. L'unione di tutti i dipartimenti veneti e de' nostri all'Austria presenta un insieme di quasi 4 milioni di abitanti. Questi possono, a guisa degli Ungari, avere una capitale, degli *Stati* composti di nobiltà, e la nobiltà concorrere allo splendor del trono austriaco. Il far diversamente è l'averci per sudditi dei sudditi. Credo che l'Austria, in questo momento in cui le potenze del Nord sono sì forti, debba anche essa aumentare la sua potenza reale. Gl'Italiani saranno suoi, se pareggiati nei diritti agli altri

---

(1) Fra gli scoraggiati di quel tempo dobbiam notare Ugo Foscolo, che dalla Svizzera scriveva al barone Trechi:

« Tu sei convinto al pari di me, e tranne un piccolo numero di sciagurati fanatici, tutti, noi tutti siamo convinti che l'indipendenza d'Italia è disperatissima cosa: altri dirà che non siamo maturi; io credo, anzi so che siamo maturi fino alla corruzione, e che, senza un incendio simile a quello della Francia non potremo cangiar condizione: ma s'ha egli a fare deserto per rifare l'Italia? Meno male è pur sempre l'essere sventurati come pur siamo, senza mostrarci forsennati agli occhi del mondo ».

sudditi. Insomma cercare sia nei dettagli d'amministrazione, sia nella scelta delle persone che devono comporre il Governo o la futura Corte, che la scelta cada sopra i migliori nostri, di maggiori lumi. Ecco un gran servigio che ancor potete rendere al nostro paese. Noi abbiamo bisogno, che esista sempre un centro qui anche dei paesi ex-veneti, ed in certo modo sarà allora ciò che fu nei mesi scorsi colla Francia, ed avremo fatto ancor un passo per esser governati da un principe distinto ed ottimo, invece d'un tiranno; d'aver degli ottimi cittadini alla testa, invece di quei vili, che ci vendevano ad ogni momento.

Addio, caro amico, amatemi e credetemi a tutte prove

Affmo PORRO.

Vi scrivo dal tavolo di vostra moglie.

Quando Murat fece il primo e sfortunato sforzo di un'Italia una, Porro vi accorse. Nel ritorno Pio VII lo interrogò sulle intenzioni di re Gioachino, e si dichiarò non contrario a quei tentativi palesi e secreti; — « I Carbonari hanno sentimenti italiani, e italiano sono io pure ».

Saltiamo molti anni per recare una lettera del Porro ad Antonio Cazzaniga, giovane cremonese:

Milano, 20 gennajo 1821.

Rispondo a due care vostre; non l'ho potuto prima. Sapeva il matrimonio della vedova Crotti. Ha fatto bene a maritarsi, e a voi altri giovani or sta a far che pensi bene. Quella è una buona giovane, ma i suoi modi l'hanno resa sempre debole. Voi altri dovete darvi la pena di render la donna ottima, ed invece di parlare di galanterie, formatele l'animo forte. Sapete che influenza hanno le donne e massime le ricche. Vedete come fanno i preti? imitateli! Il liberalismo è anch'esso una religione santa, e chi è prete di quella deve colla santità della verità alla mano convertire chi non vede in esso che rivoluzione, stragi, ateismo, dissolutezza, ecc.

Voi siete un ottimo giovane, caro Cazzaniga, e d'intelletto; dunque marciate sulla strada santa. Bisogna forzare con tutti i mezzi persino i nemici più acerrimi a confessare che abbiamo ragione sotto ad ogni rapporto. Desidero vedervi presto qui, ed avremo campo di parlare e divertirci insieme. Salutate i nostri amici. Fate che i giovani Vidoni siano sempre buoni. Tollerate i difetti di tutti, e francamente fateglieli colla più grande amicizia conoscere. Amatemi.

PS. Pellico a giorni sarà libero (2).

Su quest'ultima frase, per ora non mettiamo che il dito, bastando dire che il Porro, di tre suoi figliuoli, il maggiore Giberto avea mandato in collegio a Siena, dei due altri Giulio e Giacomo, aveva chiamato precettore Silvio Pellico. Una lettera a sua figlia, che faceva educare nel collegio reale di S. Filippo (3), mostri come alle idee liberali unisse le affezioni domestiche.

Mia cara Nancy,

Arluno, 2 aprile 1821.

Sono sicuro che ti dispiacerà molto, che io non sia costì per giovedì, giorno in cui tu dovresti coll'Elisa pranzare da me. Ma che vuoi? Bisogna che abbi pazienza. Io sono sempre in campagna, e tutto fa che vi rimanga per ora, ed i

---

(2) Egli stesso al signor Onorato Pellico scriveva: — « Suo figlio sta bene. Sono quasi certo che il suo affare sarà finito nella ventura settimana. Ieri fui dal Direttore Generale della Polizia per aver sue nuove, e me le diede ottime, e che appena il tribunale avrà finito l'affare Maroncelli, esso sarà libero. Ho avuto facoltà d'andarlo a trovare ».

(3) Parlando della scuola di S. Filippo e degli altri educandati femminili, la *Biblioteca Italiana* doveva avvertire che forse 50 opere e operette adoperate in essi erano tutte traduzioni; perfino i metodi per cembalo, arpa, violino, ecc.

tuoi parenti non so se avrebbero il diritto d'averti a casa. I
tuoi fratelli ti verranno a trovare, e ti porteranno qualche
regaluccio. Ti avrei fatta venire ad Arluno, ma abbiamo 6
cannoni e 100 artiglieri, di cui 60 ne ho qui in mia casa
ad abbruciarmi tutta la legna. Addio, cara Nancy. Abbraccia
mille volte la cara Elisa. Mille e mille cose alla ottima mad.
De Cort. Amami, e credemi sempre

l'affez. padre
LUIGI.

III.

IL MUTUO INSEGNAMENTO.

Il Porro era rimasto vedovo della contessa Anna Serbelloni, e le avea fatto porre nel suo giardino un monumento, scolpito dal Thorwalsen, in forma di dado con bassorilievi a tre lati e l'iscrizione al quarto (1), e i forestieri andavano ad ammirarlo. Ma più si cercava d'esservi presentato, perchè quella casa era il convegno di quanto Milano aveva o riceveva di meglio e di più liberale (2). Apertosi allora il continente,

---

(1) Venduta la casa durante l'esilio di Luigi, il monumento fu trasportato nella villa Porro a Fino.

(2) È abbastanza curiosa questa lettera del governatore di Milano al principe di Metternich del 1 giugno 1819.
— « È arrivato il Duca di Richelieu (ministro di Francia), ed io procurerò rendergli gradevole il soggiorno, quanto si può in città, dove le *risorse serali si riducono ai palchi in Teatro della Scala*. Facendogli un distinto ricevimento, credo pagar il giusto tributo che la nobile condotta sua gli meritò da tutti gli amici dell'ordine e della legittimità. Per uno strano caso, egli si trovò dal Duca Dalberg raccomandato al conte Porro, personaggio vanitoso, che di buona fede si crede importante, e capo di quella opposizione, che, nell'impotente sua rabbia, si limita a calunniare il Governo

chiuso per l'addietro dalla guerra e dalla gigantesca follia del blocco, affluivano gli stranieri, massime inglesi, a bearsi dei nostri Soli, delle arti nostre, delle nostre donne. Nelle case Trivulzio e Porro era il ritrovo di quanto capitasse a Milano di ricco e di illustre; ivi madama de Staël e lo Schlegel che teorizzavano il romanticismo; ivi Byron, Southey, Hobbouse che lo applicavano; e il chimico Davy e il legista Brougham. Le insurrezioni della Grecia e della Spagna, e ben presto di Napoli, ravvivavano le non mai cessate aspirazioni nazionali, e nelle trame, che fanno rampollare mille speranze, non ne maturano alcuna, rinterzavansi le società segrete, eterno esercizio della nostra gioventù. La morte di Napoleone avea destato il culto di questo, e dimenticando il gigantesco suo egoismo, la passione del sangue, lo sprezzo pei diritti dell'uomo e delle nazioni, la mancanza del sentimento di giustizia, non solo *dalle stanche ceneri* allontanavasi *ogni ria parola*, ma s'ingloriava il caduto regno d'Italia, e l'avervi combinato i canoni della rivoluzione colle tradizioni amministrative dell'antico sistema. E poichè l'emanciparsi con forze proprie dal dominio austriaco pareva impossibile, e follia lo sperar d'indurre l'Austria al regime costituzionale, i liberali d'allora pensavano a preparare il popolo agli avvenimenti sperati, infondendogli amore della famiglia, della patria, dell'umanità, ritemprando il carattere nazionale, elevandolo alle regioni estetiche e metafisiche, conducendolo al vero per la via del

---

presso i viaggiatori. Stimando sconveniente che il presidente del ministero di Francia fosse menato in trionfo da questa consorteria, ho fatto prevenire il Duca dal console di Francia, e tanto basta per isconcertare i liberali, abbondanti nella nostra società ».

bello. Insieme guardavasi ai passi che il secolo faceva presso gli stranieri, e si cercava emularli, o almeno imitarli.

A tali intenti adoprava Luigi Porro, e per cura sua e di amici si allestì il primo battello a vapore (3), che, dopo un tentativo sul lago di Pusiano, cominciò le corse sul Po fino a Venezia; si introdussero la prima filanda a vapore, e la macchina di Hill per lavorare il lino: si propose un bazar in città; nella sua casa si fece la prima illuminazione a gas (4), si pose la prima scuola di mutuo insegnamento.

Il dottor Bell diede primo il concetto dell'istruzione vicendevole a Madras nel 1789; passato in Inghilterra, vi portò questo metodo, e Lancaster lo modificò tanto da parere sua invenzione. I Francesi pretendono invece rimonti a Herbault e Paulet, che l'uno nel 1747, l'altro nel 1772 dirigevano scuole elementari a Parigi. Realmente di quel metodo si cominciò in Francia a far conto nel 1815, trasportandovi quello di Lancaster, che presto passò in Olanda, in Prussia, in Polonia, in Russia, in Isvezia, in Danimarca, in Portogallo, in Ispagna, nella Svizzera.

Gli Italiani alla loro volta potevano rivendicarlo, mercè le scuole della dottrina cristiana, introdotte da Castellino di Castello sopra Lecco, e diffuse da san

---

(3) Credo che il primo battello a vapore italiano fosse il *Ferdinando I*, capitano Wolf, della portata di 260 tonnellate, nell'ottobre del 1818. Da Napoli a Livorno mettea 52 ore, e 22 da Livorno a Genova; colla forza di 42 cavalli. L. Porro ne annunziava nel *Conciliatore* le prime corse, lodando la società di negozianti napoletani che l'avean fatto costruire, alla cui testa era il ministro Medici.

(4) Per questa si fanno fare tubi a Lecco ma non riescono: si tenta di nuovo, ancora invano: si fan venire d'Inghilterra, e gli operai lecchesi imparano.

Carlo, dove, chi appena sapesse qualcosa, la insegnava agli altri in chiesa la domenica, compreso il leggere e scrivere, come si costuma fino ad oggi nel duomo di Milano. Ma nella nuova forma il sistema lancastriano fu introdotto a Napoli, tanto spesso a capo delle novità, poi a Firenze, in Piemonte, nel Genovesato, nel Parmigiano. I nostri l'avevano creduto opportunissimo ad agevolare l'istruzione del popolo, e abbiamo la petizione sporta da Federico Confalonieri il 17 febbrajo 1819 all'I. R. Governo per essere autorizzato ad aprir qui pure una scuola siffatta. Doveva andar solo a vantaggio della più povera classe del popolo, e limitarsi al leggere, scrivere e le quattro operazioni d'aritmetica. La prima era nell'antico convento di S. Agostino, cioè adjacente alla casa di Luigi Porro. La commissione era composta di Federico Confalonieri, marchese Giulio Beccaria figlio di Cesare, Carlo Giuseppe Londonio, G. B. Litta-Modignani, segretario Giuseppe Pecchio. In una relazione sugli intenti e i modi di quella istituzione dicevasi: — « Non è scopo di queste scuole l'addottrinamento religioso, ma soltanto si propone come vantaggiosa cosa il far esercitare i fanciulli, nell'atto dell'insegnamento, sopra esemplari che gettino in loro i primi germi e le prime idee della religione e della morale ».

A sistemarle chiamavasi Giacinto Mompiani, pio bresciano, che veniva assomigliato a Cristo fra i parvoli quando la domenica spiegava in chiesa il catechismo. Egli ne aveva già posta una a Brescia, un'altra a Pontevico per cura dei fratelli Ugoni; un'altra ne apriva il conte Giovanni Arrivabene a Mantova, frequentata da 150 bambini poveri, oltre quelli dell'orfanotrofio. Parlandone quella Gazzetta scriveva: — « Noi facciamo plauso alla filosofia di quelli che, non invaniti dell'aura di fortuna che li circonda, intendono l'animo ad utili occupazioni, e stendono provvida la mano a chi ha tanti diritti alla nostra beneficenza, e dimostrano, per quanto è da loro, non essere l'ultimo affetto la carità della patria, nome prezioso che non scende mai senza palpito di commozione nel cuore dei buoni ».

È già assai per un foglio officiale. Anche la *Biblioteca Italiana*, organo del Governo, ripeteva queste parole, che non sonerebbero male anche oggi, e che mostrano come quelle scuole non fossero in sospetto all'autorità. Ma dopo alcun tempo essa *Biblioteca* le disapprovava, sulla traccia del « *Beantwortung der Frage:* Sind Bell-Lancaster'sche Schulen in den K. österreischchen Staaten anwendbar und Bedürfniss? von JOH. MICH. LEONHARD. Wien 1820 ». E conchiude esser elle in parte dannose, inutili poi nell'impero austriaco, ove sono migliori assai le scuole ordinarie, tanto in quello diffuse.

L'esito vi diede ragione, ma è vero quel che allora pronunziava il duca di La Rochefoucault, che il risultato più importante è forse appunto quel che meno si prevedeva: offrendo un nuovo mezzo di istruire gli uomini, forzò le sane menti a dirigere l'attenzione sull'istruzione del popolo, e riconoscerne l'indispensabile necessità. Laonde noi dobbiamo esserne riconoscenti a quelli che le caldeggiavano con sante intenzioni. Tra questi era il Confalonieri, che, dopo la prima nella casa del Porro, ne aprì una seconda in via S. Cristina, e in quella occasione recitò un discorso che s'ha alle stampe. Sul qual proposito Lodovico De Breme gli scriveva:

Caro Federigo mio,

Torino, 7 Aprile 1820.

T'ho scritto due lettere, e non n'ho ricevuta una da te. Non ti fo già querela, neppur per ombra. Ciò noto soltanto perchè conosciamo entrambi i nostri rispettivi crediti verso la Regia Cesarea Polizia. Ti spedii poscia quattro volumetti. Li hai ricevuti? Basta così? Vuoi anche la *puerizia*, oltre l'*infanzia*?

Il tuo discorso mi ha fatto piangere. Prima di lodartene per ciò che ha d'ingegnoso, lasciami parlarti di ciò ch'ebbe per me di commovente. Leggendolo io pensava a quella tanta strada che hai già, con tanto tuo onore e patrio giovamento, percorsa, da quei dì che io ti diceva: « Federigo mio, soffoca l'invidia colle azioni, o l'invidia soffocherà te colle parole ». Di quella tua attività, e di quella tua giusta ambizione, e del tuo moltissimo criterio, e della tua singolare abilità pratica nell'operare, e della tua tenacità nei propositi, e dell'altezza del tuo nativo slancio, che vuoi farne oggidì che non hai patria, non Governo nazionale che li apprezzi, non concittadini che t'invitino nè a utile nè ad amena esistenza? Fatti animo, datti a conoscere a dispetto dei tristi giorni e della trista condizione del tuo paese; e da oggetto che sei di sciocca ma pur maligna critica plateale, renditi oggetto di nobile invidia e forse di ammirazione.

Federigo, i miei discorsi, e il tenore delle mie lettere furono ostinatamente concordi e seguirono invariabilmente quella stessa norma. Io t'amavo, e non cessai un istante di seguire lo svolgimento della tua vita con quella stessa ansietà che provava per me stesso. Finalmente il tuo animo t'indirizzò dall'intimo questi medesimi consigli; abbracciasti forti e ferme ed efficaci risoluzioni, volesti virilmente, e ciò era tutto; perchè negli uomini distinti il volere non fallisce mai ma presto tocca il segno. Fra tutti gli avviamenti da dare al tuo ingegno e alla tua moltiplice abilità, hai scelto il più nobile, il più risplendente, il più fecondo di frutti, e di frutti che centuplicheranno le tue speranze stesse. L'albero che piantasti coprirà d'una vasta ombra di terreno della tua Patria. Le altre imprese cui desti moto, o che solo conduci, sono pienamente armoniche colla prima, e collo scopo generale che ti proponesti. Se i destini dell'Italia si abbelliranno, se batterà l'ora della nostra rigenerazione, quest'epoca invocata e sospirata troverà il tuo paese assai più maturo; e la tua coscienza, quindi il pubblico, te ne renderanno la dovuta mercè. Anzi, quella stessa maturità a cui avrai condotte le menti de' tuoi concittadini affretterà forse questa epoca d'alcuni istanti. Dopo ciò, ti si deve dal tuo più fervido e più ingenuo amico una candida congratulazione per la nobiltà della tua allocuzione, e per l'abbondanza, la sceltezza, la convenienza, e l'efficacia delle idee onde l'adornasti, non che per la scaltrissima, prudente e sommamente ingegnosa condotta di quelle orazioni che ne formano il nerbo. Mi piacque insomma per tutti i versi, e comprenderei da quella sola che sei nato a operare cose pubbliche, e ad influire sulla moltitudine, vincendone con tutta grazia i pregiudizi, nel mentre stesso che fai più mostra di acudirli. La tua lettera mi riuscì di sommo interesse, e il contenuto suo era tutto di natura da raddoppiare il vivo piacere che mi fa sempre una lettera tua, perchè è tua.

Ti fu detto che mi si negò d'inserire nella Gazzetta Torinese l'annuncio di quanto si fa già costì in materia di pubblica e sociale utilità; io vi t'avea renduta quella giustizia che ti si compete, e dopo te, al candido Mompiani. Nullameno aspetto il mio Emmanuele (*fratello*) per tosto provare a parlare di *Società* e di.... con qual frutto? ma....

Ho interrotta questa lettera per abbracciare Emmanuele, ritornato or ora da Parigi. Pranzeremo insieme; oggi intanto l'ho lasciato colla miracolosa sua Barberina. Si può perdonare a tutt'un paese guasto e corrotto, per una sola anima privilegiata che vi si trovi, certo Barberina Della Cisterna tiene sola in lance il fetido Piemonte nella stadera dei destini. La mia salute è vacillante oltre l'usato. Non ho avuto un giorno prospero dacchè sono in Torino. Mi sento sempre un principio di esaltazione febbrile, e litigo col respiro. *Sof-*

frir non giova e lo sperar mi stanca. In Francia i ministri esauriscono i piaceri della vanità, e fan ridicola mostra della da loro comperata maggioranza dei deputati. *Actioni opponendo est aequalis reactio*. Non vorrei vedere, per tutto un anno almeno, i miei amici in quel paese. Se trionfa la nuova legge sulle elezioni, aspettiamoci a vie di fatto. Ti sarà di norma la famosa dichiarazione della Società *Lafitte e Périer* portata dalla *Renommée*. Non si vide mai protestare così virilmente contro l'immoralità d'un atto legislativo, nè più importanti nomi sottoscritti a così ardita riclamazione. La censura dei fogli periodici ricadrà in tante massicce *brochures* nel capo di Pasquier e di Richelieu. Costui aizza vilmente di dietro alla cortina. Ho ricevuto la lettera da Pahlen (5). Lo riavrete quanto prima.

(6) Il russo Pahlen, che era stato a Milano e v'aveva contratto amicizie, da Londra mandava lunghissime lettere al Confalonieri, pieno di notizie pubbliche e private. Una volta scrive: — Les deux premiers chants du *Don Juan*, nouveau poème de lord Byron, viennent de paraitre, je ne viens que d'en lire le commencement, mais il ne me parait pas digne de l'auteur du *Child Harold* et du *Corsaire*: je n'y trouve point de poésie: c'est une composition extravagante, dans laquelle il parle de tous les hommes et de toutes les choses pêle-mêle. Avez-vous lu l'ouvrage sur le royaume de Naples de notre ennuyeux comte Orloff?... J'ai été charmé d'apprendre que vous allez établir incessamment une école à la Lancaster; n'oubliez pas de me tenir au courant des progrès qu'on y faira, ainsi que des autres améliorations que vous introduisez dans votre patrie, et pour lesquelles elle vous devra vous être eternellement reconnaissante ».

Molto egli si compiaceva della costituzione proclamata in Spagna. « Ce que vous me dites du Gouvernement chez vous ne devrait pas m'étonner, et cependant chaque nouveau détail cheque comme s'il était le premier de ce genre. Le veau malade devient donc plus bête encore, ce qui paraissait impossible. Quel c.... di Strassoldo est trop dégoutant pour lui accorder encore une ligne de plus dans une lettre ».

Parla dell'assassinio del duca di Berry; della congiura di Thistleword per far saltare tutti i ministri d'Inghilterra, ecc.

Della scuola lancastriana in Brescia, il *Conciliatore* diceva:

Quant' è mai dacchè i nostri signori hanno cessato di ripetere di qualche loro figlio: *Finalmente egli ha di che viver del suo*, volendo con essa dire: *Egli ha il diritto di niente sapere e di niente fare?* Pur troppo è vero che nella classe de' signori dominò gran pezza un siffatto pregiudizio, che ora sembra svanire a poco per volta. Nullameno è vero altresì che in questa classe non mancarono degli animi privilegiati e dotati di gran vocazione naturale al ben fare. — Merita d'esser oggidì fra questi annoverato il giovane bresciano patrizio signor Giacinto Mompiani. Animato egli dalle più felici disposizioni, e dal più vivo zelo per l'istruzione, sono parecchi anni che impiega le sue cognizioni e i suoi sforzi nel render meno infelice la sorte de' sordi-muti della propria patria, ed ora, dirigendo a uno scopo più universale le sue fatiche, s'è avvisato di aprire in Brescia una pubblica scuola alla Lancaster. La riuscita di questo metodo, sperimentato e adottato e trovato così proficuo, così economico, e così fecondo di conseguenze morali in pressochè tutta l'Europa, era per lui troppo evidente e lusinghiera, perch'egli, tutto solo e a tutte sue spese, non si ponesse animosamente all'impresa. L'effetto non deluse il suo coraggio, la sua generosità, le sue speranze. In meno di un mese la sua scuola alla Lancaster fu ideata, istituita e completata in tutti i suoi oggetti e in tutte le sue classi; e l'ardore con cui vi concorrono più sempre numerosi gli alunni, l'amore con cui vi si applicano, l'emulazione straordinaria che desta la natura del metodo, la perfetta disciplina che vi si osserva, non lasciano dubbio sui più felici successivi procedimenti. Gli oggetti ai quali il signor Mompiani applica il nuovo metodo sono que'soli a cui venne sinora applicato, cioè il leggere, lo scrivere e il conteggiare; ma egli alimenta il disegno e la speranza di poterlo in seguito estendere agli elementi della grammatica. È da far voto per questo ulteriore esperimento.

Allora il Porro scriveva a Camillo Ugoni a Brescia:

Milano, 18 maggio 1820.

Duolmi assai che quell'Omodeo non abbia eseguito la mia commissione, ma verrà, ed in ogni caso fagli scrivere, ti prego, due righe d'imprecazioni per parte mia, e di taccia di disertore della buona causa se non ti dà i miei saluti, e da leggere la *Bibliothèque historique,* che gli consegnai per te.

Caro Ugoni, oh che tempi son mai questi! Il silenzio, l'etisia morale di tutte le classi, e la fisica di tutte le fortune. Non aver neppur libri che con immensa difficoltà! Felice tu, che sei in mezzo ad amici sì cari, e quella vostra città è un paradiso per l'unione che vi regna. Sarebbe la medesima cosa pur di noi se, invece di esser simulacro di capitale, fossimo una buona città di provincia, ove un buono, e tranquillo prefetto civile, ed un altro militare si seccano ad un bureau ad interpretare ordini tanti e cattivi, e lasciano in pace i cittadini, e non li distraggono con visite, o divertimenti avvelenati. Sono forzato ancor per qualche giorno a rimaner qui, ma non vedo il momento d'esser campagnuolo.

Oh che bei versi dettati dal cuore che mi hai mandato! — Neppure di questi ti posso contraccambiare. Ma ti assicuro, che ne sento il significato assai, assai. Il nostro Mompiani è un tesoro. Le scuole vanno ottimamente, allorchè sono animate da quell'uomo unico. Avressimo bisogno che quel metodo Lancastriano potesse applicarsi alla continuazione dell'educazione sociale, onde non 10 ma 100 mesi potesse il giovane sentire il beneficio di quella morale vivacità, energia e gara santa che ne sono i risultati, o risultamenti, come si suol dire. Nessuna nuova: tutti sperano, tutti fremono, tutti soffrono. — Eccoti lo stato del problema, che gli Spagnuoli hanno cominciato a sciogliere. Addio.

E al domani:

È arrivato il nostro Mompiani. La sua venuta ci ha fatto il massimo piacere, e se non parte, sa che l'avete bisogno, e l'ha molto più di bisogno Venezia; e chi non lo desidera al pari di voi tutti allorchè si è fatta la vostra conoscenza, e si sa quanto siete sinceri e distinti? Si è tentato di fare una colonia d'inseparabili.

Io sono stato poco bene di salute. Ho bisogno di andare in campagna, così pure il mio Pellico che fu indisposto nei scorsi giorni. Il signor Goethe, celebre tedesco, ha fatto inserire in un foglio di Germania un bellissimo articolo sulla letteratura d'Italia. Il *Conciliatore* vi fu ben trattato e molti scrittori di esso, ma fin ora non abbiamo potuto leggere l'articolo. Tutto va lentamente, ma va avanti. Dite mille cose a' vostri colleghi e specialmente a vostro fratello. Che fa Arrivabene? Salutate Omodeo.

Poi al 4 novembre:

Tardai a scrivervi, mentre sperava dirvi che il nostro Pellico era libero, ma fin ora le nostre speranze sono ritardate, nè abbiamo modo con cui potere dal Governo conoscerne l'epoca. Esso mi scrive ogni 5 o 6 giorni. I suoi esami pajono finiti. Non fa che cercar libri, e studiare.

Frattanto anche a nome del mio amico Ermes Visconti siamo a darvi un'incumbenza. Questa è per favorire l'amico comune il giovane Grossi, autore dell'*Ildegonda*. Siete incaricato di far che, fra voi e gli amici vostri, si possano vendere questa trentina di copie che vi trasmetto, e che ritiratone, allorchè tutte saranno esitate, il contante, lo trasmettiate poi qui. Grossi ha pochi mezzi di fortuna. I libraj vogliono il 54 per 0|0. Dunque i suoi amici devono soccorrerlo. Addio, caro Ugoni.

Tutto va al solito, ma la mia allegria, e con essa la mia salute è in total rovina, dacchè mi manca quel buon Pellico che ne era così ottimo amico. Addio. Salutami Filippo, e Borsieri, se ancor è costì.

IV.

IL ROMANTICISMO.

Per quanto ci si imponga di ripetere che allora si era morti quatriduani, la Lombardia non difettava di attività letteraria. Vi si traduceano Byron, Hume, Goldsmith, Roscoe, Shakspeare e altri inglesi da Nicolini, da Bertolotti, da Michele Leoni; l'Ideologia del Tracy, la Biografia universale del Michaud e le sue Crociate; i romanzi di Walter Scott, la raccolta di Viaggi, l'Atlante Universale, le Repubbliche Italiane del Sismondi, la letteratura di questo e del Ginguenè, la Storia Universale del Segur, alla quale Luigi Bossi aggiungeva quella di Spagna, quella d'Italia il Levati, una d'America Davide Bertolotti. Esso Bossi abborracciava una storia d'Italia, voluminosa, e null'altro, e la vita di Cristoforo Colombo ed altri lavori molti. Felice Bellotti volgarizzava il teatro greco, Pompeo Ferrari le tragedie di Schiller, Rasori la Mimica di Engel, Andrea Maffei gli Idillj di Gessner, mentre Manzoni degli Inni dimenticati ridestava la memoria col *Carmagnola*, e Grossi faceva piangere colla *Fuggitiva* e coll'*Ildegonda* (1).

Alla Biblioteca Ambrosiana l'abate Mai trovava la *Repubblica* di Cicerone e le lettere di Frontone; e pubblicava la *Cronaca Armena* di Eusebio Panfilo; il Bugati illustrava il codice siroestranghelo della Bibbia; Bentivoglio il *Cicerone*; Mazzucchelli il *Gioannide* di Corippo.

Comparivano viaggi dell'Acerbi al polo nord, del

---

(1) Di questa ragionando, la *Biblioteca Italiana* avea detto dapprima che « quel quadro, dopo averci dal principio annojati, ha finito per rivoltarci ». Dappoi mitigata scriveva:
— « Certamente nè *la Morte di Socrate*, nè il *Nella*, nè *la Caduta della Marta*, nè le *Geste de' Bresciani*, nè il *Triete anglico* (di B. Bellini) possono eclissar l'*Italiade* (di Angelo Ricci). La sola *Ildegonda*, novella lunghissima in ottava rima e divisa in quattro parti, in mezzo ai suoi molti difetti, ha pregi tali da sostenerne il confronto. Il giudizio che ne diede la nostra Biblioteca fu severo; e tale doveva essere, trattandosi d'una produzione lavorata al torno romantico; chè non mai soverchia noi stimeremo la severità diretta a reprimere una dottrina (se così può dirsi, senza macchiar questo bel nome), la quale tende manifestamente a corrompere, anzi a distruggere que' sani principj che fin qui levarono a tanta gloria l'italica poesia. Nè per essi intendiamo già le superficiali o arbitrarie regolette, in cui si specchia e si bea la corta mente del pedante; ma sì quelle norme eterne del bello, per cui si apprende a distinguere ciò che può esser subietto dell'arte, da ciò che ai fini dell'arte ripugna, ed a sottoporre così l'opera intera, come ogni minima sua parte, al giudizio inappellabile del gusto. Noi proveremmo dolcissima compiacenza se queste nostre parole avessero virtù da rimuovere il signor Grossi dal falso cammino pel quale sfortunatamente egli s'è messo; poichè la sua *Ildegonda*, non ostante i molti difetti, contratti alla nuova scuola, ben mostra in un gran numero di ottave ch'egli possiede la più felice attitudine poetica, che si è nutrito dello studio dei Classici, e che è ricco d'idee e di ardite fantasie: onde grave perdita saria per l'Italia se uno scrittore che ha tanto condizioni per divenir grande poeta, continuasse ad abusarne per andare a' versi di que' pochi lusinghieri che lo attirarono alla lor sètta ». (Gennajo 1821).

padre Caronni in Dacia, del marchese Fagnani a Pietroburgo; Lancetti dava fuori la Biografia Cremonese, De Rosmini le vite d'Ovidio, di Vittorino da Feltre, del Magno Trivulzio, oltre la storia di Milano che faceva il contrapposto, altri dirà il contraveleno, a quella del Verri; Mengotti e Ambrosoli disputavano sull'oracolo di Delfo; Levati compiva i Viaggi del Petrarca, Pompeo Litta cominciava le Famiglie Celebri: la *Proposta* del Monti apriva un campo, ove pro e contro combattevano valorosi campioni. Romani faceva il *Dizionario dei Sinonimi*; Melchior Gioja pubblicava il *Merito e le Ricompense*, l'*Ingiuria e i Danni*: qui una collezione di metafisici; qui una collana di greci volgarizzati; qui una raccolta di Classici moderni; e lascio via le opere di cui avremo a far menzione.

Di quelle opere molte erano corredate di tavole, come: *Le principali fabbriche di Milano*; i *Grandi Concorsi di Belle Arti*, la *Pinacoteca di Brera*, il *Duomo*, e a tacer altri, la fastosa e vana opera del *Costume antico e moderno*. Nel 1819 si valutò che nel Lombardo-Veneto si stampasse per 5 milioni di lire. Non è però la quantità dei frutti che ne formi il pregio.

Nella conversazione del marchese Giacomo Trivulzio, fra altri personaggi, interveniva il maresciallo Bubna, comandante generale dell'esercito in Lombardia, poichè allora non era stabilita la separazione dei nostri dagli stranieri, nè la meritava il Bubna, professando lealtà tedesca e i sensi liberali, allora di moda. Lamentandosi questi che la letteratura snervata ed incolora non prosperasse fra noi quanto altrove, il Porro ne attribuì la colpa alla censura. Il Bubna adduceva le condizioni, pel tempo abbastanza larghe, su cui la censura era stabilita; quelle appunto che nei reclamammo nel 1847; e avvivatasi la discussione, i Porro propose di farne esperimento in un giornale. Così nacque l'idea del *Conciliatore;* nome che rimase quale portainsegna del Romanticismo.

Questa scuola letteraria era penetrata da noi colle scritture della baronessa di Staël, più pregiate perchè avverse a quel Napoleone, di cui il despotismo disgustava più che non abbagliasse la gloria. I libri degli Schlegel e la presenza di lord Byron, dello Stendhal, di altri accorrenti alle bellezze d'Italia appena fu dischiusa agli stranieri, e che in Grecia vedevano un'arte più sublime, che non quella sfigurata in Italia dalla imitazione e dalla decadenza, fomentavano questa critica nuova, alla quale invano si opponevano le grandi sembianze di Monti e di Foscolo, le stipendiate declamazioni della *Biblioteca Italiana*, e quei molti che, o per consuetudine o per ostinatezza, non vogliono torcere dalla strada vecchia. Il Governo austriaco aveva cercato cattivarsi gli Italiani per mezzo della letteratura, e fondò quella *Biblioteca*, chiamando a collaborarvi i migliori ingegni, Foscolo, Monti, Giordani (2), Gioja, Giuseppe Acerbi, Breislak, Zajotti e i membri dell'Istituto e dell'Accademia. Abbastanza

---

(2) Le cure usatevi dall'Acerbi vedremo. Pietro Giordani se ne ritirava con questa lettera, inedita, del 21 gennajo 1817:

Sig. Direttore,

Mi trovo in necessità di ritirarmi dal giornale *Biblioteca Italiana*. Mio padre e mia madre, assai attempati e cagionevoli, mi vanno sollecitando da un pezzo di andare a casa, e star con loro almeno un tempo. Al che oltre l'affetto mi stringono ragionevoli interessi a non contrastare. Vero è che altri rispetti di comodo e di convenienza mi persuadono a non partire immediatamente. Ma poichè siamo ad un nuovo anno, che gioverebbe cominciarlo, per cessarne presto? Ol-

franca in sulle prime, presto si ridusse stromento della politica del Governo, o piuttosto della consorteria che vuole potenza col farsi ligia al Governo. Secondarono l'impresa contro al Romanticismo la Gazzetta privilegiata del Pezzi, varj opuscolisti, come Francesco Ambrosoli, Mario Pieri, il dottor Paganini, autore del dramma *I romanticisti, dell'astronomo X Y Z,* Pagani-Cesa, e più seriamente Giovanni Gherardini negli *Elementi di poesia,* che sono pedissequi alle tradizioni viete, e che furono adottati per testo nei ginnasj.

Realmente un succhio di vita nuova circolava nella letteratura come nella politica e nelle arti, e il Romanticismo voleva diffondere uno spirito d'emancipazione, sottraendosi alle regole arbitrarie, a forme logorate, a tradizioni rimbambite, cercando un'originalità acconcia alle idee nuove, alle impressioni, ai

---

trecchè sono tanto indebolito di stomaco e di capo, che ora non posso lavorare.

A me parrebbe che, meglio di me, potesse tenere il mio luogo il dottor Labus, già conosciuto bene e da V. S. e da' signori colleghi; e che non dee spiacere al Governo. Ed egli certamente farebbe assai più e meglio di me: e già accetta di supplire per me, anche in questo intervallo che sia stabilmente provveduto; sicchè nulla mancherà all'uopo del giornale.

Tanto era mio debito di significarle: e divotamente la riverisco, ripetendomi, ecc.

Milano 21 gennajo 1817.

Umil. obblig. servo
PIETRO GIORDANI.

Giacomo Leopardi, che si tenne estranio alle trame e alle speranze d'allora, lodavano grandemente gli articoli del Giordani sulla *Biblioteca Italiana.* « Io penso che, se molti dei nostri sapessero scrivere in quella maniera, non dico solamente quanto alle parole, ma quanto alle cose, la letteratura italiana seguiterebbe ad essere la prima d'Europa, com'è già poco meno che l'ultima ». Lettera 11 maggio 1821.

sentimenti dell'età nostra, come ai sentimenti dell'età
loro eransi uniformati i grandi classici. Perocchè questi non s'aveano a vilipendere, no, perocchè la tradizione è legge inevitabile della vera poesia; nè sarà
vero poeta chi non abbia saputo ammirare i grandi.
Bisogna dunque studiare i classici, ma studiarli con
migliore accorgimento e maggiore penetrazione, imparandone, non l'espressione, bensì il modo d'osservare e tradurre la natura fisica e morale, e poter
dire con Ovidio:

Laudamus veteres, sed nostris utimur armis.

Erano cuori affamati di cibo più sostanzioso e più
fresco che non ne offrissero gli imitatori. Come ogni
rivoluzione, anche questa ebbe errori, trascendenze,
corruzione; si volle la novità, senza badare se ragionevole; si ammiravano troppo i prodotti di un
genio, differente dal nostro: non si seppe guarire le
gonfiezze spagnuole che coll'imitare stravaganze tedesche: alle favole greche si surrogarono miti nordici
od orientali; si poetizzarono Ondine, Uris, Vampiri,
Norme, Peri, Alfi, spettri (3), rinfanciullendo così in
altre favole: alle pastorellerie si preferirono galeotti,
assassini, prostitute, mostruosità di corpo e d'anima,
personaggi dove la vita cercavasi a scapito della verità: si andò in caccia di mezzi esterni, prendendo
per libertà lo scatenamento della fantasia, per verità
il volgare realismo, per sublimità l'antitesi; se non
bastava l'arte per l'arte, si cercò di proposito il
brutto.

(3) Giudicando *La Narcisa* di Tedaldi Fores, il *Conciliatore* disapprovava affatto quegli spettri, quei fantasmi, quel terribile che finisce per esser orribile.

Noi dovremmo ripeterci se volessimo esporre le vicende del Romanticismo; al soggetto nostro basta dire che il tentativo italiano precorse e Lamartine e Hugo: e fu contemporaneo di Kœrner e di Gœthe, il quale pronunziò il Romanticismo essere un genere morboso, eccetto che in Manzoni (4).

Questi infatti, in una lettera al marchese Cesare D'Azeglio, scritta allora, ma pubblicata solo nel 1846, formolava esattamente gli intenti della nuova scuola, che erano, « proporsi l'utile per iscopo, il vero per soggetto, l'interessante per mezzo. In conseguenza scegliere argomenti, pei quali la massa dei lettori ha (o avrà a misura che diverrà più colta) una disposizione di curiosità e di affezione, nata da rapporti reali, a preferenza degli argomenti, pei quali una classe sola di lettori ha una affezione, una riverenza non sentita nè ragionata, ma ricevuta ciecamente. E in ogni argomento cercare di scoprire e di esprimere il vero storico e il vero morale, non solo come fine, ma come più ampia e perpetua sorgente del bello, giacchè e nell'uno e nell'altro ordine di cose, il falso può bensì dilettare, ma questo diletto, questo interesse è distrutto dalla cognizione del vero, e quindi temporario e accidentale ».

Insomma era un ampliamento dell'intelligenza, una battaglia al convenzionale letterario, un sentimento della natura più vero, schivando le trivialità accademiche, le descrizioni per epiteti, le declamazioni a

---

(4) Il Ruth che, oltre una poco felice Storia d'Italia, fece per nulla migliore anche quella della nostra letteratura, distingue affatto il Romanticismo nostro dal tedesco: questo indica la debolezza, la rassegnazione, la divisione; l'italiano era un segno di rompere tutte le catene politiche religiose, poetiche; una bandiera d'emancipazione, volendo che la poesia creasse circostanze nuove.

freddo, le dediche a personaggi che non si dovevano stimare, le invocazioni a divinità cui non si credeva (5); all'ebbrezza baccante preferendo il melanconico sentimento del dolore mondiale. La rivoluzione francese erasi proposto, non solo di distruggere, ma di vilipendere il medioevo: ora l'età ravveduta riagiva contro agli anacronismi greco-romani della rivoluzione e alla guerra che questa aveva mosso all'arte, alla religione, alla morale; riabilitava la verità e le antiche fedi logorate; sottraeva all'incubo dell'imitazione, cercando riconciliare l'arte colla ragione, il buon senso col buono stile. Onde Manzoni qualificava di scuola idealista il Classicismo, di storica il Romanticismo, quale espressione della società e della letteratura cristiana (6).

Questa indipendenza dell'arte, questa libertà di

---

(5) Giuseppe Nicolini di Brescia, in una raccolta per nozze osò metter un'ode *la Musa Romantica*, combattendo l'uso della mitologia.

> Altra Circe, altre Muse ed altro Iddio
> Ebber quanti poggiàr con proprie piume:
> Circe fu il genio, Musa il cor; fu nume
> Lo spirto mio.

E volgendosi al Monti, quella Musa gli dice:

> E quella io son che della franca gente
> La gran rivolta e tutto l'orbe in guerra
> Fei che pingesti, o dell'ausonia terra
> Gloria vivente.

> E s'io non era, e se non propria vita
> T'aprivi tu, de' sogni achei seguace,
> Di tua fama immortal (sia con tua pace)
> Di', che saria?

Eppur me insulti, ingrato, ecc.

(6) Ripetiamo ciò che altrove scrivemmo: « Quelli con cui abbiamo comune, se non le opinioni, la sincerità, deh non vogliano farci colpa se serbiamo devozione al triplice

forme, se eccitava le beffe della scuola del Monti, come di gente famelica di novità, ribelle all'ordine, insorgente pel gusto d'insorgere, dovea fare che il Governo assoluto, il quale non si adombrava di Apolli e Feronie, di Mirtilli e Tiesti, entrasse in sospetto quando vedeva prodursi idee e sentimenti veri, che soli possono rialzare le anime e lo spirito d'una nazione; l'indipendenza d'una ragione ferma, la schiettezza evidente del linguaggio.

ideale ascetico, cavalleresco, artistico, anche dopo che, tra imprecazioni e sbadigli, vi sottentrò il culto del positivo, il vilipendio del passato. Forse chi ci spolvererà fra vent'anni troverà che non avevamo torto ».

V.

IL CONCILIATORE.

Organo di queste idee, il *Conciliatore*, stampato su carta azzurra, si pubblicava il giovedì e la domenica; e cominciato il 3 settembre 1818, durò solo fino al 17 ottobre 1819, in 118 numeri. Non proclamava esso una rivoluzione letteraria, anzi « l'intitolammo così (scriveva Pellico a Foscolo) perchè noi ci proponiamo conciliare, e conciliamo infatti non i leali coi falsi, ma tutti i sinceri amatori del vero. Già il pubblico si accorge che questa non è impresa di mercenarj, ma di letterati, se non tutti di grido, tutti collegati per sostenere, finchè è possibile, la dignità del nome italiano ».

Era insomma un tentativo di ravvicinamento fra la scuola antica, che superbamente qualificavasi di *classica*, e la nuova, detta *romantica* perchè pareva attingere ispirazione principalmente dal medioevo, in cui nacquero le lingue romanze. In fondo però essa combatteva le dottrine accademiche, voleva ammirare il bello dovunque fosse, in Omero o in Calidasa, nel Petrarca o in Ossian, in Aristofane o in Goethe, nei *Lusiadi* di Camoens, nelle poesie castigliane del Quintana, come nelle tragedie di Schiller. Una transazione proponeva Ermes Visconti, scrivendo che « basta si stampino dei bei versi, poco importa se sono classici o romantici; i sistemi esclusivi sono sempre dannosi ». E adduceva l'esempio del vino, che, fatto coi metodi vecchi o coi nuovi, ciò che importa è che sia buono.

Invano il *Conciliatore* aveva stampato a lettere majuscole, « Col raccomandare la lettura di poesie comunque straniere, non intendiamo di suggerirne ai poeti d'Italia l'imitazione; vogliamo bensì ch'esse servano a dilatare i confini della loro critica ». Non volendo predilezioni, dovettero spesso censurare i nostri a paragone di stranieri, e principalmente il Tasso (1); al

(1) « L'esito infelice del secondo tentativo del Tasso non deve imputarsi al progetto che egli ebbe di mettere a profitto la cognizione dei fatti, e d'introdurre nuove allusioni geografiche e bibliche. Ma per avventura l'esecuzione di codesto disegno, in sè stesso lodevole, fu debole assai: lo stile peggiorò, in confronto di quello della *Gerusalemme liberata*, e l'autore cadde in altri non lievi difetti. Per saggio, pongasi mente alle seguenti parole di lui. — « Aggiungasi la persona di Giovanni ammiraglio, ad imitazione di quella di Nestore, celebrato da Omero; colla persona di Ruperto d'Ansa imitai quella di Patroclo; co' due Roberti rappresentai più espressamente i due Ajaci nella difesa delle navi: con Guglielmo principe degli Arcieri inglesi rassomigliai Teucro sagittario; con Tancredi Diomede, con Raimondo Ulisse, benchè manchi ancora una parte di un assalto notturno, nella quale questa similitudine si vedrebbe più espressa. Riccardo è nel valore uguale ad Achille. Goffredo è immagine di Fenice. I sette Duci napolitani sono ritratti da' Capitani de' Mirmidoni. Goffredo nella dignità è pari ad Agamennone, ma nella virtù lo avanza senza paragone. Baldovino ha qualche similitudine con Menelao. Dall'altro lato

Tiraboschi (2) preferire la *Storia della poesia e dell'eloquenza* del Bouterweck: qual meraviglia se vennero

Ducalto è più simile a Priamo che non era Aladino, e con la moltitudine ancora de' figliuoli può rassomigliarlo: fra' quali Argante ad Ettore, e Celebino a Troilo può essere paragonato. Solimano, che viene invitato, in questo almeno è somigliante a Sarpedone, e nel valore di gran lunga superiore. Assagnorre può rappresentare la persona d'Antenore; Lugeria e Funebrina sono persone formate ad imitazione d'Andromaca ed Ecuba. Nicea è simile ad Elena, almeno nella contezza de' principi cristiani, i quali da lei sono dimostrati e per nome significati al vecchio re, che dalla torre mirava la battaglia del figliuolo. In questa guisa, ad imitazione d'Omero, ho accresciuta l'ampiezza e la varietà della testura e il numero delle persone introdotte ». Ora è chiaro che simili idee d'imitazione pusillanime sono degne del Trissino. (Nota di Ermes Visconti alle sue *Idee estetiche sulla prima Crociata*).

(2) Sulla levità dei giudizj del Tiraboschi in fatto di letteratura discorse più d'una volta Grisostomo nel *Conciliatore* e principalmente nel N.° 26. Parlando poi del Corniani (*Secoli della letteratura italiana*) e delle lodi dategli dall'Ugoni il P. diceva: — « Che una storia letteraria debba far conoscere l'uomo privato, l'uomo pubblico, e l'uomo di lettere, questa è verità lucentissima, la quale non dimanda dimostrazione. Il solo dubbio che io proporrò al signor Ugoni è, se veramente i Secoli del Corniani facciano conoscere questi tre caratteri dei nostri letterati, e come li facciano conoscere. Corniani fu meno minuzioso di Tiraboschi, ma fu egli per questo più pensatore di lui? Valutò egli l'influenza delle passioni individuali, dello spirito de' tempi, dell'indole dei principati italiani, e del genio nazionale sull'ingegno e sul carattere di tanti nostri scrittori che si sono succeduti nel giro di varj secoli? Additò egli viceversa l'impronta che il genio individuale di questi scrittori, e la tacita potenza delle loro opere segnò a poco a poco sul carattere del popolo italiano? Una storia che non fornisca i dati necessarj allo scioglimento di questi problemi non è una storia; come una letteratura che non sia inspirata dallo stato reale del popolo che la chiama sua, e che su quello non operi, cessa di essere una letteratura, e diviene ozioso lusso d'ingegno e palestra de' retori.

« Queste viste che vengono di giorno in giorno applicate sempre più nelle opere migliori de' grandi uomini d'Inghilterra, di Francia e di Germania, sono ancora un voto fra

tacciati di cattivi patrioti, di antinazionali? e da una aspettata conciliazione nacque, come altre volte, una sfucinata di quelle baruffe letterarie, che troppo spesso contaminano la nostra repubblica? (3).

noi. Non sarà certamente per difetto d'ingegni, sarà, com'io credo, per difetto di buoni principj teorici e di buoni studj. Sarà probabilmente anche per colpa dell'angusto orizzonte in cui ci collochiamo. L'ombra del campanile della nostra parrocchia segna i confini della comune veduta, e tutto ciò che è al di là di quei confini e di quell'ombra non è italiano, non è buono, non è importante. Pessimo pregiudizio che assidera l'ingegno, impicciolisce il cuore, e provoca una stolta opposizione, ed un'ira più stolta contro chiunque aspiri a collocarsi in una più larga sfera di idee e di luce intellettuale. La nostra letteratura è già vecchia di circa sei secoli, e noi non ci siamo ancora intesi sulla questione preliminare della lingua! I nostri critici liliputti sembrano disputare sotto le mura di Babele quando parlano del gran mistero dello stile! Chi ti rimanda al trecento, chi al cinquecento, chi scambia la lingua pretta col bello stile; chi ti comanda di adottare la maniera di due o tre modelli inevitabili; chi ti fulmina se osi mostrare uno stile che esprima la fisonomia dell'animo tuo, e non quella dell'altrui. È una vera disperazione l'udirli. Ma è vero altresì che la prosa italiana rimane ben addietro da quel grado di perfezione a cui abbiamo condotto la poesia, e che, fra tanti sciocchissimi dispareri, ella scarseggia di vita, e si move mal sicura e barcollante ».

(3) E queste rimangono verità dolorose anche dopo 55 anni! « Il commercio librario fu sempre angustiato in Italia dalle tante divisioni territoriali, e da questo che, in tutta l'Italia, comparativamente alla numerosa popolazione della penisola, non fu mai abbondanza di lettori, massime paganti. Quindi i letterati, non potendo ritrarre sufficienti ricompense dagli stampatori, si rivolsero quasi sempre a' principi ed ai Governi.

« Stretti da altri doveri più sacri, i Governi non poterono sempre contentar tutti i letterati. Però crescendo la frotta de' concorrenti, non bastava la pastura; e i begli ingegni bisognava spesso che se la strappassero l'un l'altro di bocca. In alcuni di essi era malvagità vera; in altri debolezza; in altri la pazienza si lasciava stancare dalle provocazioni ripetute. Chi pigliava l'armi per assalire, chi per respignere

Ad ogni modo rendevasi necessario lo studio dell'uomo, sia individuale, sia sociale; la psicologia e la storia: giacchè non potevansi affrontare direttamente le quistioni politiche, si voleva agitare le letterarie; lodare la innovazione; portare una critica arguta sulle nuove produzioni o nostrali o forestiere, tentare l'originalità, dedotta dalla conoscenza della storia, dei costumi, dei sentimenti, della natura.

Nel *Conciliatore*, il Porro metteva articoli pratici sul vino, sui boschi, sulle bigattiere; il medico Rasori vi traduceva liriche di Schiller; Pecchio dissertava sulle scuole e sulle industrie, e combatteva il protezionismo del Gioja; Pellico analizzava tragedie e drammi nostrali e forestieri, e dava lodi ironiche ai tempi correnti; De Breme compendiava la Storia dell'Inquisizione del Llorente e la Proposta del Monti, e dialogava col Tofino, cane che, dalla Russia ov'era

---

gli assalitori. E le armi erano ingiurie, calunnie, contumelie, accuse pubbliche, delazioni segrete, propalazioni d'infamie domestiche, rinfacciamenti di fellonie, ecc., ecc., ecc.

« Gli spettatori maligni ridevano, la gente dabbene tremeva. E la maggior parte del popolo, confondendo le lettere co' letterati, chiamava infami quelle, perchè sovente vedeva infami questi. La sapienza non ci guadagnava mai nulla; l'arte critica non progrediva d'un passo, perchè la sapienza e la critica nulla hanno di comune colle villane animosità individuali. Ogni generazione di letterati biasimava queste pessime arti nella generazione precedente, poi correva ad imitarla coi fatti.

« Così la storia delle contese letterarie degl'Italiani non presenta altro che una miserabile successione di guerre personali da far ribrezzo ad ogni uomo che senta altamente in suo cuore la dignità e l'importanza delle lettere. E così i letterati d'Italia crebbero tante spine all'esercizio della letteratura, che al letterato onesto diventò pericolosa perfino la sua onestà ».

Conciliatore a proposito del *Kurzgefasste Uebersicht der literarischen Streitigkeiten in Italien* von X. NIEMAND.

morto il suo padrone, era tornato a posarsi nella garetta al palazzo reale di Milano, ove questi soleva stare di sentinella.

Chi legge quella collezione vi trova sentimenti e giudizj affatto comuni adesso, neppure allora peregrini, ma è giusto avvertire che gli articoli bisognava scriverli con cautela; poi erano mutilati dalla Censura: e le mutilazioni stesse davano luogo a discussioni, a reclami, più efficaci che il giornale. Era poi un'occasione di trovarsi, di discutere, d'informarsi delle novità nostrali e forestiere. Il Governo lo qualificò congiura, e non ebbe torto.

Contemporaneamente Ermes Visconti pubblicava nel senso stesso le *Idee elementari sulla poesia romantica;* Giovanni Torti la sua famosa Epistola; Giovanni Berchet le conversazioni sul *Cacciatore Feroce;* Manzoni la lettera sulle unità tragiche.

VI.

BERCHET.

Un di coloro che più diedero motivo ad accuse contro il Romanticismo fu Giovanni Berchet. Nato a Milano il 1783, dovette nella giovinezza vedere la piena e carnevalesca vita che godevasi sotto il regno d'Italia, e fu addetto alla cancelleria del senato. Venuti gli Austriaci, stette segretario della Commissione degli studj e traduttore presso la delegazione provinciale, esperto com'era dell'inglese e del tedesco; onde volgarizzò, per conto del Governo, gli *Elementi di storia degli Stati d'Europa* (1), gli *Elementi della storia*

(1) *Sig. Cav. Direttore dei Ginnasj* (Carlo Londonio).

Ho l'onore di presentarle in tre volumetti manoscritti la traduzione degli *Elementi di Storia degli Stati d'Europa*. Questo lavoro, ordinatomi già da qualche tempo dell'I. R. Governo, sarebbe stato finito prima d'ora, se altri lavori ed altri doveri d'ufficio, ben noti a Lei, sig. Direttore, ed al Governo medesimo, non mi avessero occupato altrimenti; e se una recente ristampa dell'originale, sopraggiunta quando la traduzione era presso che compiuta, non mi avesse obbligato a rifarla ed ampliarle in molte parti. D'altronde io non voglio dissimulare che, trattandosi d'un libro da stam-

antica, l'*Istruzione pei maestri di disegno* nelle scuole elementari; le ordinanze scolastiche per tali scuole:

parsi e da servir di testo per le scuole, ho creduto di dover considerare l'incumbenza datami dal Governo più come letteraria che come consentanea alla natura del mio impiego. Però mi sono ingegnato di condurre l'opera con quella cura e con quell'impegno letterario che mi parve dovere essere richiesto da chi me l'ordinava. Non maggior zelo, bensì avrei desiderato maggiore abilità onde corrisponder meglio alle intenzioni del Governo.

Questi *Elementi di Storia* non essendo destinati che a servire di additamento e di guida a' Professori per tesservi sopra più ampie lezioni, sono scritti dall'autore tedesco tanto compendiosamente, da riescire non di rado oscuri. Talvolta le circostanze d'un fatto sono indicate da un solo epiteto, talvolta spiegate da una frase oscillante e di vario significato. Per coglierne e renderne il giusto valore era necessario esaminare di frequente carte geografiche e trattati di pace, consultar libri, studiare lo spirito delle diverse epoche storiche in opere voluminose. Questo ho fatto, e senza alterare menomamente il testo, spero di aver portato nella traduzione qualche chiarezza maggiore.

In alcuni passi, massime della storia della Germania ove un solo cenno di allusione a circostanze locali, a memorie e costumi notissimi basta alla intelligenza dei lettori tedeschi, era necessaria pe' lettori italiani qualche spiegazione di più: e ve l'ho inserita, ma in modo che non cambiasse l'intenzione dell'originale. Ho rettificato le epoche ogni volta, che per isbaglio probabilmente di stampa, non erano esatte. Ho emendati alcuni errori di fatto, evidentemente trascorsi per incuria de' correttori. Ogni volta che l'esposizione mi pareva intralciata, stentata, e confusa nel suo andamento originale, ho procurato di appianarla. Ho schivata la frequente monotonia dei lunghi periodi del testo, perchè ogni lingua ha la sua indole, e ciò che forse è tollerabile in Germania riescirebbe in Italia un guazzabuglio insoffribile per l'ordine diverso con cui si concepiscono le idee. E senza adoperare affettazioni sconvenienti all'uso comune d'oggidì, ho cercato di mantenere nella lingua della traduzione una discreta castigatezza, che pur non mi parve di trovar sempre nella lingua del testo.

Per giungere a tali risultati — se pure posso lusingarmi d'esservi giunto — ho dovuto spendere tempo assai nel fare ricerche di erudizione, che nulla avevano di comune coll'impiego mio, ed occuparmi spesso in ore straordinarie e

ne abbiamo un lungo giudizio che diede sopra il *Libretto dei nomi* (Nahmenbüchlein), che proponeasi di tradurre per le scuole elementari, e che egli trova migliore dei libricciuoli che s'adoperavano prima, ed in cui riprova l'uso delle favole e degli apologhi: pure riconosce meno conveniente l'adottarlo per le scuole di Lombardia, preferendo di farne compilare uno su quel modello, da persona che, vissuta lungo tempo fra le scuole, non soltanto fosse intendente delle teoriche di educazione, ma avesse pratica dell'ideale dei fanciulli, delle diverse fasi del loro sviluppo mentale, delle abitudini più comuni della loro vita, e dei metodi d'insegnamento qui approvati. Oltre questi lavori d'uffizio, scrisse sermoni sui Funerali e sull'Amore, alla maniera dello Zanoja e del giovane Manzoni, tradusse alla maniera di Foscolo, poi datosi alla nuova scuola, vagheggiò i Tedeschi e singolarmente Bürger, il quale diceva che la sola poesia vera è la popolare.

In una *Lettera semiseria di Grisostomo* volle dare esempio pratico d'un bello possibile, fuor delle carreggiate, nelle quali i retori imponevano di unica-

---

fuori d'ufficio. Sarò fortunato oltremodo se con ciò mi potrò meritare l'approvazione di Lei, Sig. Cav. Direttore, e per di lei mezzo, i superiori riguardi.

Intanto la prego, Sig. Cav. Direttore, a volermi indicare quando io debba recarmi alla I. R. Stamperia onde concertarmi con que' correttori, od assumere io stesso (se così le piacerà) la correzione dei fogli, e fare in modo che l'edizione riesca più purgata che non può mai essere un primo manoscritto.

Ho l'onore di dichiararmi colla più sentita stima e devozione
  Di Lei, Sig. Cav. Direttore,
  Milano, lì 6 settembre 1819.
              umilissimo servidore
              GIOVANNI BERCHET.

mente correre; ponendo come assioma che carattere principale della letteratura è la popolarità, cioè (come disse il De Breme nel *Grand commentaire sur un petit article*) l'influenza che esercita su tutte le classi sociali.

Con questo pseudonimo di Grisostomo egli scrisse molto sul *Conciliatore;* lodò l'estetica del Bouterweck; compendiò il dramma indiano della *Sacontala;* lagnavasi che in Italia v'abbia pochi scruta-pensieri e troppi scruta-parole; invoca un libro che « scampi dal peccato, sì frequente in Italia, di bestemmiar ciò che s'ignora »; protesta la repubblica delle lettere non essere che una, e i poeti ne sono concittadini tutti indistintamente (2).

E già nella Lettera Semiseria aveva detto: — « Spogliatevi della stolida divozione per un solo idolo letterario. Leggete Omero, leggete Virgilio, ma tributate e vigilie e incenso anche a tutti gli altri begli altari, che i poeti in ogni tempo e in ogni luogo innalzarono alla natura. E quantunque a rischio di lasciare qualche dì nella dimenticanza e i volumi dell'antichità e i volumi dei moderni, traetevi ad esaminare da vicino voi stessi la natura, e lei imitate, lei sola davvero e niente altro ».

Finiva col disapprovare le nuove teorie, lodare la pedanteria, vituperare i novatori, Lilliputti ansiosi di gloria, degeneri figli d'Italia, e invitando invece a cantare Menalca e Melibeo; con ironia pariniana che ingannò più d'uno, credendola davvero una palinodia.

Noi non diremo facesse la scelta più opportuna, recando l'*Eleonora* e il *Cacciatore feroce*, leggende che non aveano fondamento neppure nelle tradizioni del

---

(2) È la *letteratura europea* del Mazzini.

nostro volgo. Del che rimproverandolo, la *Biblioteca Italiana* scriveva: — « Ma che cosa diremo dell'*Eleonora* di Bürger, sulla quale è stato così sfavorevole il giudizio degli Italiani, a segno di trovare buffonesco e ridicolo ciò che passa generalmente per tragico e terribile presso una nazione coltissima, com'è la Germania? Diremo francamente che i traduttori non potevano rendere un servigio peggiore alla poesia tedesca che traducendo questa ballata » (3).

Berchet aveva composto un poemetto, *I Visconti*, e lo diede a esaminare a Giuseppe Bossi, il quale all'abilità ed erudizione pittorica univa squisito gusto letterario, e che, dopo varj appunti conchiudeva: — « Il dire è facile, difficile il fare; difficilissimo il far bene. Questa è la conclusione, ma tu puoi per prova aspirare al difficilissimo ».

I componimenti che dovevano dargli fama e una influenza che invano egli stesso cercò poi attenuare, furono le Romanze, che scrisse dopo che, temendo gli arresti che si faceano, fuggì da Milano (4).

---

(3) *Bibl. Italiana*, Introd. all'anno V, 1821.
(4) Il Berchet abitava in via delle Ore, num. 2373, e il Commissario di Polizia andatovi il 4 aprile 1822, non vi trovò che il fratello Domenico, alunno d'ordine presso la Delegazione, il quale assicurò che Giovanni da due mesi mancava dalla casa paterna: nella camera verso corte a primo piano, da esso abitata, si riconobbe una quantità di libri e varie carte, delle quali nessuna parve « interessare le viste della Polizia e della Commissione speciale ». Esso fratello indicò che mai nol vedeva, giacchè pranzava fuor di casa, ritiravasi a tarda notte, e usciva di buon mattino. Abbiamo l'istanza di suo padre, con cui consegnava la traduzione fatta da suo figlio di libri scolastici, e ne domandava il compenso.

VII.

BORSIERI.

Attivissimo collaborava al *Conciliatore* Pietro Borsieri, figlio del figlio dell'illustre medico. Nei primi tempi, aveva unito le sue alle felicitazioni ditirambiche di tanti altri, verso il Governo austriaco, che sottraeva alla tirannide bonapartesca, e ne abbiamo dei *versi* sul *faustissimo ingresso delle LL. MM. II. RR.*, invitando Iddio a guardar l'Italia e vedervi

> Star dei regi il più giusto
> E con un raggio di tranquille ciglia
> Il turbo dileguar de'tempi insani:

e a Maria Beatrice d'Este, suocera dell'imperatore, salutava plaudente, e ricordava che

> Sotto i limpidi rai di questo sole
> Le dive membra tue tornar feconde
> Di bella al par che generosa prole:
> Ma te lunge, oscurato il verde manto
> Aveva Insubria, e i fior ch'ora diffonde
> Nel suol che ti perdea crebber di pianto.

Del Borsieri scriveva Pellico, più tardi:

> Quand'io di Francia venni a Milano in età d'anni ventuno, trovai fra i giovani d'ingegno Pietro Borsieri, d'anni ventitrè o ventiquattro. Aveva fatto con onore i suoi studj nell'Università di Pavia, e uscitone, venne impiegato nel ministero della giustizia. Scriveva bene in prosa e in poesia; ragionava con eloquenza, si nudriva di molte letture; il suo intelletto gustava sopratutto le indagini filosofiche e le scienze del bello. Era tenuto in pregio da Monti, da Foscolo, da Manzoni, da ogni uomo che lo conoscesse, ed in lui amavano non solo il nobile ingegno, ma le sode qualità dell'animo. Non ti so dire quasi altro di Pietro Borsieri se non che ci vedevamo ogni giorno come amici, allegri, studiosi sempre in buona armonia. Ei facea progetti di libri d'ogni genere, ordiva drammi storici, e non s'affrettava a compier nulla; onde non diede presso che niente.

Il Borsieri era allora protocollista di Consiglio al tribunale: e scriveva al De Breme:

17 agosto 1818.

Carissimo,

Staccandomi da Balbianino (1), non ho perduto solamente le bellezze del cielo e della terra e delle acque, ma un bene troppo più grande, e al quale non troverei compenso in Milano se non vivessi nel seno della mia famiglia. Voi intendete, spero, a dispetto della vostra modestia, ch'io parlo di voi, della dolcissima vita che mi avete fatto trascorrere, e delle tante prove che mi avete dato della vostra amicizia. Il mio viaggio fu quale doveva essere, un nojoso principio delle mie interminabili noje. Mi è parso d'essere il *Giovane Spagnuolo* che s'incontra male col *Galessero*; e quanto i barcajuoli mi hanno portato a Como rapidamente, altrettanto

---

(1) Deliziosa villa sul vertice del dosso di Làvedo, che dalla Comacina si sporge nel lago di Como, appartenuta già al cardinale Durini, poi agli Arconati.

il calessero mi ha fatto scontare la loro rapidità con una buona anticamera di tre ore e mezzo, e con un buonissimo viaggio di altre sei ore e mezzo. Aveva in legno un *deputato del Comune* di Varenna che era meno presuntuoso di *Babbio deputato*, ma non meno bestiale. La sua verbosità mi ha impedito di leggere un solo pensiero della *Morale degli Orientali*, piccolo libro ch' io mi teneva in tasca. Invece però delle lezioni di Confucio e di Zoroastro, il grosso deputato m' ha fatto una storia di tutti gl'ingravidamenti disgraziati e colpevoli del suo Comune, e mi ha fatto conoscere tutta la carità dei parrochi e la buona vigilanza dei gendarmi!

Sabbato, domenica, e quest'oggi abbiamo tenute le nostre sessioni (*al Conciliatore*). Le cose si son ben disposte : molta docilità in quasi tutti; molte materie e assai buone e variate; una grande confidenza in Pellico al quale si è accordata la facoltà di stralciare ciò che potesse trovare di superfluo in qualche articolo. Si sono letti i vostri due primi articoli su Llorente, e trovatili bellissimi, si è ritenuto che non occorresse nemmeno di sottoporre a revisione gli altri quattro. Berchet ha fatto un bonissimo lavoro sovra Bouterweck. Rasori (2) legge molti, anzi troppi versi. A quel che vedo, non ha fatto che un solo primo e breve articolo sovra Volta. Mi è parso, ed è parso anche a Berchet, ch' egli si

---

(2) Quest'illustre medico parmigiano, professore alla clinica militare di Milano, gran propugnatore della dottrina del controstimolo, buon letterato, esagerato repubblicano, poi bonapartista, era stato, dal Governo Provvisorio nel 1814, destituito da protomedico dell'ospedale maggiore: involto nel processo del 1815, fu condannato a un anno di carcere, poi in quelli del 21 e dirigeva il *Giornale di Scienze e Lettere*.

Come tutti coloro che escono dalla sfera della mediocrità, aveva il Rasori una miriade di invidiosi, di maldicenti e di nemici, i quali tentavano ogni mezzo per diffamarlo. Egli stancatone, ebbe a scrivere questo epigramma:

> Un medico audacissimo in Milano
> Tutti i veleni adopra a larga mano:
> I maledici suoi in abbondanza
> Un sol ne adopran... quel dell'ignoranza.

arroghi insensibilmente un po di dittatura, cosa che, nella prima sessione singolarmente, mi era dispiaciuta al sommo. Caldo caldo di quel dispiacere, v'aveva scritto una lunga lettera, che poi soppressi perchè le cose si sono appianate, e perchè non è bene disturbare la vostra solitudine. Ora sono pienamente contento, anche perchè Ressi ha promesso di dare il suo contingente di tre fogli prima del 3 di settembre.

Romagnosi ha fatto un articolo sul *Romanticismo*, che troverete adattato al *Conciliatore*, e che si stamperà presto; ne ha dato un altro d'Economia politica, ma non è in sostanza che una traduzione, e non vale gran cosa Questa mattina l'ho veduto; ei m'ha promesso l'articolo sul commento a Montesquieu, e i due discorsi sulla barbarie primitiva ed eventuale dei popoli, e sulle cause dell'incivilimento, ch'egli aveva lasciati in disparte credendoli troppo gravi. Porro intende d'invitarlo ad essere estensore, in luogo di Monti: siamo già intesi per andare a visitarlo.

Ciò che veramente mi spiace è il pessimo incamminamento economico dato al Giornale. Ferrari (3) non ha avuto nè risposte nè liste, e non sa nemmeno ciò che abbia fatto la posta. Non ho mancato di far sdrucciolar a Porro qualche parola in favore di Capsoni. Egli è ben disposto: ma intanto il danno fatto al Giornale non torna più indietro, ed io ne arrabbio.

Sono stato a casa di Carpani (4), ma non l'ho trovato. Ho consegnata la lettera al suo cameriere, e prima che gli sieno consegnati i manoscritti Pellico ed io lo vedremo. Tenete per fermo che la vostra presenza avrebbe giovato non poco, ma a ciò che è fatto non vi è rimedio. Vi sarebbero tante cose da prestabilire, ma per mancanza d'ordine nella sessione, non si possono nè proporre nè discutere.

---

(3) Vincenzo Ferrari, editore semiletterato, e prediletto dai romantici.
(4) Palamede Carpani, scolaro del Parini, censore, poi ispettor generale delle scuole elementari.

Riceverete D'Elci e Persio (5), che il buon Caponago ha recati stamane mentre eravamo uniti. Egli vi ha scritto già una lunga lettera; non so come non l'abbiate ricevuta. Confalonieri vi ha poi scritto finalmente? Non si può far a meno d'avere il giornale tedesco la *Minerva*, e la *Rivista d'Edimburgo* per giovarcene nelle riempiture di qualche foglio. So l'offerta di Rossi (6). È cosa eccellente; ma forse quegli estratti v'arriveranno un po tardi. La lettera di Alfieri è stata esclusa a pieni voti. Quanto all'articolo sovra D'Elci, Berchet e Rasori pensano che debba farsi breve, trovando essi che il libro non merita grande attenzione. Voi farete ciò che stimerete meglio. Chiudo questa lettera, mio caro Lodovico, per mancanza di spazio. Se trovate sul lago le filatrici, date un bacio per me sulla fronte di Agar. Oh quell'arpa! quando sarà mai ch'io goda altra volta un incanto sì voluttuoso?

Il vostro BORSIERI.

Borsieri aveva conosciuto Camillo Ugoni in casa del Foscolo, in occasione che questi leggeva non so qual sua composizione, e la conformità di studj li legò, e pare che dal Borsieri fosse rivelato all'Ugoni il piano della confederazione italiana, e questi ne ridesse, come della speranza che avevano di sorprendere la Rôcca d'Anfo. Il 19 maggio 1819 Borsieri scriveva a Giuseppe Nicolini, professore di eloquenza a Brescia:

Pregiatissimo signore,

Ricevo l'annunzio della scuola alla Lancaster. Ben presto sarà inserito nel giornale, ma vi saranno fatte alcune modi-

---

(5) *Le Satire* di Angelo d'Elci e quelle di Persio tradotte dal Monti.
(6) Pellegrino Rossi, allora professore a Ginevra.

ficazioni che, per unanime parere degli estensori, sono necessarie in forza di importanti considerazioni locali da comunicarsi a voce. Lo stesso avverrà per qualche trattato della sua capricciosa e bellissima lettera ad un buon poeta cattivo critico. Non è già sotto il rapporto del gusto che gli estensori si attenteranno da por mano nel di lei scritto; non potrebbero averne motivo, nè, se anche lo avessero, oserebbero farlo senza di lei partecipazione. Bensì converrà rammorbidire alcuni tratti, specialmente relativi al *Conciliatore*, il quale non ha mai voluto comparire espressamente corrucciato contro i crocchi o il giornale di Pezzi, per non dar rilievo al cicaleccio degli oziosi o de'sciocchi, e pur non demeritarsi l'approvazione che i savj danno al di lui silenzio dignitoso. Spero ch'ella consentirà nel parere degli estensori, ed ammetterà come soddisfacenti queste loro considerazioni. Non è falsa la notizia che le è pervenuta relativamente a me. La cosa però data sino dallo scorso mese di dicembre, il che basta a tenerle luogo di qualunque spiegazione. La prego di salutarmi caramente Ugoni, e di credermi sempre di lei

obbl. ser. ed amico
P. BORSIERI.

Ed all'Ugoni agli 11 gennajo 1820:

Per mezzo del colonnello Omodei, Porro ha inviato a Nicolini e a te un esemplare degli *Inni sacri* di Manzoni, ed uno del suo *Carmagnola*. Questi due volumetti sono offerti da Visconti in nome dell'autore, ora lontano, ai membri bresciani dell'Ateneo del Campazzo (7). Di che ti rendo avvertito perchè, se mai la trasmissione venisse ritardata, voialtri possiate fare le diligenze opportune per riscattare i volumi forse in casa Lecchi od altrove, come voi potrete congetturare.

(7) Villa degli Ugoni presso Pontevico.

Io sono tutto pieno d'amicizia per te, per Pippo e per tuo zio. Saluta questi eccellenti, l'uno come giovane, l'altro come vecchio, carissimamente a nome mio e di mio padre, che m'incarica di dirti mille cose. Lavoro al mio *Tasso;* un po lentamente, ma tuttavia lavoro, se non altro meditando il soggetto, i caratteri, e una mia propria ragion poetica per trattarlo. Col mese venturo comincerò a fare i versi, e certo, oltre al piacere ch'io provo fantasticando a mio modo, mi lusinga anche il pensiero che, secondo il desiderio dell'amico, tu sarai la levatrice del Tasso. Prega il cielo che nasca vigoroso e ben fatto: se fosse uno storpio, la colpa non sarebbe tutta mia.

E voialtri che fate? Non ho ancora pensato alla prefazione della tua opera, perchè, una volta che tu venga a Milano in questo carnevale, la cosa è presto fatta; ci penseremo insieme e basterà una mattina. Lavorate voialtri, che avete più ozio di me. Nicolini e Vantini (8) saranno sempre con te. Le tragedie dell'uno, la moglie dell'altro, la scuola di Pippo, la tua storia letteraria, ecco molti soggetti di discorso, di amicizia, di comune interessamento! Ma Vantini, che ha fatto il miracolo di trasportare il sentimento nel matrimonio, non dimentichi le arti per cui è nato, e scriva e disegni i suoi begli edifizi, se non può fabbricarli.

Baciami tutti questi carissimi, e credimi interamente cosa tua.

Il tuo
BORSIERI.

PS. Ti manderò alcuni numeri del *Conciliatore* che, quantunque stampati, non vennero distribuiti, e v'aggiungerò il frontespizio e l'introduzione stampati in azzurro, perchè gli aggiunga al tuo volume.

(8) Il Vantini, architetto del Camposanto di Brescia e della Porta Orientale (ora Venezia) di Milano. Pippo è Filippo Ugoni.

Caro Camillo,

15 luglio 1820.

Mi rallegra il vedere che tu hai già preparata la dedica del tuo libro (9); è segno evidente della vicina sua pubblicazione. Ricordati dunque di mandarmelo subito, unitamente ai commentarj di Corniani, che con una sola parola potrai esigere dal Sor Bettoni (10), e ch'io non voglio comperare. Ho bisogno di quei volumi, perchè, a dirtela, sono entrato in impegno di fare un lungo articolo sulla tua opera per un giornale che comparirà in Toscana l'anno 1821. Quel giornale sarà fatto sulla forma dell'*Edimburg Rewiew*. Capponi ne è il fondatore, ha voluto che gli promettessi qualche cosa mia, ed io non ho potuto pensare che al tuo libro. Ora vengo a postillarti alcuni passi della dedica con pienissima e fraterna libertà.

Le gentili e spiritose donne — buoni studj — gentili arti. E non ti pare di cominciare alla maniera dei proemj di messer Boccaccio? Eppoi, perchè questo perpetuo scialacquo del *gentile* e de'*buoni studj?* Sono, parmi, di que' modi convenzionali che ebbero grazia appena trovati, e che l'hanno perduta a forza d'essere ripetuti. E tu non ti fai riguardo di ripeterli due o tre volte in questa dedica. È troppo.

La vostra anima riceva le impressioni del bello. Qui si direbbe che l'Autore ritiene bello il suo libro, dacchè trova la ragione di intitolarlo alla Serego nella sua attitudine a ricevere le impressioni del bello. Muterei il giro della frase per impedire questa sottile interpretazione; ma la malignità dei giornalisti è sempre sottile.

Non è che non potessi molti annoverarne. Per carità, quantunque la figura di *preterizione* sia una figura *oltremodo bellissima*, nondimeno la non basterebbe ella sola a salvarti dalla colpa d'*ultraismo*, o almeno dalla apparenza, che è

---

(9) Ugoni pubblicò il primo volume della sua continuazione del Corniani nel 1820, il secondo nel 1821.

(10) Celebre editore, bresciano anch'egli.

cosa peggiore — perocchè senza colpa fa vergogna. — Via via queste allusioni alla prosapia.

Questo nome lo vendico da odiosissime ingiurie. Dico di togliere le allusioni alla prosapia, ma non dico di sopprimere il rapporto felice che l'ingegno della Serego può avere coll'ingegno di Dante. Non parlarmi dunque degli *stemmi* e rileva solo questa prova della sua legittima discendenza da Dante, *l'ingegno di lei*. Ed egualmente io non so di quali odiosissime ingiurie recate a Dante tu venga a farti vendicatore. Sarà forse delle ingiurie di Bettinelli? Or bene; se vuoi farne menzione sino nella dedica, sia pure; ma non sia con parole si generali, che fanno quasi supporre la freqùenza di queste odiosissime ingiurie e la loro continuazione. Non vorrei vederti cadere anche menomamente nel ridicolo di Perticari, il quale scrive l'*Apologia di Dante* in un secolo e presso un popolo che ne ha già fatta l'apoteosi.

Queste cose ho vedute, assottigliando la vista per la cruna dell'ago. Non so se sieno vere e giuste: so che mi sembrano tali, e però era mio debito il dirtele. Monti certamente troverà che lo stile della tua dedica è perfettissimo: ma ciò che, secondo la sua maniera e scuola senile, vi pone il marchio della perfezione, appunto la toglie secondo il mio modo di vedere. Dirai che questo è un grandissimo ardire: Vogli scusarmene col rimandarti alla *lettera d'un buon critico e cattivo poeta, ad un eccellente poeta e pessimo critico*. Un bacio al nostro Nicolini e i miei affettuosi saluti a D. Checco ed a Vantini. Non ti dico nulla della mia famiglia e di mio padre, perchè te ne parlerà il nostro Pippo (*Ugoni*); addio.

Quand'è che andiamo a Napoli? I climi caldi ed asciutti sono sempre migliori degli umidi. Questa Milano è una palude ed i nostri liberali sono quasi tutti tanti ranocchi di questo pantano. Addio di nuovo.

Il tuo Borsieri.

Mio caro amico,

26 gennajo 1821.

Devo a te l'onore d'essere aggregato al vostro Ateneo. Perchè, nè io sono abbastanza conosciuto, nulla avendo ancora pubblicato, nè gli altri socj dell'Ateneo che hanno voluto concedermi il loro voto, possono arguire dai miei *intendimenti* (come li chiama il conte Maggi) se un giorno o l'altro meriterò le corone accademiche e il grido della fama Ringraziandoti dunque di avermi stretto con questo vincolo alla tua bellissima o generosa patria, mi riservo a rispondere formalmente al vostro Ateneo quando riceverò dalle mani dell'augusto Presidente il mio non meritato diploma.

L'indole morale che m'hai spedita non può essere migliore. Aspetto con impazienza che tu venga in campo col tuo libro. Saprai forse a quest'ora che la compilazione del giornale di Capponi è abbandonata. Però non occorre più che tu mi mandi le prove, dacchè io non mi sento di por nulla del mio nei giornali di Milano, e le circostanze non mi permettono di scrivere in quei giornali dove mi terrei a gloria di porre il mio nome. Ma su di questo c'intenderemo meglio a voce quando verrai qui, il che spero che sia presto, ed insieme a Mompiani e a tuo fratello. Salutameli tutti caramente, ed anche Scalvini, se pure non è ora a Mantova per indi recarsi a Milano col nostro ottimo Giovanni (*Arrivabene*). Scalvini potrà dirti perchè abbia sospeso i lavori sul Tasso: il motivo di questo ritardo è necessario e santo. Che posso dirti di Silvio (*Pellico*)? Nulla per lui si è cangiato, nulla è emerso che possa impedire la sua liberazione: ma quando questa possa avverarsi chi può indovinarlo? Ove una procedura è segreta, anche i motivi che possono affrettarla o ritardarla sono un segreto.

Non mi dimentico questa volta di far sapere al caro conte Maggi che Manzoni è tutto assorto nel comporre una nuova tragedia intitolata *Adelgisio*. La seconda parte della *Morale Cattolica* o non comparirà mai a questo mondo, o ci vorrà gran tempo prima che l'autore si ponga a scriverla. Doveva anche dirti nelle altre mie lettere che Manzoni è stato gratissimo al conte Maggi. Fagli ora questa comunicazione, insieme alle mie scuse ed ai miei saluti.

Nel riprodurre queste amichevoli confidenze, questi mutui consigli, questi ricambiati conforti, un doloroso confronto col presente ci fa invidiarli, piuttosto che ricordare i dolori che vi tennero dietro.

VIII.

LODOVICO DE BREME.

Gran promotore del Romanticismo e del *Conciliatore* era Lodovico De Breme, secondogenito di quel Giuseppe, della illustre famiglia piemontese, Arborio Gattinara, che fu ambasciadore del regno Sardo, poi nel regno d'Italia consigliere di Stato, ministro dell'interno e presidente del senato (1734-1828). Lodovico, era elemosiniere della viceregina e maestro dei paggi nel regno stesso. Caduto il quale, parve che pel perduto posto si dolesse. Di che la inesorabile contessa d'Albany scriveva a Foscolo l'8 novembre 1814: — « Je plains l'abbé de Brème s'il n'a pas de fortune, mais je ne puis le plaindre d'avoir perdu ses places d'esclave, s'il a de quoi vivre. Voilà ce que beaucoup de gens appellent l'indépendance de l'Italie. Notre bon abbé regrette aussi pour ses amis le dernier régime, par ce qu'ils sont malheureux. Il serait fâcheux que toute l'Europe fût dans l'esclavage, pourvu que quelques centaines de personnes fussent plus riches. Chacun voit son intérêt personnel en tout, et c'est tout simple ».

E assumendo il tono foscoliano, essa conchiudeva:
— Je méprise souverainement la race humaine: il n'y a que des vils et des sots ».

Il De Breme rimase a Milano, legato col Confalonieri, e partecipe alle speranze nazionali. Scrisse una *Dianora*, un *Discorso intorno all'ingiustizia di alcuni giudizj letterarj* (1816), *Osservazioni sul* Giaurro *di Byron* (1818), *Postille all' Appendice ai Cenni critici sulla poesia romantica di Carlo Londonio* (1818), *Novelle letterarie* (1820). Da Firenze il 16 settembre 1812 Foscolo scriveva a Sigismondo Trechi: — «L'ode di Monsignor di Breme mi è stata data jer sera, e comincia, O *così le tue sponde, alma mia Dora*, e scriverebbe bene se non si fosse cacciato in testa di scrivere benissimo. Così, non essendovi che lo sforzo, guasta quel poco di naturale che avrebbe; e invece di volare, egli salta e si rompe le gambe. Non di meno ha di molto sapere ed è di ottimo cuore, benchè un po' debole, e bisogna perdonargli la piccola vanità di poeta, la quale non fa male che a lui ».

Egli, con Manzoni e con Ermes Visconti, non avea, nell'orgoglio dell'intelligenza, perduto la fede, e professavasi spiritualista, di mezzo a quella società di scettici, ossia indifferenti (1), sopravvissuti alla frivola negazione e alla beffarda incredulità dei filosofisti; e pensava che operar con forza non possa se non chi ha ferme convinzioni. In tal senso, nel mistero della sua anima cristiana preparava un'opera,

---

(1) Allora appunto Manzoni traduceva il primo vol. dell'opera di La Mennais *Dell'indifferenza in fatto di religione*; fatica che poi non continuò. In un recente lavoro su Manzoni e monsignor Tosi, è a quest'ultimo attribuita quella traduzione. Noi ne possediamo una copia, coll'invio ms. del Manzoni.

L'armonia della Natura, ove dalla contemplazione del bello conduceva alla comprensione del vero.

A Camillo Ugoni, che viaggiava in Isvizzera, egli scriveva: — « Se non siete ancora romantico, romantizzatevi interamente fra codeste romanticissime scene ». Alcuni suoi scritti polemici in tal senso furono confutati da Carlo Londonio, e noi abbiamo varie lettere sue che ne mostrano limpida mente e cuore generoso, sicchè non ci si incolperà del pubblicarne alquante, come facciamo in tutto questo lavoro, memori di quel detto del Baronio, *Epistolari historia nulla fidelior atque tutior.*

Di lunghe ne mandava al Confalonieri colle notizie del giorno, e con sentimenti proprj, massimamente di scontentezza del Piemonte e di Torino, « ridotta a un gran ghetto di Ebrei tutti falliti, dove ignoranza, spilorceria, viltà, caparbietà, ozio, astio vicendevole, presunzione e tutte le ridicolezze portate in trionfo » (7 marzo 1818).

Dolcissimo Federigo mio!

Colpa tua nel caso mai che questa lettera non ti trovasse più in Parigi. Neppure una linea m'hai scritto da Ginevra. Io non sapea dove raggiungerti colla mia; la contessina è in campagna: io mi vivo solitario a Balbianino sul lago di Como: nulla di positivo mi si rende noto sul conto tuo; intanto altri mi scrive che sei sul Reno: altri che nella Svizzera: altri ancora che hai toccato Parigi e ne ripartisti già, sia per Londra, sia per chi sa dove. La Saint Aulaire mi scrive che ti stava aspettando poco men che colle braccia aperte, dacchè l'eccellente Augusto vi ti annunziava dicendole: *C'est l'intime ami de de Brème; recevez le bien:* e tu intanto *nec iota,* e dovevi scrivermi poco men che ad ogni stazione dopo Milano. Ehi! conte mio, te verranno pizzicate le orecchie, riportate che le avrà in patria. Guarda se, per una traccia informe ed un abbozzo all'ingrosso, possono bastare i cenni che ho raccozzati così alla meglio per dare, a chi non l'avesse costì, un'idea *dignitosa* della parte che ti spetta nelle scissioni delle dottrine politiche in Italia. Il fondamento di queste mie deduzioni mi pare incontrastabile: la genesi delle fazioni legittima e storica a piè di lettera; e che la causa tua vi s'innesti naturalmente, e tu vi comparisca quale uomo tirato in sulla scena a malgrado suo, ma da rappresentante d'una opinione tutta patriotica e leale. Del resto guarda più all'intenzione che alla cosa: chè il mio povero cuore è tuo, ma le altre mie forze sono poche assai, massime trattandosi di fare in furia e in fretta. Caro Federigo, non darti gran pena dell'opinione dei tuoi concittadini sul fatto tuo politico; e poi distingui ancora l'opinione reale dei savj che taciono, dalla *apparente* dei tristi e vili che sussurrano: dico *apparente* perchè sai bene e tu hai da credere che quella razza è bugiarda due volte (2). Ti affibbiano ciò che non hai fatto: bugia prima; e poi non credono neppure che tu sia quell'uomo per cui ti dipingono in generale, bugia seconda. E l'andar dietro a queste bassezze, è un tempo ed un decoro perduti; è un renderli lieti dell'amarezza che tu ne mostri; un ingagliardire la tenebrosa loro tracotanza. Ma se tu ti procaccerai d'essere altronde conosciuto per quell'onorato uomo che sei, e raccoglierai fuori della tua patria quelle testimonianze di giusta approvazione che ti si competono, e che un dì espugnerai anche dai tuoi, avrai intanto provveduto saviamente alle tue convenienze attuali, e questi ranocchi, per la stessa loro viltà, ammutoliranno.

Ti dico ch'io vivo ora nella più deliziosa e più assoluta solitudine del mondo. Il giornale mi ha costretto a fargli il sagrifizio di Albertina; bisogna sapere non mancare ai suoi

---

(2) Allude al libello *Sulla Rivoluzione di Milano seguita nel giorno 20 aprile 1814, sul primo provvisorio governo e sulle quivi tenute adunanze dei collegi elettorali. Memorie storiche con documenti.* Parigi, 1814.

impegni; ma a sopportare questa privazione m'era indispensabile la solitudine. Milano è incompatibile colle mie interne circostanze di cuore e d'immaginazione. Borsieri mi ha fatto per alcuni giorni compagnia... Ora sono solo solissimo: lavoro undici ore del giorno, e mi ristoro le forze colla contemplazione e adorazione della natura. Del giornale non ho tempo io di parlarti, ma ti mando da leggere due lettere che ne contengono sufficienti dettagli. Si grida contro di te, che mostri finora poco calore e poco amore alla cosa. Non la consideri abbastanza forse come impresa nazionale. Di queste cose bisogna farne grande stima prima che esistano, se si vuole che esistano stimabilmente poi, e incamminarle con solennità ed energia. Nelle tue due lettere, *nec verbum* di ciò che hai fatto o che farai costì per estendere le nostre relazioni e i nostri appoggi. Addio. Ricordati che questo scritto ch'io ti mando è un ossame spolpato, tutto pieno di scorrezioni e di cancellature, come venne giù dalla penna; perciò usane colle dovute *precauzioni d'amico*, e non dallo per più di ciò ch'è in effetto. Ho lasciato star ogni altra cosa per servirti. Farò sempre così, perchè sempre sarò il tutto tuo, ecc.

Venerdì, 15 novembre, 1818 (a Parigi).

Carissimo,

Che indignazione, sig. Conte mio? Questa è la quinta mia lettera, e non conto fra queste lo scritto, ossia bozza storica, che equivaleva bene, cred'io, a una dozzina d'altre, e di cui non so finora se almeno t'abbia servito a forbirti. Era una bozza, ma in genere di bozza poteva avere qualche merito, e il *sistema* ne era, se non altro, più che superficiale. Vedo che bisogna ch'io m'appigli a scriverti tali lettere, quali si potessero stampare; chè così l'ufficio della posta concederà loro il transito, che deggio credere abbia negato a quattro precedenti. Anche alla Duchessina (di Broglie), anche a Sismondi non pervengono le mie lettere; è cosa da impazzare. Sismondi ci usa ogni cortesia, e promuove quanto può la nostra impresa, e coopera alla medesima con luminosi articoli, e vi si dichiara entro nostro collaboratore, e il diavolo vuole che non ci sia stato fattibile di fargli sinora pervenire un solo foglio azzurro, laddove io gli ho spedita la intera serie. Uguali spedizioni ho fatto fare alla contessa di Saint Aulaire, ad Albertina, a Brougham; ora sto per mandarne una a lady Sersey. Ma a che servono questi nostri *regali?* Socj vogliamo, socj fermi e paganti. Mandaci una buona volta i nomi di chi ci vuole leggere, e noi faremo risponsabile il librajo Treuttel e Wurtz costì. Oppure assegnaci tu un librajo, quale più vuoi, ed egli s'incarichi di tutto; noi diamo franco il giornale sino alla frontiera. Su, fatti e non parole. Che l'amministrazione del *Conciliatore* e la sua diffusione all'estero sia pessimamente ordita ciò è vero, ed io e Berrini strilliamo come grilli; ma il più inconcepibile per noi si è che tu in Londra e in Parigi non abbia riuscito a sistemare la cosa in modo, da togliere a noi questa briga. Che diancine possiam far noi di qua, se tu di nulla ci ajuti sul luogo? Perchè non ci hai fatti socj una ventina di *John Bull* e la Società Reale di Londra, e alcun'altra delle cento mille società inglesi? Perchè non ci fai ricambiare contro il *Conciliatore* un tre o quattro fogli letterarj o politici parigini, come mi viene ora proposto di costì dalla nuova società della *Revue Encyclopédique?* perchè non ci hai procurato l'associazione del duca di Orléans, siccome abbiamo senza nostra inchiesta quella onorevolissima del gran duca di Weimar, con gran rabbia dei nostri impotenti nemici? Perchè, perchè? Ci vuol tanto a far inscrivere l'Istituto, l'Ateneo, e la biblioteca reale? Se in un mese di soggiorno a Parigi non ne vengo a capo, mi lascio dar dell'*Accattabrighe* (3). — La comparsa di quel bestialissimo foglio ha

(3) Il conte di Strassoldo era governatore di Milano. L'*Accattabrighe, ossia Classico-romantico-machìa,* giornale critico-letterario, stampossi a Milano, cominciando il novembre 1818, in carta rosata per contrasto al *Conciliatore* che pubblicavasi in carta azzurra; e finì dopo 13 numeri. Principali redattori il prof. Bernardo Bellini e il conte Trussardo Caleppio commissario

fatto vantaggiare il 30 per 100 nella domenica in cui apparve. Io credeva bene che fossero sciocchi, come sono tutti i presontuosi, quei Caleppi e Bellini e siffatti altri, ma tanto tanto poi nè io, nè uomo in Milano ce 'l figuravamo. Il sig. Strasoldo, censore egli stesso del nostro foglio da qualche tempo in qua, mena la falce senza riguardo nè al buon senso nè alla buona creanza. Ne vengono rimandati gli articoli poche ore prima di dover distribuire il foglio, conviene supplire alle lacune, talvolta sostituire interi articoli, sottoporli di nuovo alla censura, e cosi vien fatto che il foglio non può uscire talvolta che al lunedì e al venerdì, e oggi appunto fu il caso. Sono incolpato io, e dopo di me, è incolpato Gioja di siffatto rigore: alcuni miei articoli furono falcidiati per metà; io designai le castrazioni al pubblico disdegno con intere linee di punti; venne fatta proibizione di punteggiare gli spazi. Domandai in iscritto di poterne prevenire il pubblico; il mio foglio petizionario fu lacerato

di Polizia, il quale diceva i Romantici nati morti, sleali alla patria ed al Governo, simili all'asina di Balaam che pretendeva insegnare al profeta cosa fare e dire. Di Carlo Porta censura le sestine sul romanticismo. « Fidando nel proprio ingegno, ha creduto con le sue sestine frapporre un argine alla rovina del romanticismo. Ma andò errato, perchè senza togliere un jota al ridicolo in che caduto è fra noi il romanticismo, ne ha forse fatto cadere sopra di sè con le sue sestine ».

Il Porta lo ripagò con questo sonetto nello stile dell'avv. Stoppani:

    O voi degni del coro degli Dei
        Che col reclame dell'Accattabrighe
    Saettate da Bravi Pittonei
        I turbatori delle greche righe,
    Sì voi beati sette volte e sei
        Sederete in Olimpo assieme d'Alcide,
    Che i mostri crudi, dispietati e rei
        Distrusse come Borea le spighe.
    Là su sarete al certo incoronati
        Di lauri poeteschi inimarscibili
    Per man delli superni Dei Penati.
    E Apollo canterà con mille cantici
        Che voi distrutti avete quelli orribili
    Non romantici no, ma negromantici.

di proprio pugno dallo Strasoldo, e i pezzi ne furono portati da Ferrario mentre pranzavano venti persone alla tavola di Porro. Fra i passi cancellati nell'articolo di Pellico sopra Brougham eravi questa espressione: *Il nobile bisogno della pubblica stima, e l'appoggio della opinione pubblica.* Fra i commensali erano alcuni inglesi e russi; non si sapeano dar pace di tanta *immoralità*. Questa persecuzione ci ha fatto per alcuni giorni piovere gli associati. Ho rammarico di certi cinque paragrafi che vi furono tolti dall'articolo mio sulla Stael, nei quali io riepilogava i suoi tre tomi. Intanto un gran numero di persone a cui sono andati molto a genio gli articoli sull'Inquisizione, si recarono a leggere quei paragrafi presso Ferrario. Giorno verrà in cui raccoglieremo tutte queste mutilazioni, e le intitoleremo *Patologia del Conciliatore.*

Pecchio e Visconti si sono aggiunti al drappello, e sono, s'è possibile, più accalorati di noi. Oramai non contiamo fra i nostri nemici che la gente la più screditata, o che non tarderà ad esserlo. Ricórdati, amico mio, che le imprese difficili vogliono essere *portate* nella loro infanzia; col tempo sono elle poi che *pòrtano* quelli che vi hanno parte. Ti ringrazio di quanto mi figuro che avrai fatto nell'affare di Hobhorne. Costui m'ha scritto una Filippica; io ho risposto una Verrina: persisto a crederlo leale, ma non mi figurava ch'ei fosse tanto *ventoso* da pigliare la più franca sì, ma candida e segreta confidenzialissima espressione del mio intimo senso, per una contumelia e una reazione. Ma tu vedi bene ch'ei farebbe in tutti i paesi del mondo una meschina e scellerata comparsa partecipando al pubblico questo orgoglioso suo risentimento. Diffatti ci s'appigliò a trattar la cosa per lettere private e finisce col chiedermi la mia amicizia e offerirmi e giurarmi la sua. Niuno più di lui e più di Byron sa quanto io abbia operato e scritto nobilmente, sebben forse troppo confidentemente; non vedo che ci avessero da vantaggiare se mi costringessero a stampare tutta la nostra corrispondenza, e sopra tutto, la lettera di Byron, tanto diversa da quella che lo stesso scrisse a Hobhorne. Questi letterati sono dappertutto una pericolosa genìa.

Scrivo una lunga lettera alla candid'azzurra suocera della Polizia. Me la figuro colla tavolozza al pugno, e vedo quel pollicino che spunta dall'ovario. Ma come diamine fa ella a simpatizzare con quel semicroma di Kevenhuller? bene sta a costui di attenersi al Pezzi (4), e bene a Pezzi l'avere di simili patroni. Ma una Vittorina Saint Aulaire!! no, neppure quella magica creatura non può migliorare un Kevenhüller. Addio; ritorna presto, e torna buono ed amorevole. Ho sempre paura che ti s'inaridisca il cuore con certe amicizie che

(4) Francesco Pezzi veneto, compilatore della *Gazzetta di Milano* e perciò despota dell'opinione: accannito contro i Romantici, e in generale contro chi usciva dalla mediocrità. Morì nel 1821. Contro di lui Carlo Porta (morto il 5 gennajo 1828) slanciò alcuni dei sonetti ironici, nei quali contrafaceva le grossolanità di un certo avvocato Stoppani di Baroldingher, lodatore di Francesco I.

> O Pezzi bravo! Oh bravo Pezzi ed almo,
>   Che sei maestro del più gran vapore
>   Che tu rivedi con spirito calmo
>   Tutto quello che c'è da rivedere.
> Tu tieni Minerva come in palmo:
>   Vate sei e poeta e canzoniere
>   Tu, come dice il Profeta di Patmo,
>   Sei spada, stella, luce e candeliere.
> Ma ciò che fino al fondo dell'Atlantico
>   Ti fa più chiaro, si è che nell'averno
>   Schiantasti per sempre il serpente romantico.
> Cosicchè noi ti erigeremo un tempio,
>   E fondendoti in bronzo sempiterno
>   Ti innalzeremo in piazza per esempio.
>
> Capisco anch'io che non riuscirai
>   A polverar quell'infame gente,
>   Quel conciliabolo che non lascia mai
>   Di rinascere come di Cadmo il dente.
> Perchè tu troppa gentilezza or hai,
>   Troppa logica adopri da sapiente,
>   E a loro addosso, qual ti de' non vai,
>   Che le buone con lor non fanno niente.
> Hai visto pur che, dopo saettati
>   In pubblico teatro dall'Apollo,
>   Ciò non ostante ancor sono rinati.
> Bisogna a mostro tal tirare il collo,
>   Chiuderci addosso da cani arrabbiati.
>   Pezzi! cangia il tuo stil ch'è troppo mollo.

ti vedo... Basta; ricordati che hai in me un secondo te stesso; usami e amami.

Torino, 16 aprile 1820.

Mandami con tutta sollecitudine, — I.° Un conto del numero di azioni necessarie allo stabilimento d'una scuola di 200 o di 300 allievi, compresovi il calcolo dell'ammortimento delle prime e non ricorrenti spese. Questo conto me lo suddividerai nelle tre parti: 1 locale, 2 corredo, 3 maestri.

II.° Alcune copie del programma col quale facesti invito al pubblico e proponesti la riunione d'una società d'azionisti. Per ora basta così.

Non vogliamo, Emmanuele ed io, chiedere il permesso al Governo, se non possiamo farlo già in nome d'un sufficiente numero d'azionisti. Più il catalogo ne sarà copioso, più facilmente potremo contare sulla individuale approvazione di Balbo (5). Nullameno, e ottenuta anche questa, ne resta la maggior difficoltà da superare, cioè l'avversione della Regina pel ben pubblico, e specialmente per quel bene che veste aria di modernità, di scopo universale e di associazione. Questa donna è inviperita, e quel famoso Balbo tanto acclamato, perchè qui basta anche un mezzo scaltro a infinocchiare i più, quel Balbo, se oserà pur tanto di presentare

> Chi vuol veder quantunque può natura
> In un gran uomo insigne e prelodato
> Osservi il nostro Pezzi, che sicuramente le dico resterà soddisfatto.
> Ei di Temide e Palla a gran premura,
> Ercol li diede il stil forte e librato,
> Apollo, Minerva insieme e Diana pura
> Tutti i lor doni gli hanno spalancati.
> Ma quel, di cui tutti stupir più ponno,
> Massime in questo nostro sì corrotto
> E maledetto secolo decimonono,
> Si è che lui scrive franco, ardito e chiaro,
> Ed è oggi al certo l'unico dotto
> Che non si lascia corromper dal denaro.

(5) Prospero Balbo, presidente dell'Accademia delle Scienze e del magistrato degli studj in Piemonte.

al re tal disegno e chiederne debolmente l'approvazione, cederà tosto, e non opporrà più che inchini, tornato che sia il re.... col suo solito responsorio, *Io per me non ci avrei difficoltà, ma la Regina.... m' ha sgridato.... vedete bene ch' io non posso più*, ecc.

Emmanuele, che ha già dovuto presentire come andrà la cosa, si consola in parte col diritto che riacquisterà di muover loro guerra aperta dal punto che ci negassero una tanto e sì universalmente gradita e diffusa istituzione. Dice che se ne farebbe tosto un bell'articoletto per la Minerva (6); ma oltre che questi putridi animi si bevono l'infamia come sostanza la più affine alla sostanza loro individua; oltre che nella incalzante premura nostra di agire e di reagire, magra consolazione e debole supplemento è la compiacenza di una accusazione nei paesi stranièri, resta altresì da sapersi ancora fin dove si possa contare sulla Minerva e ottenervi uno sfogo, finchè dura la musulmana censura a cui i Francesi sono ora vilmente soggetti. Ora sì che avvien di poter dire che i Covielli si sono trapiantati di Spagna in Francia.

Se ascolti, se leggi notizie allarmanti di Spagna non le credere. I santi, i prudenti, i ben pensanti, gli amici dell'ordine, implacabilmente irritati, le vanno spargendo da Parigi, e i loro consanguinei le accolgono e le ripetono dovunque. La perversa genia preferisce una contro-rivoluzione in un lago di sangue, ad una rivoluzione incruenta, metodica come quella, esemplare e generosissima. Bardaxi (7)

---

(6) Era il giornale parigino, in cui, come nel *Globe*, si addestrava la nuova generazione di scrittori, che reagivano contro lo scetticismo del secolo XVIII e le adulatrici empietà dell'Impero. Essendosi in quello pubblicate alcune censure sopra la Congregazione centrale del regno Lombardo-Veneto, la Polizia ne sospettò autori Alessandro Manzoni e Ignazio Calderara, « stabiliti da poco a Parigi, e conosciuti per principj liberali, o altri collaboratori del *Conciliatore* ».

(7) Don Eusebio di Bardaxi y Azari fu il primo ministro spagnuolo presso la Corte di Torino dopo la restaurazione, e durò dal 2 marzo 1817 al 11 febbrajo 1821. Allora si interruppero le relazioni fino al 1825, quando venne don Antonio de Ugarte y Lurrazabal. Il Bardaxi era fautore di quei che vi cospiravano per la costituzione e per un regno d'Italia

ha ricevuto un corriere jer l'altro: i disordini di Cadice, disordini di cui i soli satelliti del versipelle Ferdinando hanno la colpa e l'ignominia, sono al tutto composti. La volontà nazionale e la nazionale sovranità non è più una controversia per gli Spagnuoli; è un fatto: non c'è più metafisica di *Dottrinarj* che basti a offuscarne la possibilità, la evidenza, la solidità. Cotesto fatto è il gran testo europeo a cui s'hanno ad appoggiare le discussioni politiche, onde abbreviarle e trarle fuori da quelle *Accademie* che in Francia si chiamano Camere dei Deputati.

Avrai capito che le ripetute notizie delle sommosse di Milano e di Bologna, contenute nei fogli liberali di Francia, non sono già narrazioni di fatti creduti veri da chi li pubblica: ma una maniera di appello agli Italiani per una parte e ai Prussiani per l'altra; è una prova che si fa onde destare gli uni, intimidire gli altri, e dar da credere a questi, se fosse possibile, che sia imminente l'istante di doverne venir a transazione con quei popoli. — Tutto fa brodo, eccettuata la materia prima, dico quei popoli stessi.

Addio. Saluta i miei amici con tutta cordialità. Di' loro ch'io fo vita ritiratissima, che non ricupero le forze, e che qualunque poco di occupazione le eccede e mi diviene ogni giorno più malagevole; che non dormo la notte, e vorrei per doppio bisogno dormire i giorni; che anche noi abbiamo per nostra disgrazia disotterrati parecchi palimpsesti nella biblioteca dell'Università; che il Mecenate di questi luminosi e così giovevoli studj, il gran Balbo, crede rinato pel Piemonte il secolo d'Augusto; e manda l'abate Peyron a Bobbio nella speranza ch'ei ritrovi in quelle rovine centinaja d'altri *palimpsesti;* che da Bobbio Peyron sarà quindi spedito in Milano onde confrontare questi avanzi dei sorci nostri con quelli dei sorci ambrosiani, già stati odorati, lambiti, leccati e masticati dal miracoloso abate Mai (8). E se il secolo non risorgerà per questa concorde opera degli Abati,

---

(8) Sono celie sconvenienti contro le preziose scoperte paleografiche fatte dall'abate Amedeo Peyron e dall'abate, poi

dei sorci e dei ministri, la colpa ne sarà tutta d'esso secolo perverso, Lancasteriano Radicale. — Di' a questi miei amici che un barbassoro di Corte, un gran torquato aureo, un semidio di nobiltà mi disse, tre giorni sono, che i moderni vogliono rovinare anche il buon gusto teatrale; tutta colpa di quel gran birbante inglese *Sancrespin* (9), e i miei amici indovinino di chi era questione nella mente del barbassoro. Un altro mi chiese se gl'Italiani del mezzodì sono sempre tutti soprani come una volta. Risposi: *Eccellenza sì: tutti eunuchi ma le donne in vece cantano il tenore*. E sua eccellenza se n'andò contento colla sua buona notizia in serbo.

Addio finalmente.

Al De Breme scriveva Pellico da Milano:

Amico dell'anima mia,

.... Come mai non amarti sempre più, non adorarti, mio dolce amico, ricevendo lettere sì piene d'amore? Non vi fu mai sulla terra bontà pari alla tua, nè vi sarà mai persona che più di me sappia apprezzare un animo siffatto. È inutile ch'io ti ringrazii per la sollecitudine ch'ora ti pigli riguardo a Luigi (10); non sono io certo da gran tempo del sacrificio di tutto te stesso quando si tratta di far lieto l'amico del tuo cuore? Lasciamo andare l'affare tentato come la fortuna vorrà, e tu credi ch'io serberò memoria del tuo instancabile desiderio di obbligarmi. Imposterò la tua lettera per Torino. — Ho rimesso io medesimo quella a Falta. — Mad. Bubna (11) ricapiterà l'altra per Stahrenberg. — Ieri con questa gentile donna ho parlato molto di te; ella mi disse che, il giorno

---

cardinale Maj, nelle biblioteche di Bobbio e di Milano. Le epigrammatiche scontentezze del De Breme contro il suo paese e i governanti teneano forse alla malattia che lo consumava; se pur non era il malcontento consueto di chi sta in collera col mondo che non gli diede un posto.

(9) Shakspeare.
(10) Fratello di Silvio, fattosi gesuita.
(11) Moglie del generale, che comandava l'esercito della Lombardia.

stesso in cui ricevè la tua lettera, si mise a risponderti, e scrisse tre pagine, ma che le si è interrotta e non finì la risposta; aggiunse che la finirebbe stamane, e me la manderebbe.

Or del Giornale. — Non abbiamo ancora letto ogni nostro lavoro, ma già fra le altre cose (perchè si legge interpolatamente) è passata a pieni voti la *storia* (si può dire) che hai fatta con mirabile pazienza ed ingegno sovra l'Inquisizione. Soltanto si sarebbe desiderato che il primo articolo avesse ritardato meno il racconto; si voleva discutere sopra qualche taglio da farsi, ma io, per risparmiarti il pericolo di una più dolorosa operazione chirurgica, mi sono fatto dare l'autorità di fare quegli accorciamenti che crederò. Ciò che da me si esige, e che non può gran fatto dispiacerti, giacchè Borsieri dice che quasi tu medesimo lo consigliavi, si è di togliere quel passo di Cremuzio Cordo che, se anche fosse passato dalla censura, sarebbe poi meditato e considerato come una nostra professione d'odio ai tiranni; professione che è meglio lasciar arguire in cose di più rilievo, e di queste i nostri scritti abbondano, e principalmente i seguenti tuoi articoli sul Llorente, i quali, sebbene più forti del primo, passeranno più securi, perchè la forza sarà cresciuta gradadatamente. L'elogio al governo austriaco va eccellentemente, e convengo che per questo motivo il tuo articolo dovrebbe andare nel primo o almeno secondo numero.

Sabato sera s'è dunque letto quegli articoli tuoi, e primi di essi la tua lettera alla Società. Quest'ultima udì con piacere i tuoi consigli che trovò saviissimi, e tutta m'incarica di salutarti e congratularmi con te dell'ottimo impiego che fai del tuo tempo in codesta solitudine. Poi Borsieri lesse un articolo sul Sismondi e uno sul Baretti. Questo non piacque per intero, perchè troppo riverente verso Baretti; e Borsieri promise di ritoccarlo, e far sentire quanto quel vivo ingegno di Baretti mancasse di filosofia. — L'avviso fu di Rasori; v'era pur Ressi, tutti aderimmo; Borsieri fu sul punto di offendersi, pel dolore che ogni autore ha quando gli si vuol condannare qualche periodo, ma capì la ragione, e il giorno dopo era più persuaso degli altri del cangiamento da farsi a quel suo articolo. Berchet era di mal umore, e fremeva leggendo un articolo di Romagnosi sul *Romanticismo*, nel quale l'Autore, professando le nostre dottrine, condanna (come già avevi fatto tu) l'inesattezza del vocabolo romantico. Infuriò, gridando che il pubblico crederà che abbiamo la bassezza di ritrattarci, e si fece giurare da noi che gli permetteremo nel suo primo lavoro di stampare una nota, in cui protesterà di essere irremovibilmente romantico. Aggiunse che, se stampavamo l'articolo di Romagnosi, Visconti non ci darebbe forse più niente.... ma il giorno dopo senti che Visconti avea letto quell'articolo e che ne era contento, e Berchet fu calmato e buono come un agnello.

Io lessi l'articolo di Sismondi sul Camoens che piacque sommamente. Poi Rasori alcune sue poesie tradotte che tu conosci, delle quali s'è convenuto generalmente che la prima da stamparsi (ma non nel 1.° numero perchè non si vuol subito poesia) sarà *La dignità delle donne* di Schiller.

Lesse pure *Gli Dei della Grecia*, che Monti avea cacciato in capo a Rasori di stampar per il primo numero, ma io diedi il mio voto contrario, e fui seguito dagli altri. Siccome però il conte Porro ha un certo rispetto pel parere di Monti e per le decisioni di Rasori, egli mi pareva incerto sul suo voto, e determinò che per ora non si dovesse fuorchè leggere, senza punto pensare a ciò che si stamperà prima o dopo.

Scioltasi l'adunanza, parlai al conte Porro degli *Dei della Grecia*, osservandogli che bellissima era quell'ode, ma ci trarrebbe addosso tutto lo sfavore degli animi religiosi, professandovisi un disprezzo assurdo sul dogma della unità di Dio, empietà assai più imperdonabile d'ogni altra perchè offendeva non i soli cattolici, ma tutte le credenze cristiane. Siffatta ragione lo convinse.... e il giorno dopo, appena vide Rasori, non mancò di dirgli ch'egli rigettava gli *Dei della Grecia*, perchè a noi non conveniva di darci per atei.

Insomma tu vedi che il *giorno dopo* è stato un gran correttivo del giorno prima. Tutto fu d'accordo. Pranzammo tutti insieme. Quindi si continuarono le letture. Sai che Berchet parla del Boutterweck divinamente? è piaciuto a tutti, principalmente il secondo articolo, ma il primo è stato, come il tuo, condannato a qualche taglio, e Berchet se ne rimette a me. Credo che a principio peccheremo tutti un po, ma che, presa un po' di pratica, saremo più giusti economi delle nostre idee. È vero che non potendo fare nello stesso numero un articolo lungo, le nostre introduzioni devono essere rapide il più che si può.

Anche a me hanno fatta qualche piccola osservazione, e volontieri mi sono sottomesso a modificare qualcosa; nè anche del mio però nulla è spiaciuto. Sono contenti ch'io abbia diviso in piccoli estratti l'analisi *del Merito e della Ricompense* (12), perchè tutti gli altri hanno tenuto dimensioni un po lunghe, e Ferrario se ne lamenta. Il *Childe Harold* ha incantato gli ascoltanti. Quindi ho letto il mio primo articolo sul Marrè, e l'hanno trovato giusto tanto Porro e Rasori, che Berchet e Romagnosi. Ressi non venne che tardi, e sentì ancora un po' del Battistino, che passò felicemente come il resto. — Oggi si continueranno e finiranno le letture. V'è un articolo di Rasori sopra Volta. Stamattina vado da Carpani, e gli porto qualche cosa da cominciare a rivedere.

Domani scriverò una lettera *comme il faut* al nostro Rossi, Porro volontieri la firmerà. È una vera fortuna per il *Conciliatore* l'avere un corrispondente di così buona volontà a Ginevra.

Non temere che avremo anche qualche articolo di agricoltura. Il signor Cosimo Ridolfi di Firenze, amico del conte Porro, gli ha mandato una memoria sui vini, della quale renderemo conto.

Ti mando le satire del D'Elci, che pagherò a Borsieri. La Società ha dimostrato il desiderio che di quel *satiro* maligno tu faccia un articolo corto; non merita gran pensiero. Non lasciare indietro *les Considerations* di M. de Staël.

E frattanto, se l'anima ti bolle, fa quei divini versi che m'accenni. Che bei soggetti quello *Spettro delle tre montagne*, quella

---

(12) Di Melchiorre Gioja.

contadina di Bellagio! — Non mi dici qual sia la novella della *Cavagnola* (13) e perchè la chiami *ariostesca*. Bada che non sia lascivetta più che non si convenga. V'è anche un lascivo che mi piace, ma quello dell'Ariosto no; è (come dice il curato di Lenno) nient'altro che *lib. sporca*. Ma perdona la mia ingiuria; tu non sei capace d'essere *ariostesco* a quel modo.

Addio. Amami sempre sempre. Addio, t'abbraccio teneramente e fortemente.

Il tuo Silvio.

Martedì 18 agosto

Lodovico così scriveva a Pellico da Torino il 17 marzo.

Adorato Silvio,

Sono ammalato. Appena io aveva intrapreso qualche studiuccio con Ferdinando, mi è stato forza risospenderlo. La tua lettera è giunta a tempo, e mi ha infuso vita e speranza. Oh! le mie speranze sono limitate assai, spero di rivederti... e basta. — Sì sì, la generosa e buona Caffarelli mi ha dette le più care cose in nome tuo e mi attestò ben sentitamente la tua grande affezione per me. Eugenio mi diede un bacio correndo, e adempì alla commissione da Francescuccio. Quell'impareggiabile Mompiani è un *uomo di più* che sono arrivato a conoscere: *Il en est jusqu'à trois que je pourrois compter*. Il mio cuore prova per siffatti un certo senso, che niun altro sa destare. L'affezione mia per essa partecipa di quella stessa purezza e di quel candore che emana da loro. Aspetto il ritorno di Emmanuele, e allora mi proverò a parlare d'una scuola lancastriana. Ma prevedo che non troveremo qui dieci persone accalorate per l'umanità e per la patria, che vogliano sborsare un cento lire annue per quattro

---

(13) La Cavagnola era un'osteria, posta sul vertice dell'ultimo promontorio che incontra a man dritta chi naviga da Como alla Tremezzina: e soleano fermarvisi le barche a rinfrescare nei lenti tragitti d'allora

anni. Oh! la non curanza e l'egoismo sono rinterzati qua con tanta ignoranza, che non te'l figuri abbastanza. D'altro non odi parlare che del Messia-Carignano, e delle cerimonie battesimali e della v... serenissima, e della balia vestita di velluto. Le lettere apocrife e i pseudo-inviti piovono tuttogiorno. Tutto il serafico consesso dei Cappuccini scese l'altro jeri processionalmente dal Monte, traversò la città, e si presentò nel palazzo Carignano per venirvi a cantare l'uffizio dei morti intorno alla defunta principessa, *vittima del suo parto*, come diceva la lettera d'invito, di mano affatto consimile a quella del cavalier Valperga gran mastro della casa. Grande scandalo degli uni, grandi risate degli altri. Intanto venne carcerato prima di quest'ultima beffa uno studente, incolpevole affatto, ma nullameno tenuto in ferri tuttora. V'ha chi teme che siffatti scherni siano una tremenda cospirazione, legata cogli affari di Spagna, coll'omicidio di Sand e con quello di Louvel (14); e ti dicono seriamente queste cose. Risposi a taluno, che pur pure mostrava qualche sospetto, ciò essere una sciocca sì ma però indubbia prova della noja universale che ispirano le buffonate d'una volta; e che principi e frati dovrebbero finalmente comprendere che l'ora è passata, e che il buon senso vuol farsi strada qua con celie e scherni, là con stili e coltelli, altrove con tutta la pompa del nazionale risentimento. — Intanto ti so dire che le notizie giunte, poche ore sono, recano, si può dire, l'intera insurrezione della Spagna. Una linea di circonvallazione abbraccia tra poco tutto il regno, e cerchia il Governo. Una è la volontà, identiche le operazioni su tutti i punti. La costituzione delle Cortes è lo scopo di tutti. Mina si fa ogni giorno più terribile. D'altra parte la Cortadure è espugnata, il che vuol dire a un tempo Cadice. Freyra è rimosso, secondo alcuni, secondo altri rac-

---

(14) È notissimo che Sand uccise il comico Kotzebue, e Louvel il duca di Berry. Del Sand un elogio enfatico girò molto in Italia alla macchia, e diceasi opera di un Benedetti fiorentino. L'abate De Breme continua le sue asprezze patriotiche: meno pungenti però di quelle che Gioberti lanciò ad una patria che amava, e che tanto amò e onorò lui.

conti è passato tra i patrioti. Due generali hanno ricusato di succedergli. Le Guerillas si ordinano intorno intorno: Fernanduccio invoca la Santa Alleanza.

Addio; mi duole il capo. Abbraccia il nostro Porro a cui risponderò posdimane. Filiberto ti ama teneramente: sia il mio cordiale interprete presso i carissimi amici, e in ispecie presso Borsieri. Addio.

Il tuo LUDOVICO.

La salute di Lodovico volgeva alla peggio, ed il 3 giugno da Torino mandava a Pellico:

Io voleva che ti scrivessero il vero; non l'hanno fatto; non tutti han ugual torto, perchè era un segreto tra il medico e me. Non fui mai e sono men che mai fuori di ciò che chiami pericolo. Ti scrivo col braccio, su cui s'è praticato, cinque minuti fa, il 15.º salasso. Ho contati sino a 96 sbocchi di sangue. Somma il tutto. Ora non è più venuto sbocco da 32 ore: guai al primo! — Riceverai in ultimo, se avrò tempo di dare alcune mie istruzioni a Filiberto, un involto di carte, di cui farai quell'uso che l'amicizia ti suggerirà. — Addio a tutti un per uno, che non ho la forza fisica di qui nominare. A te poi, mio Silvio, addio anche. Mi ha sembrato che tu non m'abbia lasciato un istante nella mia lunga carriera di agonia. — Vorrà vedere Iddio perchè il cuore mio è pieno d'amore. — Del resto, sia ciò che si può di noi, nulla spaventa tanto quanto la viltà del mondo e la bassezza di questa vita. Addio. — Emmanuele è divino. Egli e Filiberto hanno tutta la mia confidenza più illimitata. Addio.

Il tuo LUDOVIGO.

Pellico accorse a Torino, e reduce di là annunziava:

Caro Confalonieri,

Jeri e stamane sono passato per darvi il buon giorno; non ho avuto il piacere di trovarvi. — Eccovi, caro amico, la nota carta firmata da Breme, e dai due necessarj testimonj.

Niun'altra formalità era da osservarsi a Torino per validare maggiormente questa carta. Breme, prima che io giungessi a Torino, già aveva nelle sue disposizioni fatto tutto (mi disse egli), onde il vostro credito fosse riconosciuto sacro, e soggiunse che su questo punto egli moriva colla coscienza tranquillata. — Ben lo sorprese il non rammentarvi ch'egli vi ha consegnata la chiave, e dato l'indirizzo della casa ove stanno i libri. Dice essere certo di ciò. Vedete se trovate quella chiave. — In ogni caso io tengo l'indirizzo suddetto, ed è *Contrada del Nerino* N.° 3562 *piano terreno*. Ma ci parleremo. — Breme mi ha lungamente, e tutti i giorni parlato di voi, della vostra delicata anima, e dell'amicizia generosa di cui gli avete dato molte prove. — Vi abbraccio. — Sono senza notizie di lui, e molto inquieto.

Il vostro affmo Silvio P.

In fatti Lodovico moriva il 31 agosto: e Filiberto suo fratello annunziava a Pellico che, appena calmato il primo dolore, spedirebbe la carta che Lodovico gli aveva indicato di mostrare a lui.

Il qual Filiberto poc'anzi avea scritto a Pellico:

Sto scrivendo un catechismo di principj liberali pei figli dei ciabattini, dei salumaj, dei mugnaj, e per quelli dei letterati e dei marchesi, più lontani che non i primi dagli elementi sociali. Spero che Confalonieri me ne comprerà un migliajo di copie per i suoi Lancasteriani.

In quest'occasione Porro scriveva a Camillo Ugoni il 18 agosto 1820.

La lettera di questo mese vi reca la più trista nuova che possa darvi. Abbiamo il 15 perduto il caro Breme. La più gran forza di animo lo ha accompagnato fino all'ultimo momento. — Oh caro Ugoni, abbiamo perduto un uomo ben distinto! e vediamo tanti infami nell'auge e nella prosperità.

Può ella, la provvidenza, fermarsi un momento? Può ella pentirsi della sua marcia, come si pentì già una volta della bell'opera dell'uomo, che è il composto più bizzarro che si conosca? Per novantanove decimi, nullo; e in quel decimo di uomini grandi, quanti ne rende infelici!

Arrivabene ha scritto le vostre nuove ed i vostri saluti. Ditemi un poco qualche cosa di Mompiani. Ha esso rinunciato alla scuola? Ditemi solo il fatto, ancor che senza le riflessioni che lo possono aver a ciò forzato. Noi siamo persuasi, che l'anima sua è ottima, e retta la sua mente.

Addio caro Ugoni. Tutto è silenzioso. — Marciano truppe per sradicare il liberalismo ed italianismo dai fondamenti; vedremo se saranno forti quelli che professano quella credenza. Siamo in grandi momenti, tardi a svilupparsi, ma che sono degni delle osservazioni di un filosofo patriota. — Addio.

IX.

SILVIO PELLICO.

Ed eccoci ad un nome, già più volte ripetuto e maggiormente noto. Silvio Pellico, dal patrio Saluzzo era venuto a Milano durante il regno d'Italia, nel quale il padre suo era impiegato in amministrazioni militari. Silvio fu maestro di lingua francese nel collegio militare, e sottentrati i tempi pacifici, venne conosciuto e amato dalle persone d'ingegno. Monti, che sceglieva fiori da ogni giardino, tenendoli preparati per l'occasione di tessere ghirlande, e la cui *Iliade* dal Mustoxidi era qualificata l'anello di congiunzione fra la letteratura antica e la moderna, al Pellico talentava meno di Foscolo, i cui *Sepolcri* furono la sua ispirazione. Ma più s'attaccò a quelli che favorivano il Romanticismo.

Frutto di questo, benchè fedele alle accademiche unità, ossia classica pel buon senso, romantica per l'immaginazione e la verità, la *Francesca da Rimini*, piacque forse principalmente pel sentimento italiano che ne traspira: e di applausi strepitosi risonava il teatro Re allorquando Paolo esclamava:

> Per chi di stragi si macchiò il mio brando?
> Per lo straniero. E non ho patria forse
> Cui sacro sia de' cittadini il sangue?
> Per te, per te che cittadini hai prodi
> Italia mia, combatterò se oltraggio
> Ti moverà la invidia. E il più gentile
> Terren non sei di quanti scalda il sole?
> D'ogni bell'arte non sei madre, Italia?
> Polve d'eroi non è la polve tua? (1)

Quella recita fu un avvenimento per la città. Federico Confalonieri gli mandava un informe scampolo di carta, che noi conserviamo, colle parole:

Caro Pellico, lasciate che vi abbracci di consolazione per la riuscita ch'ebbe la vostra Francesca ieri sera; e quasi più ancora che del successo dell'amico, mi congratulo di questa prova del progresso morale dell'uditorio. Tre anni fa sarebbe stata meno intesa e meno sentita. Addio di nuovo, vi abbraccio cordialmente.

Lodovico De Breme strappava di mano all'autore quella tragedia, e la faceva stampare, come egli dice avanti all'edizione del 1819, cui va unita la traduzione del *Manfredo* di Byron. Raccontano che, dopo la recita della *Francesca*, Silvio si gettasse al collo della attrice Marchionni, piangendo di consolazione, e confessando ch'essa gli avea fatto dire cose che non

---

(1) Di rimpatto Ugo Foscolo, nella *Ricciarda*, faceva dire a Guelfo:

> Amor di Italia? A basso intento è velo
> Spesso: e tale oggimai s'è fatta Italia
> Ch'io, non che dirmi suo campione, e inulto
> Lasciar per essa d'un mio figlio il sangue,
> Io sdegnerei di dominarla, ov'anche
> Sterminar potess'io tutti i suoi mille
> Vili signori e la più vil sua plebe.

s'era mai accorto di aver espresse. Tanta era l'efficacia della bella declamazione.

Pellico non aveva soltanto lodi; e Foscolo il consigliava a gettare al fuoco la *Francesca*, e cimentarsi al pubblico colla *Laudamia*, mediante poche settimane di nuove veglie sopra di essa. Egli invece compose l'*Eufemio di Messina*, e finitolo il diede a leggere al marchese di Ripa a Milano, che avendo già lodato assai la *Francesca da Rimini*, ne trovava degna compagna quest'altra tragedia. In una lunga lettera del 28 maggio 1820 il Ripa ne fa un esame benevolo, ma indicando ciò che meno gli gradì, e suggerendo qualche miglioramento. Concludeva: — « Vi ho ammirato di molti bellissimi tratti, dettati veramente da anima generosa e calda di amor patrio, e particolarmente alcuni di Teodoro e quello di Eufemio, quando, nella seconda scena del quarto atto, dice: « Riederà il Moro dominator di queste piaggie indarno ». Voglia il cielo che la dispettosa Censura li lasci intatti; in quanto a me, la pregherei di allogarne alcun altro simile, dacchè credo che la scena, e la tragica sopràtutto, debba essere feconda di siffatte massime; ed ella, più che ogni altro, sa mirabilmente commuovere per questa via i cuori italiani ».

Presentato alla Polizia l'*Eufemio di Messina* il luglio 1820, non ne fu permessa la recita, perchè « tanto nel complesso che in moltissimi luoghi ferisce i riguardi giustamente dovuti alla religione, vertendo la azione sopra una figlia di re consacrata al chiostro, la quale, invasa da fanatismo religioso per eccitamento del vescovo di Messina, si arma d'un pugnale, e vestita di nero e coperta di bianco velo, sorte dal monastero per andare, nuova Giuditta, ad uccidere un cristiano rinnegato di lei amante, che assedia la città alla testa dei Saraceni. Nella scena 3 dell'atto III il cristiano rinnegato cerca persuadere la sua amante con moltissimi argomenti, che la religione di Maometto è preferibile alla nostra. I due altri atti poi sono di soverchia atrocità ».

Pellico reclamò al Governo; ma confermandosi le ragioni predette, e massime il destar quel fatto negli spettatori orrore anzichè commozione, venne confermata l'esclusione.

La *Biblioteca Italiana*, fattone l'analisi, soggiungeva:

Questa esposizione mostra a un dipresso qual sia la nuova tragedia del signor Pellico; nella quale, se si eccettui il primo incontro di Ludovica con Eufemio (atto III, scena 3), non abbiamo trovata altra situazione veramente drammatica, vale a dire ragionevolmente richiesta dal soggetto e dalle circostanze. Tutto è delirio, orrore e spavento, dalla protasi sino alla catastrofe: non vi ha scena in cui lo spirito e il cuore degli ascoltanti possano respirare un momento. Noi ignoriamo se per avventura l'autore appartenga alla setta dei Romantici, i quali non vogliono sentire a parlar di precetti, quantunque siano questi nati dalle osservazioni fatte sulle più perfette imitazioni sulla natura scelta o ideale. Ma sia o no romantico, il signor Pellico non è senza ingegno: e doveva perciò conoscere coi propri lumi, che in ogni drammatico componimento sono necessarii alcuni intervalli di vero o simulato riposo, per mezzo dei quali, oltre al riuscire più naturale l'andamento dell'azione, sogliono i profondi maestri ordinare le segrete fila di quest'arte, dal celebre Adisson giustamente nomata divina; ed andare disponendo l'animo degli spettatori agli eventi o temuti o sperati, onde se ne ritragga il maggior possibile effetto.

.... A onor del vero, dobbiamo dire che l'autore dell'Eufemio ha nel suo forte sentire un possente stimolo onde tentare con nuovi argomenti il difficile arringo; e noi lo desideriamo di cuore. Leggendo questa tragedia e l'altra, *Francesca da Rimini*, ci siamo quasi convinti ch'egli abbia una maggior propensione a ritrarre le sciagure che accompagnano la più bollente delle passioni: egli dice infatti nell'Eufemio:

> scevro d'amore
> Ir potrà il volgo, eccelse alme non ponno.

Scriva adunque amori tragici; scelga bene: esamini il suo disegno ed il corregga a dovere, e non si affretti a comporre: e noi facciamo ragione che egli trarrà dagli spettatori lagrime di ragionevole tenerezza e meritati applausi (2).

Da queste occupazioni non disgiungeva Pellico i godimenti della vita cittadina e brillante; e la scelta compagnia che godeva in casa Porro gli insegnava quelle convenienze, che non s'imparano al caffè e al club. Non ci sia colpa il mettere in nota (poichè sotto le rughe di chi conoscemmo vecchio piace vedere il

---

(2) Dieci anni dopo, un confidente della Polizia di Milano scriveva a questa da Bologna:

« La rappresentazione teatrale della tragedia di Pellico *Francesca da Rimini* diede una prova solenne dello spirito liberale che regna della massa di questi abitanti. Il teatro del *Corso* era pieno di spettatori, e quando vennero, dall'attore Modena figlio, pronunciati quei discorsi ne' quali si parla della libertà italiana e della convenienza di non aver difesa da estere truppe, ecc., gli applausi andarono alle stelle e il tumulto non si acquietò che dopo di avere l'attore ripetuto quei propositi, tanto graditi alla maggior parte di quell'udienza. In seguito a ciò venne proibito alla compagnia Modena di più rappresentare tragedie, e l'attore venne anche per qualche ora condannato all'arresto, il che gli raddoppiò gli applausi al suo ricomparire sulle scene del suddetto teatro.

« Ciò che più interessa si è che alcuni di quelli che io ho avvicinato, travagliano indefessamente perchè nelle altre parti d'Italia si scuotano i più timorosi, e non si manchi ad alcun mezzo per mantenere vivo lo zelo per la indipendenza, e l'impegno di crescere il numero dei proseliti. Fra i molti debbono agire un Conte Giovanni Roverella in Ferrara e in Romagna; un Angelo Pizzi, il suddetto Conte, Paolo Costa in Bologna, e quanto al Pizzi e al Costa anche in Romagna».

profilo del giovane ancora ignoto) un viglietto galante (3); ma il cuor suo stava colla famiglia Mar-

(3) *Madame la Marquise,*

Monsieur le Comte est parti, ce matin, pour Pavie; il m'a chargé de vous exprimer son regret de ce que, la loge lui ayant été demandée par Mesdames Bignami et Confalonieri, il ne peut point vous l'offrir ce soir. Demain c'est vendredi; peut-être daignerez vous l'accepter: elle sera, Madame, à votre disposition. — Mon regret en particulier n'est pas moins vif; aurai-je l'honneur de vous voir également au Théatre Re ce soir?

Je vous renvoie Ségur. Je l'ai trouvé charmant, mais je crois que c'est un peu parce qu'il me venait de vous, car il n'est que sage, et la trempe de ses pensées est rarement brillante. Il me semble que Weiss est à préférer. Peut-être me gronderez-vous du peu de cas que je fais de la sagesse toute pure; hélas! on est gâté quand on a quelque fois rencontré la sagesse alliée avec les grâces; — n'avez vous pas contribué à me gâter?

Je suis allé ce matin avant l'aube du jour me promener sur les boulevards dans l'espérance d'y trouver Mad. G.... mais je n'ai point été heureux. J'achevais le tour de la ville, et c'était, je crois, 8 heures quand élevant les yeux au ciel pour me plaindre de l'inutilité de ma promenade, je remarquai sur la coupole du Dôme un phénomène qui m'a rempli d'étonnement. C'était trois étoiles et même quatre, si je ne me trompe, qui étaient descendues du ciel, sans doute pour répandre sur la terre les influences de leur bonté divine. — Je me suis prosterné comme un roi mage, bien décidé de les suivre jusqu'à Bethléem, si elles m'appelaient à la connaissance de quelque nouveau mystère.... mais leur lumière était si éblouissante, que je craignis, un istante, comme Moïse, d'être brûlé vif par la grâce de Dieu. Elles eurent apparemment pitié de ma faiblesse, car bientôt elles s'éloignèrent pour s'approcher du clocher de S. Alexandre, près duquel elles disparurent (*nel palazzo Trivulzio*). Auraient-elles par hasard ces charmantes voyageuses été loger chez vous? Serait-ce vous qui seriez désignée à l'adoration des mortels? Dans ce doute bien probable je m'empresse d'envoyer à la nouvelle crèche une petite offrande de fleurs; — mes petits jardiniers m'ont aidé à les cueillir. C'est tout ce que de pauvres humains tels que nous peuvent offrir — des fleurs, et une foi simple et ardente.

J'ai l'honneur d'être, Madame,

Votre très-h. S.r
PELLICO.

chionni. Componevasi questa di Elisabetta, sua figlia Carlotta, famosa attrice (4), e della cugina Teresa Silvio era preso per quest'ultima d'un amore, che le disgrazie consacrarono, e di cui essa si compiace oggi ancora, avendo 92 anni. Alla Carlotta avea posto pre-

(4) La Carlotta cercava la conoscenza di persone distinte, e tale la trovammo fin negli ultimi anni a Torino, a Firenze, a Napoli. Giuseppe Barbieri, il lodato predicatore, le scriveva:

« Se le mie parole ti hanno lasciato qualche impressione, ciò prova due cose. Che io ti ho parlato con verità di animo affettuoso: e che tu hai cuore eccellente a ricevere i sensi e gradire gli avvisi dell'amicizia. Io non potova ingannarmi che tu eri degna della mia stima. E di vero, tu adoperi a questo luogo una espressione, che merita cento lodi, e che sola varrebbe a fare l'encomio della tua lettera: è dove mi accenni che hai posto il decoro in guardia della tua anima, custode geloso che non si lascierà sfuggire le mie parole. Espression divina, ch'io ti invidio e che mostra la nobiltà e la forza del tuo carattere. Se all'epistola che avrai a scrivermi sul teatro spargerai a quando a quando di queste gemme, ti so dire che faremo gran breccia. Nè meno bella è la confessione che, più sotto, mi fai del maggior partito che avresti potuto cogliere da altri esercizi letterari. Oh che tu sia benedetta con questa rara ingenuità! Io leggeva nel tuo volto ogni cosa; i tuoi silenzi mi dicevano assai, ed io m'era serbato di scriverti anche su questo due parolucce, a testimonio della parte che prendo alla tua istruzione. Ora che posso mai dirti? La tua confessione è un pegno, il quale mi assicura del molto che sei disposta a fare per crescere in cognizioni e meritarti una fama stabile e duratura. E chi n'ha diritto al pari di te? Io reputo inutile di ripetere quanto a voce ho promesso. O vicina o lontana che tu mi sia di persona, tu m'avrai sempre dallato col desiderio vivissimo del tuo bene; ed io farò sempre il più ed il meglio che mi sia dato, per giovarti così nelle lettere, come in altro, che a grado ti venga. Tu sai conoscermi, io spero, dai piccoli saggi del passato; e vedrai a tutte prove ch'io son degno della tua fede e della tua confidenza. Su dunque, mia cara Carlotta; non istancarti dello studio, nè ti sbigottire di qualche difficoltà, che t'avvenisse d'incontrare: metti dinanzi al tuo animo l'idolo sublime della gloria, e ricordati sempre, che m'avrai compagno alla magnanima impresa ».

dilezione un giovane maestro di musica romagnuolo, che attendeva a cose di teatro e il frequentare la stessa casa lo fece legare amicizia con Pellico, del quale pose anche in musica alcuni versi per la scena. Era Pietro Maroncelli.

Colla Marchionni passava Silvio molto tempo che parevagli brevissimo e le scriveva, per verità, fra l'arcadico e il profano:

Quando — otto giorni fa — voi nasceste, io ebbi la disgrazia di non poter festeggiare la vostra venuta al mondo: ma i devoti festeggiano anche le ottave dei santi; ed io celebrando il vostro ottavo giorno, intendo d'acquistare l'indulgenza plenaria.

Vi ringrazio, bambina mia, e per mio conto, e a nome di tutta Italia, d'esservi data, otto giorni fa, la pena di nascere: questa è la più bella azione che poteste mai operare. Senza di voi, io non avrei mai gustato in Italia il delizioso piacere di esultare, di piangere in teatro, e la nostra patria andrebbe priva d'uno de' suoi più bei vanti.

Maroncelli, che v'ha veduta nascere martedì scorso, e che già, come gli antichi profeti, vi adorava prima che foste al mondo, ha tutto il merito se oggi mi dò in particolar guisa alla divozione; egli.... egli mi ha suggerito il santo pensiero di venire oggi, come un *Re Mago*, ad adorarvi anch'io.

Gradite — non oro, perchè non ne ho, — non mirra, perchè non sono speziale, — non incenso, perchè non sono un adulatore, — ma quattro semplici fiori, perchè, — dopo le donne gentili — ciò che amo di più sulla terra sono i fiori. Tale è il meschino ma cordiale tributo che il *Re Mago* Silvio porge alla celeste creatura, nata martedì scorso. Mi conceda essa dalla sua culla un sorriso di grazia e di benedizione, e mi annoveri per tutta l'eternità nel drappello degli eletti..., intendo degli amici più scelti. — Vi auguro, bambina mia, una vita che si assomigli ai fiori ch'io vi mando, in ciò che hanno di gaio, ma non nelle spine; quando sarete grandicella, amate; senza amore l'esistenza è un deserto. — Anche questo consiglio m'è suggerito..... indovinate da chi?.... da quel profeta Simeone che v'adorava già parecchi mesi prima che foste al mondo.

Addio. Perdonate, amabile Carlotta, il mio scherzo. Mi sono imposto di scrivervi in istile pazzamente festivo, eppure sappiate che ho vegliato una cattivissima notte: sono stato assai male. Jeri io mi proponeva di passare una sera beata colle mie care cugine: il mio infausto genio non ha voluto! Vi bacio con tutta amicizia la manina. — Un bon dì alla mamma ed alla Gegia.

P.S. Bramoso di offrirvi qualche libro, mi sembra opportunissima per un'attrice l'opera sui *Costumi dei Popoli*. Anche questo è suggerimento del Profeta. Non isdegnate, vi prego, il mio dono.

Al Maroncelli confidava Silvio i suoi affanni amorosi:

Non so dirti s'io l'ami o se l'abborra, ma ella domina tutto il mio pensiero. — Io non deliro che Gegia, e l'idea di non poterle vivere vicino mi toglie ogni pace. — Tutto ciò che fate onde Gegia brilli e trionfi mi empie di gratitudine. — Se il mio pensiero potesse fermarsi al bene di un momento! ma ho meno filosofia di te; e non vedo che la lontananza, inquietudini, impossibilità d'essere felice.

L'animo mio è fatto per essere più felice degli angeli, e tormentato come i demonj. Almen Gegia capisse quanto è amata! No, non lo capirà mai.

Oh quanto mi giovarono le tue parole! Io era da due giorni posseduto dal più terribile demonio della melanconia: io rifuggiva da ogni speranza. Or mi rianimerò. Addio, carissimo. Amami. Ho duopo di cuori che amino (5).

Ma il 18 settembre 1820 da Venezia, pur dicendo, « Gegia mi ha scritto una letterina tutta amore; io

(5) Biglietti autografi, senza data.

l'adoro e non posso vivere senza di lei », col sentimento che gli ispirò la nota apostrofe di Paolo prorompeva:

Qui mi annojo. I Veneziani sono troppo chiacchierini: la loro vita di piazza e di caffè è molto svaporata; non pensano, non sentono. Io erro le intere giornate nelle gallerie di quadri, nelle chiese, ne' palazzi crollanti: dappertutto mi colpisce lo spettacolo della passata forza e ricchezza veneziana e della presente miseria. Come mai non vedo in ciascun volto il dignitoso sentimento del dolore? Ad ogni sghignazzare pantalonesco che mi giunge all'orecchio, io fremo.

Pellico attendeva moltissimo al *Conciliatore;* le correzioni di stampa trasmetteva per mezzo del Maroncelli, e tenevasi in corrispondenza coi varj collaboratori. Vedemmo quanto su di essi potesse, dolce insieme e imponente, e avendo la iniziativa tanto necessaria al direttore d'un giornale, il saper suscitare e adoprare la varia capacità dei collaboratori, e svegliare idee ch'essi mettano in opera.

Pellico annunziava a Foscolo il nuovo giornale, impresa non mercantile, ma d'animi sinceri, e anelanti alla diffusione del vero. Dettigli i socj, proseguiva:

Ti mando i due primi numeri. Vedrai che il nostro supplizio si è quello di ottenere dalla Censura il permesso di dir qualche verità.... Perchè, domanderai, un siffatto titolo al giornale? perchè noi ci proponiamo di conciliare, e conciliamo infatti, non i leali coi falsi, ma tutti i sinceri amatori del vero. Già il pubblico si accorge che questa non è impresa di mercenarj, ma di letterati, se non tutti di grido, tutti collegati per sostenere, finchè è possibile, la dignità del nome italiano. Se tu ci mandassi qualche articolo, sarebbe da noi accolto con grande entusiasmo. Sia pur di soggetto meramente letterario, la sola firma *Ugo Foscolo* farebbe un chiasso per tutta l'Italia. Misura le tue parole al compasso della nostra governativa Censura (17 ottobre 1818).

A Stanislao Marchisio, piemontese, che ottenne qualche nominanza come autore di tragedie, Pellico scriveva:

Carissimo amico
Milano, 14 marzo 1820.

Puoi tu commettere delle azioni simili? Avermi preparato una dissertazioncella sul verso italiano, e poi stracciarla per la misantropica idea che ognuno resta sempre nella opinione sua! Oh sdegnoso ed ingiusto! Io ti concedo che gli uomini sono assai cocciuti nelle loro opinioni, e che di più sono spesso cocciuti senza aver opinioni di sorta; ma unicamente per parer d'averne. Tale è la maggior parte dei religionarj; non credono gran fatto più di te e me; ma sostengono per puntiglio e per orgoglio ciò che una volta hanno detto di credere. Tuttavia è una bella impazienza la tua di voler fare un fascio di tutti i figli d'Adamo, e por me con essi, chiamandoci, senza misericordia, incorreggibili. — Sai che questo è il linguaggio degli ultra? Essi dicono: *Non è vero che la razza umana si migliori; risparmiamo le discussioni; il più forte decreti, e non gl'importi d'aver persuaso o no.* Io poi, mio caro, sono d'un parere affatto contrario. La verità non viene a galla se non è agitata dalle discussioni. Il solo torpore è un immenso male sociale; bisogna scuoterlo in tutto. Amo più uno stravagante che disputi se vi sono cinque o sei Dei, che non il silenzio di certi savj, i quali mi lascino credere che ve ne son tre. Gli errori che imbestialiscono i mortali, derivano meno dallo spirito paradossale che è in loro, che dallo spirito di pigrizia in loro ingenito, per il quale sfuggono l'esame d'ogni cosa. Per Dio! se si esaminasse un po' più, credilo, i cocciuti diminuirebbero di numero, e la ragione ci guadagnerebbe.

Ma cambiando di pagina cambierò anche di argomento, e risponderò alla tua domanda circa il conte Vincenzo Drago.

— Non conosco ancora il suo primo volume della *Storia dell'antica Grecia* (6). Egli è persona qui affatto ignota; può essere uno di quegli uomini di merito che si producono inaspettatamente. Lo desidero; il vero merito è omai si raro in Italia!

Monti vive, ma muto; egli pranza una volta la settimana in casa Porro ove io sono. Pranza, e non parla mai. Si scusa di questo suo demone taciturno, attribuendolo alla sordità. Il pover'uomo è assai avvilito perchè i Governi più non l'accarezzano. Egli non ha mai saputo di valer qualche cosa per sè stesso, e ora che gli mancano i sorrisi dei potenti, si crede spogliato de' suoi più bei pregi. Dice però che va avanti nel suo lavoro della *Proposta*. — Lo desidero, e desidererei più ancora ch'egli si ponesse a dirittura con altri letterati e dotti a fare un buon dizionario italiano.

Amami e credimi

Tuo aff.mo Silvio.

Amico caro,

Milano, 27 aprile 1819.

Ti tacerei un mio dispiacere se tu non mi costringessi a parlare. Sappi che, fin da quando pensammo alla stampa del *Mileto*, io pensai (era naturale) ch'io avrei fatto menzione della tua tragedia nel *Conciliatore*. Ma siccome tutte le società hanno ceppi e censure — cose forse necessarie, ma che mi fanno maledire la società — niuno dei socj conciliatori può stampare un articolo senza l'assenso di una Commissione a ciò stabilita; e allorchè annunziai il mio proponimento d'analizzare il *Mileto*, i membri componenti la Commissione si trovarono concordi nel disapprovare l'opinione ch'io palesava su quella tragedia. Vennero su con sofisticherie sullo stile troppo *alfieriano*, sulla sconvenevolezza degli amori incestuosi sovra il teatro, e simili freddure. Alcuni de' miei socj mi sostenevano; ma mi convenne

---

(6) Opera leggera pel fondo, e ridicola per l'affettazione dello stile.

udire dalla Commissione certe rincrescevoli e pungenti sentenze, che mi fecero rispondere con ira. Mi si rimproverava di voler contaminare il *Conciliatore* dei soliti panegirici dei giornalisti, che chiudono gli occhi su tutti i difetti delle produzioni de' loro amici; mi si tacciava di troppa parzialità pei Piemontesi; si gridavano enfaticamente i nomi di *giustizia, di severità nell'esame, di nazionalità non municipale*, ecc.

Io insomma finii per dire che mi si comunicassero le censure, di cui riputavano meritevole il *Mileto*, e che, s'io le trovava convincenti, non lo avrei ommesso nel mio articolo. — S'interposero varie sedute senza concludere su quest'affare. E per ultimo dichiararono che i pregi non comuni della tua tragedia dovevano bensì essere rilevati; ma che essendo obbligo del *Conciliatore* di giudicare senza parzialità, era opportuno d'incaricare qualcheduno dei socj, il quale non fosse troppo favorevole a te per amicizia, di analizzare il *Mileto*. — Come sempre accade quando v'è stato un alterco, il puntiglio s'è messo nel partito pro e contra. Breme ha ricusato di scrivere su quest'argomento per non dispiacermi con qualche sua critica osservazione. Altri forse si porrà a questo lavoro, ma io non lo lascerò stampare se vi scorgerò sofisticherie. Qualora però tu mi scrivessi di gradire un giudizio del *Conciliatore* sul *Mileto*, qualunque egli sia, io farò vedere la tua lettera, e darò il mio consenso. Non occorre di dirti che non vi è alcuna animosità contro di te, giacchè niuno personalmente ti conosce e niuno dei socj miei, anche trattandoti severamente, ti direbbe cose offensive. L'opposizione che ho trovata mi ha fieramente indispettito; ma bisogna ch'io dica per la verità, che, se qui si pecca di rigore, non è che per un eccessivo zelo di giustizia, e non per animo maligno.

Questo mio cattivo successo mi avrebbe meno disturbato, se lo appartenere al *Concilaitore* non mi proscrivesse dai *bureaux* degli altri giornali che si stampano a Milano. Chè questi essendo tutti sotto la direzione del Governo, e in mano di spie, non v'è grazia ch'io possa nè voglia da loro.

Ma — non per far paragone — ti ricorderò che la mia *Francesca* non ebbe dai giornali milanesi fuorchè vituperj; essa però non dispiacque totalmente nè alla lettura nè alla recita. — Ma è vergogna ch' io parli di me, quando ho Alfieri da citarti. I giornalisti de'suoi tempi non l'hanno forse mal accolto, ed invano? — Sei troppo sprezzatore delle piccolezze letterarie per credere che la tua fama dipenda dai giornali. — Addio, amico mio.

Di rimpatto al Porro scriveva:

I colleghi compilatori mi aspettavano con impazienza. Borsieri vuole andare in campagna giovedi per vedere sua sorella. Berchet, che era così restio per la compilazione, è divenuto compiacentissimo, ma non vuole fare da sè solo, perchè dice che gli manca il tempo.... Il *Conciliatore*, malgrado le noje che ci costa, ci dà anche delle compiacenze. Ogni giorno vediamo crescere il numero delle persone che ci rendono giustizia. La proibizione del Battistino e l'articolo che hanno diretto contro di me nell'*Appendice* (7) non hanno fatto che muovere a sdegno: jeri ho veduto un Piemontese, che m' ha detto che il *Conciliatore* ha disingannato il paese circa la buona opinione che s'aveva del liberalismo austriaco. A Torino, come nelle nostre città, per dire un liberale si dice romantico; non si fa più differenza alcuna. E classico è diventato sinonimo d'ultra, di spia, di inquisitore. Il tempo, il tempo!

E il 17 luglio a Camillo Ugoni:

Alleluja! Se i grandi pensieri che oggi devono fervere nella tua mente ti lasciano un posticino per ricordarti degli amici tuoi, abbi presente il tuo Pellico, che t' ama molto, è ansioso di vedere stampato qualche cosa della bellissima opera tua. Porro, Borsieri e tutta la società nostra accarezza la romana tua barba e ti prega di conservarti

(7) L'*Appendice critico-letteraria* della *Gazzetta di Milano*, coll'epigrafe *Glissons, n'appuyons pas*; l'arena più viva contro i Romantici e i Liberali, e non per solo collero di scuola.

sano. Il mondo è scarso di valentuomini: quei pochi sono di un gran pregio.

Sarei più lieto se potessi darti buone notizie di Breme. Non siamo senza speranze, ma l'infelice langue e migliora di poco. Io temo dell'autunno, stagione tanto fatale ai petti rovinati.

Tornerò fra pochi giorni a Torino. Addio, mio buono Ugoni. Amami.

E alla Teresa:

Giudica dell'infinito dispiacere che m'accora. Dopo essermi tanto lusingato di passare a Brescia, nel nostro ritorno da Venezia, tutt'in un tratto per affari premurosi il conte Porro ha dovuto da Mantova recarsi direttamente a Milano; ed essendogli io necessario, è convenuto ch'io lo seguissi. E siccome è destino che i dispiaceri si accumulino tutti uno sopra l'altro, anche da Torino me ne vengono di tali, che non ho più speranza alcuna di superarli. Aggiungi a ciò il dolore che ho provato nell'intendere (appena arrivato a Milano) che il nostro povero Maroncelli era stato arrestato. Il mio arrivo fu domenica, e Maroncelli era stato arrestato venerdì. Sapendo che questo giovine è incapace di male azioni, ho subito cercato di sapere se mai fosse stato in qualche rissa, e se questo arresto fosse di poca conseguenza; ma nulla ho potuto rilevare, se non che egli aveva scritto a Bologna una lettera, la quale fu letta dalla Polizia, e che perciò era posto in prigione. Sono persuaso che sarà innocente, e che nulla gli faranno di male quando sarà scoperta la sua innocenza; ma intanto m'affligge di non potergli essere di alcuna utilità.

Questi accenti d'emozione, uscenti da giovani, animati da quell'alito di libertà che allora percorreva l'Europa ed era giunto anche in Italia, van poco all'unisono dell'odierno scetticismo; eppure noi ci affidiamo a presentarli per quella confidenza che mostrano nella propria causa, pel sentimento del diritto che difendevano e di teoriche sociali più umane ed elevate, senza che l'oppressione intimidisse la volontà.

Ma già il Gohehausen, allora direttore della Polizia, dava queste informazioni sul conto dei due amici:

> Sulla persona del sig. Silvio Pellico devo osservare essere il medesimo d'indole e carattere assai dolce ed insinuante. La di lui condotta morale non offrì mai al pubblico motivo di particolare attenzione, nè le di lui relazioni colla attrice *Marchionni* e colla cantante *Zamboni* trascendevano, a quanto consta, i confini dell'onestà. Nelle questioni letterarie il Pellico poneva molto interesse, e lo sosteneva ben anche con molta vivacità. Ritengo che, non avendo il Pellico un nome distinto fra la classe dei letterati, e meno fra quella dei possidenti, e non essendo per alcun'altra causa dalla opinione pubblica accreditato, non avesse a temersi che i passi, che da lui si praticassero sia per istituire che per estendere una Società che prescriveva mezzi atti a conciliare l'opinione di una felice riescita, potessero destar in altri somma confidenza, dalla quale ne nasce la probabilità ed il pericolo di una più estesa diramazione.
>
> La stessa osservazione vuole ben anche essere applicata al giovane Maroncelli, di cui la morale condotta non offrì giammai motivo di speciale osservazione. Esso però figurava meno del Pellico della classe dei letterati, e sebbene fossero comuni a lui le relazioni del Pellico, ciò nulla meno coltivava esso piuttosto gli oziosi del caffè, anzichè i primi. Tanto il Pellico però quanto il Maroncelli erano marcati per le relazioni loro colle persone notate per la loro animadversione (*sic*) al sistema dominante in queste provincie, ma nessuno riconobbe mai in essi che due scioli, capaci a sostenere con qualche eloquenza le opinioni loro letterarie, ma giammai atti ad un'impresa qualunque, nella quale si esigesse il suffragio della pubblica opinione.

X.

SOPPRESSIONE DEL CONCILIATORE.

I primi sospetti contro questa eruzione vulcanica di una nuova razza letteraria erano venuti da Roma, ove al cardinale Consalvi, segretario di Stato, fu riferito che « a Milano erasi formata una società detta Romantica, collo scopo di insegnare che l'uomo non è soggetto ad alcun principio di religione e di morale; molti signori esservi ascritti, e nominatamente il *celebre* Pellegrino Rossi, il quale è in relazione con lord Byron. Questo Byron venne a Bologna per impiantarvi tale setta, prese un appartamento in casa Merendoni, e lo frequentano molte signore, fra cui la contessa Guiccioli: vi si aspettano lady Morgan e lord Kinnaird » (1).

Il governatore di Milano rispondeva a queste comunicazioni che il cardinale si era ingannato, pren-

---

(1) Lord Kinnaird è quello che tirò una pistolettata a Wellington. Egli era stato a Milano e a Torino nel 1819, notato più per galanterie che per politica. Lady Morgan è nota per le sue *Lettere sopra l'Italia*, confutate in parte dal ticinese Luigi Catenazzi. La contessa Guiccioli è notissima.

dendo per società politica una unione affatto letteraria di persone che affettano disprezzare i precetti dei classici, considerandoli come impacci al genio. Può essere v'abbia alcuni, le cui opere sentano d'irreligione e d'ultra-liberalismo, e perciò sono sorvegliati dal Governo, ma non possono in massa considerarsi come una cospirazione politica.

Presto però il *Conciliatore* diede ombra ai governanti, e il direttore di Polizia informava la Commissione speciale, la quale erasi allora costituita a Venezia per giudicare dei Carbonari, sulla « audacia degli estensori a pronunciare le opinioni proprie e specialmente in merito ai sistemi e alle cose politiche che sottoponevano alla Censura, obbligando ad infinite mutilazioni. Aver richiamato l'attenzione del signor presidente di Governo, per ordine del quale fu specialmente messo in avvertenza il signor Silvio Pellico per l'articolo inscrito nel numero 119. Offesi forse ed il Pellico ed i suoi colleghi dalla intimazione fattagli, e dagli altri vincoli coi quali s'imbrigliava la smania che aveano di render pubbliche le opinioni loro, fecero spontaneamente cessare il foglio, col disegno di riprenderlo, ecc. » (21 maggio 1821).

Il *Conciliatore* non fu mai soggetto di inquisizione giuridica, ma era impossibile non se ne facesse cenno nel processo che presto dovettero subire alcuni dei suoi scrittori, e specialmente Silvio Pellico. Questi nel primo suo costituto del 13 ottobre 1820, rispondeva:

Io sono Silvio Pellico, nacqui in Saluzzo; da 8 anni dimoro in questa città, e da 4 anni nella casa del conte Luigi Porro Lambertenghi, avendomi affidata l'educazione dei suoi figli Giberto e Giulio; prestandomi anche per esso signor conte in qualità di segretario, coll'annuo stipendio di lire 1000 italiane, oltre l'alloggio e il vitto. Conto anni 31: sono libero: nulla possiedo: professo la religione cattolica. Non ebbi mai a soffrire censura di sorta: fui però, nell'anno scorso, qui chiamato (alla Polizia) e avvertito di non scrivere nel *Conciliatore* alcun articolo che avesse relazione colla politica....

Nel giugno p. p. in casa della signora Marchionni ebbi a conoscere Maroncelli professore di musica.... Avendo io fatto rappresentare una mia farsetta con pezzi cantabili, il signor Maroncelli venne varie volte da me per concertarsi meco. In questa occasione ho trovato in lui ingegno, gentilezza di maniere, e tutta l'apparenza di onestà.

Non tenevamo mai discorsi di politica, essendo io bensì facile ad accordare la mia confidenza in altre cose, ma alieno dalle conversazioni relative alla politica.

Le persone che frequentavano la casa Porro erano le famiglie Borromeo, Trivulzio, Crivelli, Raimondi e Nata di Como, altri suoi parenti, e parecchi amici, come F. Confalonieri, il marchese Alessandro Visconti d'Aragona, don Pietro Borsieri, il signor Berchet, Breislak, Vincenzo Monti; inoltre i professori Romagnosi, Rossi, Gioja (2). Veniva anche, come membro della società del *Conciliatore*, il professore Rasori. I primi tre, dacchè cessò il *Conciliatore*, non ebber più motivo di venire in casa Porro; quanto a Rasori, dopo il noto fatto della sua figlia, il signor Porro lo pregò di cessare di frequentare la sua casa.... (3)

---

(2) Altra conversazione numerosa i venerdì, quando non v'era teatro, teneasi dalla contessa Fulvia Nava nata Trechi, nella prima casa in via de' Bigli.

(3) Vedi pag. 43. Pur troppo è noto quel vergognoso fatto. La principessa di Galles, che allora stando in Italia, dava tanto soggetto alla cronaca scandalosa e alle spie inglesi, cercò avere per medico il famoso Tommasini, e nol potendo, prese il Rasori per 800 piastre l'anno. Essa, con deplorabile ortografia, scriveva al governator Strassoldo il 15 giugno 1818:

« S. E. le comte Strassoldo recevra cette lettre par le moyen de d. Rasori qui ne m'enquora point l'occasion d'avoir

Io sono stato professore di lingua francese nel collegio degli orfani militari di Milano, ed alunno all'ufficio della Censura delle opere drammatiche sotto la direzione della Polizia del Governo passato. Cessai da questi impieghi venendo ringraziato come forestiero quando la Reggenza escluse gl'impiegati forestieri.

Non sono mai appartenuto a società segrete. Nè anche quando, sotto il Governo passato, quasi tutti gl'impiegati erano massoni, non volli legarmi, parendomi ridicole tutte le società dove alcuni si rinserrano per pensar liberamente, giacchè a me è sempre sembrato di poter palesare in faccia a chiunque la mia opinione.

Parlando di letteratura, Maroncelli volle sapere che indicassero le cifre poste sotto ogni articolo del *Conciliatore*, ed io gliele spiegai dicendo che *L. P. L.* significava Luigi Porro Lambertenghi; *L. D. B.* Luigi De Breme; *P. B.* Pietro Borsieri; *G. D. R.* Romagnosi; *S. S.* Sismondo Sismondi; *S. P.* Silvio Pellico; *G. R.* Gio. Rasori; *A. R.* Adeodato Ressi.

Non frequento i caffè nè i teatri; non ho gran corrispondenza, non cerco d'influire sulla opinione altrui, e professo le mie senz'arte; quando posso le offro alla stampa, sempre sottomettendole alla Censura, come feci nel *Conciliatore*.

Applaudisco a quei passi che fa l'umana ragione, massime da Carlo V in poi, dove si sono tolti tanti abusi del feudalismo, si sono diminuite le forze della superstizione, e si sono dati da quasi tutte le Potenze d'Europa dei Codici che garantiscono l'esecuzione della giustizia. Con ciò mi terrò sempre nemico del disordine, della demagogia, delle rivoluzioni sanguinose e di tutti gli atti, che nuociono ai Governi savj

---

l'honneur particulaire de ce presenter à S. E. Il ci rend pour peu de semaines pour arranger c'est affet pecuniaire et aussi d'amener sa fille unique à Pésoro....

« V. E. me pardonnera ce longue Epiter que je vien de lui dèdièr mais il ma parût necessaire que M. le comte connût mes sentimens »

e legittimi, non meno che ai popoli. In questo e non in altro precisamente consistono i miei principj liberali (4).

Anche dopo la condanna, Pellico, esortato a nuove confessioni, protestava aver detto tutto, e sperava che dalla sua sventura la gioventù imparasse a rispettare il Governo. Intanto dichiarava che il conte Luigi Porro Lambertenghi

> non viveva che nella politica, e la sua anima era tutta compresa del desiderio vivissimo di vedere l'Italia tutta elevata al rango di nazione. Il povero Lodovico di Breme, io di consenso, e Giuseppe Pecchio eramo fra gli amici di Porro i più caldi per questo sistema. Tutti gli altri erano liberali, ma non animati dallo stesso entusiasmo.... I giornali francesi, i discorsi di quei deputati, le vicende della Spagna poi di Napoli offrivano ampia materia ai nostri discorsi e ragionamenti. Tutti in sostanza mostravano di propendere alle opinioni liberali; non tutti però esprimevano il desiderio e la speranza di un mutamento di Governo; anzi erano timidi e guardinghi, non essendo veramente nel segreto che il De Breme, Pecchio e me. Da questa società era stato immaginato un giornale letterario, il quale spargesse con arte principj di patriotismo, e fu intitolato il *Conciliatore*, e uscì dal 1818 al 1819, combattendo continuamente colla Censura, la quale mutava quasi ogni articolo.

Collaboratori del *Conciliatore* erano dunque, di Milano Porro, Pellico, De Breme, Confalonieri, Berchet, Girolamo Primo, Rossi professore d'economia, Romagnosi, G. B. De Cristoforis, Rasori medico, Giuseppe e Luigi Pecchio, Pietro Borsieri, il marchese Ermes Visconti; di Brescia, il barone Camillo Ugoni

---

(4) Delle vicende del processo di Pellico io ebbi a discorrere fin dal 1835, a proposito del Romagnosi, poi nella *Indipendenza Italiana*.

e l'architetto Vantini; di Ginevra Sismondo de Sismondi; di Firenze il cavaliere Serristori ed il marchese Ridolfi.

Già udimmo come quel giornale cessasse, ed è probabilmente del De Breme un opuscolo col titolo *La Censure autrichienne pour l'Italie, factum sur le Conciliateur de Milan* (5). Ivi si racconta aver esso avuto

---

(5) Quell'opuscolo fu fatto stampare a Parigi dal principe della Cisterna, che ne mandava molte copie al marchese di Priero a Torino da far passare oltre il Ticino; ma furono sequestrate da quel Governo, con altre carte gelose di esso Cisterna.

Informazioni di Polizia del 12 e 13 marzo 1821 portavano:

« Dopo l'arresto del principe della Cisterna per ordine del re di Sardegna, che seguì il giorno 9, si organizzò l'esplosione subito in Piemonte il giorno addietro, la quale doveva aver luogo solamente fra un mese; ma siccome la persona, che precedeva il principe della Cisterna proveniente da Parigi, aveva nel suo legno cinquecento esemplari stampati in Parigi per conto del comitato piemontese per spargerli in tutta l'Italia, e questi, che si dice essere un Tirolese, fu arrestato per ordine del re di Sardegna dalla Polizia sarda al suo passaggio da Susa, già prevenuta dalla Polizia di Parigi, e gli si trovarono addosso delle carte, e delle liste che comprometterebbero varj Piemontesi di riguardo, si travagliò tosto a far scoppiare la rivoluzione. A detta degli stessi Inglesi, vi sono più di cento emissarj per l'Europa, tutte persone di qualche riguardo e capacità, e dei quali molti percepiscono dalle tre alle sei ghinee al giorno, oltre le spese di viaggio e queste tutte per conto del Governo, come più a portata d'introdursi da per tutto e sapere il vero stato politico di tutti i paesi. Un altro Inglese ed anche il duca di Lino hanno detto che loro abbisogna la guerra d'Italia, allorchè inonderanno tutti i porti dell'Adriatico e del Mediterraneo delle loro mercanzie, e fra poco l'Italia ne avrà in abbondanza per dieci anni, dacchè le Potenze sedicenti loro alleate hanno per prima cosa esclusa il commercio dal loro Continente.

« A quanto assicurano gl'Inglesi senza aver specificata la cosa, deve nella giornata di jeri o d'oggi essere arrivato qualche grande avvenimento in Genova.

« A Milano li male intenzionati dicono chiaramente, che

origine nel 1818 da una società di buoni patrioti coll'intenzione « di compensare i loro concittadini della sterilità, onde il Governo austriaco colpì in Italia ogni impresa letteraria, e dei pericolosi incoraggiamenti che concede al pedantismo e agli studii più inutili. Conosciuti i nomi dei collaboratori, fu sottomesso a un sistema instancabile e progressivo di persecuzione. Si cominciò ad impacciare la circolazione del manifesto, e ai follicolari della Polizia s'ingiunse

---

sperano fra quindici giorni di vedere i Piemontesi. Le persone da bene e la massa della gente onesta si lamentano che si sia lasciata la Lombardia senza truppe di difesa e senza artiglieria, ed abborriscono li Piemontesi ».

Nel carteggio, sorpreso alla frontiera al principe della Cisterna, questi, esaminata la posizione di tutta Europa, diffidando del valore dei Napoletani, soggiungeva: — « Non ho mai sperato energia popolare nel nostro paese; basta che l'armata sia ben guidata e si mostri italiana. L'organizzazione della milizia è essenzialissima e deve essere la prima operazione da farsi. Non credo che gli attuali ministri la lascino formare, ma finchè essi dirigeranno gli affari, non si può sperare nulla di buono, è quasi meglio che essi la formino a loro capriccio. Io non tengo che il momento sia venuto di mostrarsi: bisogna vedere cosa faranno i Napoletani, e non mettersi al caso di essere schiacciati in pochi giorni dalle forze riunite nell'Italia superiore. Credo che i giorni, i mesi e gli anni ancora vanno calcolati in una faccenda così importante.... Per ora un movimento nostro sarebbe soffocato e il male doppio.... Il principe di Carignano ha bastanti relazioni in Italia per potere imbarcarsi in simile faccenda, quando ne sarà propizia l'occasione: le sue qualità non sono superiori nè eccellenti: però io credo che ha mente e ardire sufficiente per conoscere la sua situazione e cercare di trarne partito. Egli si è condotto bene, coi Lombardi massimamente. La mancanza di energia non parmi il suo difetto capitale: il male sarà in quelli che lo consiglieranno nei primi momenti.... Vi è molto a dire sugli Italiani, caro te; l'educazione è così cattiva, che l'ingegno natio può bensì farci parere ne' discorsi uomini simili agli altri, ma nei fatti ritroviamo tutta l'inferiorità nostra. Pensaci molto; tu, che hai dei figli, non perdere mai di vista che hanno a diventare uomini, e che da noi sino ad ora non ne esistono ».

di scatenarsi contro l'ancor non nato giornale. Il signor Sardagna, agente di Metternich e apologista dichiarato dell'inquisizione religiosa e delle riazioni arbitrarie, spiegò i suoi talenti d'oscurantismo e l'unica tattica ch'ei conosce, quella della piccola Polizia. Degno suo cooperatore un apostata italiano, che pretende aver viaggiato al polo, e che avrebbe fatto meglio a restarvi, anzichè venir a Milano a render turpi servigi agli oppressori, e soppiantare il Monti nella direzione della *Biblioteca Italiana*, per dividerne i lucri col Sardagna (6). Si organizzò un foglio ebdoma-

(6) Intende Giuseppe Acerbi di Castelgoffredo, che redigeva la *Biblioteca Italiana*, ed ebbe grand'amicizia prima, poi violente baruffe, col Monti. Vedi anche pag. 24. Scrisse un viaggio al Nord senz'esservi stato, poi fu console austriaco in Egitto. Di lui abbiamo varie lettere ad uno dei collaboratori del *Conciliatore* Giovita Scalvini, eccitandolo a mandargli articoli per la *Biblioteca Italiana*. Eccone alcune:

Amico pregiatissimo,
Mantova li 16 marzo 1818.

Non l'ho detto io che sarebbero passati i dieci e i quindici giorni senza che m'aveste spedite due righe d'articoli? — E cosa avete fatto in tutti questi giorni trascorsi dopo che ci siamo lasciati? — Quante ore del giorno avete passate *murando* cogli amici, e con voi medesimo? Io vi scrivo di qui, dove abbiam fatta parola di voi con Arrivabene, il quale mi ha confermate le vostre qualità *muratrici*, quantunque vi ami moltissimo. Egli pensa pure favorevolmente della offerta fattavi dal Melzi col mezzo mio, e la giudica una fortuna. Teme solamente della vostra stabilità. Quanto al suo viaggio di Toscana, non ne è così sicuro, che valga al caso di abbandonare una carriera che può giovare alla vostra fortuna per sempre. Egli ve ne scriverà forse direttamente. Io intanto preparo di qui questa lettera, che vi manderò poi per la via di Castelgoffredo, dove tornerò domani. Se io non vi trovo vostre lettere e vostri articoli vi perdo ogni credenza, e mi riconfermo nella opinione che fra' temporeggiatori voi siete maggiore di Fabio. Scuotetevi una volta, e ricordatevi che vi sono delle cose alle quali non è

dario col titolo di *Accattabrighe*, destinato a raccogliere ogni sorta d'ingiurie personali contro i redattori del *Conciliatore*. L'Appendice della *Gazzetta quotidiana*, la *Biblioteca Italiana*, almanacchi, satire

lecito dare più tempo di un giorno. Dio ne liberi se doveste voi solo fare un giornale! Dareste un quaderno, non ogni mese, ma ogni anno. Di qui ho scritto a donna Amalia Melzi, e le ho significata la vostra risposta. Da Milano vi scriverò cosa Ella ha deciso; e dico da Milano, perchè io non avrò risposta prima del mio ritorno alla capitale. Non v'è poi bisogno di studj preliminari per insegnare a de' ragazzi di sei e sette anni, e non conviene farsi un gigante di questa istruzione, per la quale avete certamente capacità e istruzione quanto basti. Scuotetevi, ripeto, e lavorate, e mandatemi un fascio di carte, che aspetto a Castelgoffredo col solito mezzo e pel solito canale delle monache Pelizzari. Vi saluto di cuore e sono V. sincero ed affezionato amico

GIUSEPPE ACERBI.

PS. Risparmiate il vostro tempo per miglior soggetto che non sono le Odi pel Delegato, perchè la *Biblioteca* non deve occuparsi di tali inezie.

Castelgoffredo, 18 maggio.

Ricevo in questo momento la vostra dei 16 corrente, nella quale neppure una parola mi fate di articoli!! — Sono dunque scorsi 16 giorni senza che voi ne mettiate in netto nessuno. E non avrò io ragione di ridere? — E non avranno motivo di ridere Etienne ed Angiolini, che mi domandano a voce e in iscritto se io sia stato buon profeta in dir loro che non avreste fatto nulla? — Non isperiate ch'io mi stanchi a pungervi; io non cesserò di tribolarvi fino a che sentiate vergogna della vostra non iscusabile tardanza.

Venendo alla vostra lettera, vi dirò che questa sente già odore d'incostanza, e che raffredda alquanto il mio zelo nell'inframmettermi in questo affare. Voi non volete ora *assolutamente obbligare la vostra servitù*. Questo è quanto dire che rinunciate al vantaggio di una pensione vitalizia; e in quel caso, a che cominciare una carriera senza un fine utile, e senza mirare a ciò che appunto dovrebbe animarvi a intraprenderla? Meglio sarebbe pensarci sopra assai, e poi prendere un partito assoluto. L'oggetto della pensione è di una conseguenza importante, e rinunciarvi dopo pochi anni di eserci-

grossolane, fin il teatro (7) ebbero l'incarico di screditar i collaboratori dell'unico giornale che non avesse transatto colla Polizia, e che si esponeva alle venture della Censura officiale. Il conte di Strasoldo governatore, di umore aspro, geloso e d'incerto discernimento, vedendo, malgrado le istruzioni severe date ai censori, molti articoli eccitar l'interesse dei lettori, si immaginò che il pubblico vi scorgesse allusioni, e forse a lui stesso, onde il giornale fu sottoposto a doppia Censura (8), eseguendosi la seconda nel gabinetto del governatore dai suoi affidati, incaricati di *capire gli articoli*. Ben presto i fogli riprovati furono quanti gli approvati: eppure ciò non salvava gli autori dalla responsabilità verso il Governo. Un estratto della *Storia di Venezia* del Daru, visto, rivisto, mutilato, i cui avanzi erano comparsi sotto doppia auto-

---

zio, sarebbe pazzia. In quel caso, meglio sarebbe intraprendere un'altra carriera che vi conducesse a un altro fine.

Io mi fermerò a Castelgoffredo ancora otto o dieci giorni al più. Non tralasciate di scrivermi e di mandarmi qualche cosa per la *Biblioteca*, altrimenti andremo al giorno del giudizio. Sono di cuore nuovamente

V. affezionatissimo amico
Gius. Acerbi.

(7) Allude al dramma *I Romantici* di X. Y. Z.
(8) Accompagnando questo opuscolo al presidente della Commissione speciale nel 1822, Strasoldo diceva:
« Il fatto che il *Conciliatore* ebbe a soggiacere ad una seconda revisione, e che questa si eseguiva sotto ai miei occhi è verissimo, come altresì che, in mezzo a proposizioni scevre d'eccezione, erano sì cautamente inviluppate le massime che gli autori voleano diffondere, che non poteva bastare l'avvedutezza dell'ufficio di censura per iscoprire il senso e scopo di molti articoli. Mi si fa supporre che quella memoria sia stata inoltrata all'imperatore Alessandro, colla vista di far nascere nell'animo di quel sovrano una impressione sfavorevole al Governo austriaco per non essersi ammesso per intero un articolo che parlava della prefata M. S. ».

rizzazione, fu accolto vivamente dal pubblico: se ne irritò qualche veneziano, amico del Ponte dei Sospiri, e fra gli altri il gazzettiere di Milano (9), panegirista dell'assassinio del Prina, cucco del Sardagna, vampiro del *Conciliatore*: e denunziò le *intenzioni dell' autore, gli effetti rivoluzionarj che ne seguirebbero;* e il povero Strasoldo sbigottirsene, far citare l'autore davanti un commissario di Polizia, e minacciar di esilio e carcere.... I redattori risolsero di sospendere la pubblicazione del giornale. Quattordici mesi il *Conciliatore* lottò contro tante vessazioni, e in giorni migliori gli Italiani renderanno giustizia all'abnegazione dei suoi autori, e in questa raccolta riconosceranno le membra sparse della sola dottrina sociale che oggi è onorevole di professare nel nostro paese, e della sola dottrina letteraria che vi armonizza.

« Il Governo austriaco è essenzialmente ipocrita. Mentre le istruzioni pubbliche della Censura sono assai moderate (10), le secrete sono degne di Gentz e Pilati (11), e le copie colle sue cancellature sono una irrecusabile prova delle dottrine, dello spirito, delle intenzioni di quel Governo mortifero. Chi crederebbe ch'essa si fosse esercitata in odio dell' imperatore di Russia e del Capodistria suo ministro? che cadde su due articoli, mandati da Firenze dal conte Serristori,

---

(9) Francesco Pezzi, di cui si parlò nella nota a pag. 15, 60 e 87.

(10) Si sa che nel 1847 noi non femmo che richiamare il Governo ad attenersi a quelle istruzioni.

(11) Federico Gentz, famoso pubblicista della Santa Alleanza. Da principio s'appassionò alle idee liberali inglesi; ma gli eccessi dalla Rivoluzione ne lo disgustarono, e divenne uno de' più accanniti riazionarj. Negli ultimi suoi giorni s'accorse come anche i pretesi conservatori possano trascendere. Visse dal 1761 al 1832, e sono a stampa le sue opere storiche e politiche in 6 volumi, la più parte relative alla rivolu-

ove rendevasi giustizia all'istituto agricolo di Hofwil, e ai rapporti che il ministro russo ne fece al suo sovrano, e all'interesse che questo mostrò per la fondazione del signor Fellenberg? »

E qui era inserito il *fac-simile* d'esso articolo coi tagli della Censura ordinaria e della presidenziale, da lunghe strisce avanzando appena pochi periodi. Notavansi altri passi esclusi: e ad un articolo sopra Madame di Genlis apponevasi: « Escluso per ordine superiore, finchè venga riformato senza politica in punto di costituzioni e di despotismo ».

zione e al primo impero francese, preziose al certo per la diplomazia. Li pubblicavano Prockesch-Osten padre e figlio.

Carlantonio Pilati di Tassulo trentino (1733-1802), viaggiata l'Europa studiandone le condizioni, fu adoperato da Giuseppe II e da Leopoldo imperatori nelle loro riforme, scrisse sulla legge naturale e civile, e un nuovo metodo di governare l'Italia; osteggiò le leggi romane, la chiesa, i papi, esaltando lo Stato, e in nome della libertà assodando la tirannia.

XI.

MARONCELLI E I PROCESSI.

Ora cominciano più dolorose note. Già ci venne accennata l'amicizia di Silvio con Pietro Maroncelli; il quale, dopo subìta prigionia decenne allo Spielberg, distesamente nelle *Addizioni* alle *Prigioni* di Pellico ragionò di sè, dell'amico, del *Conciliatore*, dei concetti suoi e dei comuni, di opere fatte e da fare; e incoltamente proponendo il suo *Cormentalismo*, prevenne la moderna sintesi letteraria, restaurando l'unità della riflessione colla fantasia, della mente col cuore, cioè prendendo l'uomo intero (1). Noi dobbiamo vederlo in altro aspetto.

---

(1) Avea divisate, nella cattività, molte opere, fra cui la lotta col Barbarossa. « E in chi trovò costui (lasciò scritto) il più implacabile nemico, il più nobile sostenitore della libertà italiana? Nell'invitto animo del pontefice Alessandro III, che intendendo religione come solamente può e dev'essere intesa, creò la famosa Lega.... La fondazione di Alessandria è monumento ancor durevole della civica riconoscenza italiana ad onore del prode repubblicano che sedeva sulla cattedra di San Pietro, e spargeva il suo sangue per la salute politica de' suoi concittadini, veramente suoi figli ».

Nelle Romagne era stata trapiantata la Carboneria dall'esercito di Murat, quando moveva da Napoli col titolo di rendere indipendente la penisola, e divisa in regno d'Italia a settentrione, regno delle Sicilie a mezzodì. Sotto il debole governo dei preti era cresciuta la setta, suddividendosi in innumerevoli varietà, la cui storia, quando voglia farsi, troverà amplissimi documenti nei processi del 1821.

Stava in occhio il Governo austriaco che non fosse propagata nel Lombardo Veneto, e fin dal 1818 il Raab, direttore della Polizia lombarda, ne dava estesi ragguagli, lodando il Governo che non le moveva persecuzioni, le quali anzi accrescono i proseliti: e suggeriva i varj mezzi di reprimerla, fuggendo però ogni manifesta animadversione. Anche altri scriveva:

Il solo sistema di clemenza da Vostra Maestà adottato potrebbe ottenere un felice risultato. La persuasione, i consigli, la dolcezza sono le sole armi da impiegare utilmente contro un popolo dotato di sensibilità e di temperamento ardente.

Ma presto se ne trovarono traccie troppo segnalate nel Polesine, tanto che venne costituita una Commissione speciale. In questa atteggiarono principalmente Salvotti, Scopoli, Mestron, De Ronner, Menghini, Orefici, Della Porta, e negli ultimi tempi Paride Zajotti: attuaro zelantissimo il dottor Rosmini, trentino come la più parte degli altri (2), e che, quando avrebbe dovuto

---

(2) Una ciurma irrequieta
Scosse i cenci, e giù dal Brennero
Corse ai fori e li occupò,
Trae le genti alla secreta,
Ove iroso quei li giudica
Che bugiardo li accusò.

BERCHET.

leggere pubblicamente la sentenza ai condannati, implorò d'essere esentato da un uffizio, nel quale davanti al pubblico certamente svenirebbe.

La Commissione non era diretta che contro l'alto tradimento, commesso per mezzo della Carboneria: talchè molti imputati rinviò ad altre sedi come rei di massoneria, di turbata quiete, di violenza (3). Sedeva essa a Venezia, e compì i processi contro Foresti, Fortini, Solera, Confortini ed altri rodigini; ai quali potè poi complicare Pellico, Maroncelli ed altri; dopo di che si trasferì a Milano per più estesi procedimenti.

Il direttore Raab davasi molta inquietudine del non potere scoprire i gran dignitarj della Carboneria, che dicevansi essere a Milano; come capi del partito dell'indipendenza vi si indicavano il conte Giuseppe Archinto gran ricco, Giuseppe Crivelli Mesmer, pieno (dicevasi) di debiti e di spirito; vigilavasi anche Vincenzo Monti in grazia del Perticari suo genero. Ma già una nota delli 8 novembre 1821 ordinava di mandare alle carceri giudiziarie quelli, contro cui era aperta l'inquisizione speciale, ed erano 41, oltre sette

---

(3) In Francia, ancor sotto la restaurazione e prima della rivoluzione di luglio, i tribunali aveano deciso che il carbonarismo, benchè fosse una cospirazione permanente contro tutti i Governi, non poteva offrire titolo ad accusa sinchè limitavasi a pensieri, sinchè un atto particolare di aggressione contro l'ordine stabilito non fosse intervenuto.

« La carboneria in Francia non era discesa nel fondo della società; non avea mosso le classi inferiori », scrive Louis Blanc. In fatto vi appartenevano persone, dappoi variamente illustri, Bazard, Teodoro Jouffroy, Cousin, Agostino Thierry, Buchez, Mocquart, Guinard, Pietro Leroux, Boinvilliers, i due Scheffer, Chaix-d'Est-Ange.... e l'alta vendita, sotto la presidenza di La Fayette, comprendea Mannuel, Dupont de l'Eure, de Corcelle, Beauséjour, il manifatturiere Koechlin, Mauguin, Cauchois, Lemaire....

fuggiaschi. A Milano i detenuti furono 103, di cui 34 condannati, 45 dimessi: di 24 durava ancora il processo nel 1824.

Quando, chetate le ire e gli interessi, potranno trarsi alla luce le carte, ora prudentemente riservate, del processo dei Carbonari nel 1821 e della Giovane Italia nel 1833, oltre molte notizie rivelanti il tempo e gli uomini, si conoscerà il valore, così mal adoperato, del Salvotti e dello Zajotti. Fa stupore la quantità di note che, oltre i lunghi esami, nel tempo dell'inquisizione, ebbero essi a scrivere di proprio pugno e in materie delicatissime, come quelle ove trattavasi della sicurezza di persone ragguardevoli e della salvezza dello Stato; e darne relazione sia al loro consesso, sia alle autorità superiori, alla Polizia locale e alla viennese e al trono. Il Salvotti, lodato anche poi per gran perizia delle leggi e della giurisprudenza, continui lagni e scherni moveva contro l'autorità governativa di Milano che procedeva senza energia, e contro la Polizia che ignorava tutto, fuori di alcuni sospetti sopra il Maroncelli (4), mentre la Commissione in poco tempo aveva trovato materia onde procedere contro Pellico, Angelo Canova, i professori Ressi e Romagnosi, Giovanni Arrivabene, Luigi Porro, Camillo Laderchi, Alfredo Rezia, Bonelli, Giuseppe

---

(4) Il direttore della Polizia, al 26 agosto 1821, al console generale di Piemonte scriveva:

« I risultati delle più accurate informazioni, prese con infinita diligenza, sono stati tali, da persuadere che i tentavi dei settarj hanno avuto pochissimo successo in Lombardia. Un certo Maroncelli è il solo di cui si sa aver procurato, d'accordo col sig. Silvio Pellico, di stabilire una vendita in queste province: ma nessun altro tentativo di questa natura si è potuto rinvenire ».

Liard. Erano quasi tutti nomi di collaboratori del *Conciliatore*.

Altrettanto operoso fu Paride Zajotti, che la sua relazione generale comincia dall'attestare che le società secrete parrebbero cose fanciullesche e da riso ove si guardino distintamente; ma prese nel complesso e col fine unico a cui sono dirette, appajono di suprema importanza in tutti gli avvenimenti del secolo (5).

Paragonando questi due, il Salvotti sentesi molto più fiscale, freddo, inaccessibile a sentimentalità; Zajotti tiene dell'artista, non solo nella forma dov'ebbe tanto valore; ma in certe delicatezze, nell'appassionarsi, nel riconoscere nelle vittime l'ingegno, la capacità, la inesperienza giovanile; mentre l'altro non ha una frase, una parola che accenni, per esempio, ai talenti e alla fama di Silvio Pellico.

Fu nella prima parte del processo di Rovigo che capitarono alle mani della Commissione il Maroncelli e il giovane studente Camillo Laderchi, entrambi romagnuoli (6).

(5) Un confidente, ben addentro ne'secreti, nel 1819 scriveva: « Non è ch'io dia importanza veruna a queste sètte, fino a che esiste la Santa Alleanza fra i potentati d'Europa; ma è certo che siffatte società, e specialmente questa (dei Carbonari), vanno sempre più aumentando i proseliti a grande scapito dello spirito pubblico: e attaccato come è questo dal *male epidemico della indipendenza*, sempre maggiormente lo disponga a cattivar l'idea di qualunque esser potesse l'eventuale circostanza nel caso ipotetico che l'atmosfera politica andasse soggetta a qualche nuova variazione ».

(6) Nelle perquisizioni relative al processo del Maroncelli, ad un Manzini di Roma fu trovata una pietra, su cui era intagliata una donna seduta in mesta attitudine, colla testa coronata di torri, e in una mano la lancia abbassata, e ai piedi un leone dormente, col motto *non semper*. Si suppose raffigurasse l'Italia e la sua speranza, e il Manzini disse

Il Maroncelli, con una leggerezza che mal si potrà scusare sulla sua inesperienza, confessò d'appartenere alla Carboneria, allegando che questa tendeva ad abbattere il dominio dei preti e surrogarvi quello dell'Austria. Intanto restava asserita una cospirazione e complici, e son quelle prime fila che un accorto inquisitore conducono a importanti scoperte (7).

In fatti il Pellico, arrestato dalla Polizia il 13 ottobre, fu escusso sulle sue amicizie e sulle carte trovategli. Interrogato se, nel corrente anno, abbia intrapreso qualche viaggio, e specialmente per Mantova, rispondeva:

Partii da Milano ai primi di settembre col conte Luigi Porro Lambertenghi e i suoi figli Giacomo e Giulio, unitamente al cavaliere Vincenzo Monti, già istoriografo del regno d'Italia, il signor Passerini di Lodi, ch'io non conosco fuorchè di vista, il conte Federico Confalonieri, i signori Carrigham e Williams inglesi. Portatici a Pavia, c'imbarcammo sul bastimento a vapore (8) appartenente ai signori conte Porro, conte Confalonieri e marchese Visconti d'Aragona, il qual ultimo non c'era, ci recammo a Venezia, e lasciammo per viaggio i signori Vincenzo Monti cavaliere, e Passerini al Ponte Lago Scuro, se non erro, dirigendosi, come dissero, il Passerini a Ferrara, ed il Monti a Savignano suo paese, Stato pontificio, senza però ch'io sapessi il motivo del loro viaggio. Proseguito il nostro cammino sul Po, senza prendere alcun altro sul bastimento, andammo sino alle Cavanelle, dove, trovando il tempo cattivo per entrare in mare, i signori conte Confalonieri, Carrighan e Williams non volendo fermarsi sul Po,

---

averla avuta da « certo giovane marchese Massimo Tapparelli d'Azeglio di Torino, quando era in Roma applicato allo studio di pittura ».

(7) Di tuttociò io discorro ampiamente nella *Indipendenza italiana*, vol. II, cap. 28, e sue aggiunte.

(8) Era il primo esperimento di lunga navigazione a vapore.

lasciarono il bastimento a vapore, e si dressero a Venezia per il canale delle Cavanelle. Io e gli altri nominati, dopo esserci fermati una notte sul Po aspettando il buon tempo, entrammo in mare, e navigammo felicemente in poche ore sino a Venezia. Colà ritrovammo il conte Confalonieri ed i due inglesi nominati. Io col conte Porro ed i suoi figli stemmo alloggiati a bordo, i suddetti tre nostri compagni alloggiarono all'albergo della regina d'Inghilterra.

Il conte Confalonieri riparti per Milano il giorno dopo, se non erro: il signor Carrighan partì anch'egli per la Germania. Noi ritornammo col bastimento cinque o sei giorni dopo, non più venendo sino a Pavia, ma portandoci soltanto a Govèrnolo, senza condurre con noi nessun altro passeggiero. Di là ci portammo in legno, il conte Porro, i suoi due figli ed io, a Mantova dove il conte Porro doveva ritrovare il suo figlio primogenito, stato educato in un collegio a Siena, e stato condotto di là dal marchese o conte Giovanni Arrivabene di Mantova, incaricato di ciò dal conte Porro, amico suo, nell'occasione che l'Arrivabene fece un viaggio in Toscana.

Non trovando noi a Mantova l'Arrivabene, andammo alla sua villa per nome la Zaita, a cinque o sei miglia da Mantova, dove egli stava da alcuni giorni col primogenito di Porro di nome Giberto. Ci fermammo quivi due o tre giorni finchè il conte Porro avesse avuto tempo d'intendersi coi negozianti di Mantova per fare un carico sul bastimento, credo di riso, pelli, cotone, ma non saprei bene specificare, perchè io non m'occupavo di questo.

Ritornati dunque a Governolo, e conducendo con noi il detto primogenito del conte Porro, c'imbarcammo di nuovo per Venezia, senza prendere altri passeggeri.

A Venezia ci fermammo cinque o sei giorni: il conte Porro fece un nuovo carico di mercanzie per Mantova, e restituitici a Governolo, abbiamo lasciato il bastimento, e siamo andati novamente alla Zaita, dove, dopo due giorni o tre, partimmo per Cremona. Ivi pernottammo e vedemmo la casa Schinchinelli di cui il conte Porro è parente, ed il mattino dopo il conte Porro, i suoi tre figli ed io montammo in legno, ed arrivammo la sera a Milano.

Da posteriori confessioni risulta che in quel viaggio Pellico portava seco il catechismo e il quadro carbonico, nell'intenzione di trovarvi proseliti, Pellico asseriva non averne parlato al Confalonieri, e che questi non era carbonaro.

Pellico fin d'allora si discerneva dai cospiratori comuni, e nella canzone *La Patria* scevera il suo liberalismo da quello degli accoltellatori e degli irreligiosi.

>Neppure ai dì lontani
>   Quando me travolgean disegni insani,
>   Quando far forza ai casi ambito avrei
>   Sicchè a brandi stranieri onta tornasse,
>   Con chi gli altari odiasse
>   Affratellato io mai non mi sarei.
>Veggio con ira e sprezzo
>   Color che tutto il giorno osan, dal lezzo
>   Del vizio che 'li ammorba, alzar la destra,
>   E brandendo il pugnal del masnadiero,
>   Chiaman cittadin vero
>   Chi a lor perfida scola s'ammaestra.
>Del santo patrio affetto
>   Gl'ipocriti son essi....
>Amara esperienza
>   Mostrommi, ch'ove è somma violenza
>   Di feroce linguaggio, ivi s'asconde
>   Mal fermo spirto, prono a codardia (9).

(9) Liberato, e vissuto abbastanza per vedere come la Rivoluzione retribuisca i suoi precursori, il Pellico al Latour suo traduttore, scriveva:

— « Se nella mia gioventù i miei principj politici erano più esaltati, io non gli aveva mai spinti fino alla demagogia e al disprezzo di tutte le antiche leggi. Gli adepti del giacobinismo mi erano odiosi. L'ardente amore della mia patria non eccedeva in me il desiderio di un governo nazionale, e della cacciata dello straniero che vi fa da padrone.

« L'età, maturando le mie opinioni, le ha modificate senza mutarle nella sostanza. Nondimeno la mia aperta riprovazione

Forse credette che tanto dovesse bastare a farlo scevro da delitto e immune da castigo.

Pellico da principio « spiegò (dice Salvotti) una franchezza che, senza degenerare in tracotanza, attestava però in lui una particolare energia di carattere e di sentimenti, energia che mancava affatto a Maroncelli ».

La fermezza delle prime negazioni parve così conforme al vero, che il tribunale propose si lasciassero

d'ogni intrigo e delle guerre civili in generale, destò ira e stupore, dopo la mia scarcerazione, in una moltitudine di sedicenti liberali. Parecchi di loro aveano la pretensione di regolare tutte le mie azioni; e ne sentiva pietà. Altri cercarono di offendermi nell'onore, rappresentandomi qual uomo avvilito dalla superstizione. I più stolidi diressero lettere anonime piene d'insulti.

« Fatto singolare! Alcuni di questi frenetici mi perseguitavano in un senso; altri, in conseguenza di prevenzioni opposte, si arrogavano il diritto d'essermi ostili, qualificandomi carbonaro, e il mio amore dell'ordine e della Chiesa non era agli occhi loro se non pretta ipocrisia. Ebbi prove non poco violente del mal talento di queste due fazioni estreme, e Dio senza dubbio volle così, perchè, ogni giorno più compreso d'orrore per ogni eccesso, io perseverassi a mantenermi nella moderazione, e a sottrarmi ad ogni influenza degli altrui giudizj.

« Presi il partito di lasciarmi accusare, fosse a voce o nei giornali, senza darmi pensiero per disingannare o calmare chicchessia. Temo però che questa apparente mansuetudine movesse piuttosto da orgoglio e da sdegno, che da virtù. E anch'oggi, quando penso all'odio cupo e codardo di certe persone, io sento di perdonare loro quest'odio, ma il mio perdono non è scevro affatto di risentimento »....

E altrove diceva

« Allorchè seppesi che io aveva scritto le *Mie Prigioni*, e che proponeami di darle alla luce, non si può credere quanto si affaticarono alcuni per immpedire che io mi arrischiassi di pubblicarle. Gli uni mi avvertivano caritatevolmente che mi sarei tirato addosso la inimicizia della fazione A; gli altri, ch'io poteva incorrere nell'odio della fazoine B. Io era quasi determinato a lasciar dormire per dieci

in libertà e Pellico e Laderchi, compromessi dalle confidenze del Maroncelli. Ma nuovi indizj sopravvenivano nelle carte che si coglievano ad altri arrestati, nelle deposizioni di quelli, ben presto nella cattura del francese Alessandro Adryanne, diacono straordinario della società dei Maestri Sublimi in Ginevra, il quale, spedito in Lombardia a riformare l'*Adelfia* e rannodar le fila, rotte da mal riusciti tentativi, con inescusabile leggerezza portava seco tutto l'ordito delle cospirazioni d'allora.

Soprafatto da tanti indizj, Pellico ai 17 aprile scriveva:

Rispettabilissimi miei giudici,

La mia fermezza sarebbe forse stata invincibile se la voce dell'amicizia e dell'onore non si sollevasse potentemente nel mio cuore contro il sistema ch'io aveva preso di negar tutto. Accusare due uomini onesti d'aver detto il falso sarebbe un vero delitto, che la mia coscienza non mi perdonerebbe mai, quand'anche colla mia ostinazione io avessi trionfato. Vi è qualche piccola inesattezza nella deposizione di Maroncelli, nè vi sarà su ciò contestazione, perchè egli ne converrà.

---

o quindici anni il mio manoscritto, e questo era, secondo i più, il partito migliore. Mia madre non consentì ch'io persistessi in questa determinazione, la quale più che altro era il frutto del tedio e della incertezza. Tutto dee farsi, ella dissemi, per obbedire alla propria coscienza, e nulla pei rispetti umani ».

E a Piero Santarosa il 14 dicembre 1845:

« Quelle povere *Mie Prigioni* e quei *Doveri degli uomini*, che si sono tradotti in tutta Europa, m'hanno attirato, da non pochi villanie e satire, beffe e rimproveri incredibili, a petto di che son rose e gemme gli articoli della *Voce della verità* che m'ha trattato da repubblicano per dar gusto all'Austria. Il mondo è così: e sempre nel proprio paese s'incontrano più giudizj malevoli che altrove. Ci vuol pazienza, non sgomentarsi, lasciar dire, e fare ».

Sono sette mesi che gemo dolorosamente sul mio fallo, ma niun giorno è mai stato così orribile per me come quello di ieri. Resistere insieme e alla coscienza e alle generose esortazioni che, con tanta pazienza, si aveva la bontà di farmi; compiere il terribile sforzo di mostrarmi imperterrito negando così a lungo il vero, fu un tal travaglio di mente e di fibre, che ho creduto di restarne convulso per tutta la vita.

M'abbandono ai miei giudici. Ho sentito che niun castigo può eguagliarsi a ciò che soffre l'uomo d'onore che s'avvilisce mentendo.

Loro umilissimo servitore
SILVIO PELLICO.

Infelice! (10) da quel giorno cominciava il Calvario, di cui egli narrò le stazioni, e che doveva renderlo famoso in tutto il mondo.

Lo accompagnò nei patimenti il Maroncelli, del quale rechiamo una lettera scritta in prigione, inedita non solo, ma forse neppur giunta a destinazione, e che egli avea raccomandata a un signor Marchesini.

Mia buona Vittorina (Baldini a Bologna).

L'affezione e la stima che la vostra virtù ha saputo guadagnare da ognuno che vi conosce, potrete facilmente sapere con quale potenza sieno radicate nel mio cuore, conciosiachè ben altro che i vincoli della sola amicizia vogliansi

---

(10)   O mio Silvio, figlio mio.
        Perchè mai nell'incolpabile
        Tua coscienza ti fidar?
     Oh l'improvvido! l'han còlto,
        Come agnello al suo presepio:
        E di man del percussor
        Sol dai perfidi fu tolto
     Perchè, avvinto in ceppi, il calice
        Beva lento del dolor,
     Dove un pio mai nol consola,
        Dove i giorni non gli numera
        Altro mai che l'alternar
        Delle scolte.....   BERCHET.

omai riguardare come già stretti tra noi. Il che io della miglior buona voglia e ardentemente desidero che avvenga il più presto che può, per la felicità vostra e dell'ottimo Checco, per contento delle nostre famiglie e per mia propria grandissima consolazione. — Ora, quale che sia la ragione dei rispetti che si veggono tra noi, o l'amicizia o il sangue, certo nè l'una nè l'altro potranno mai disobbligarmi per tutta la vita della caritatevole cura che voi e tutti i vostri avete posta per la salute di Checco, onde gli fosse più breve o meno grave l'aspra condizione in cui alcune false mene di qua, l'ebbero senza sua colpa aggirato. — Quanto a me vo' che sappiate che non ho mai cessato di fare caldissime istanze presso questo rispettabile Consesso perchè deliberasse se parevagli escludere al tutto dalla causa l'intervento di mio fratello e dichiararne la sua innocenza che qui ad ogni linea e ad ogni parola spicca più chiara che il sole. — Ed esso, il Consesso, siccome i fatti e la giustizia volevano, stettesi nel mio avviso. — La quale notizia forse a voi potrà essere necessaria per giovamento di Checco, dove mai le cose costì andassero tanto stranamente ch'egli pur fosse tuttavia ritenuto. E ciò vi piaccia farmi sapere senza interposizione di tempo, avvegnachè dovendo io di questi dì accozzarmi con l'Illustrissimo signor conte presidente, possa intercedere presso di lui che sia trovato il migliore e più efficace modo onde il Governo pontificale sappia *ufficialmente* essere l'innocenza e l'esclusione dell'opera di mio fratello nelle cose lombarde, piena ed intera. Perchè, se ancora egli stimi tenerlo impedito, cessi almanco di darne debito, come poco sentitamente fa, al malvolere di questi ministri imperiali. — Intanto vi piaccia, mia buona Vittorina, dirgli da mia parte mille cose del mio amore per lui, e quanto m'abbia sempre gravato e trafitto questa sua presente fortuna. So che la mia dolcissima amica Carlotta Marchionni fece pensiero di visitarlo: ma quando si fossero mai trasmessi ostacoli perchè ciò non avesse effetto, il mio animo ha già gradatamente raccolta la sola intenzione, e l'ho per un soave presagire di futura lietezza. Imperocchè, negli Angioli che quaggiù veston terrena forma, ogni parola e fino agli atti de' pensieri vanno considerati come originali d'una secreta invisibile movenza che vien loro da Dio. Voi che avete tempera assai gentile ed amate, bene non siete istrania alle più riposte condizioni di questo amore spiritale, e so che m'intendete.

Se vorrete pigliar fatica di far sapere alla mamma a Forlì le mie nuove ed istigarla a rispondermi, l'avrò ben caro; ma veramente il suo silenzio mi fa più presto dubitare che la tristezza di que' delle Poste, che già la v'è nota quanto basta, non abbia trafugate le mie lettere, sebbene io, per andare incontro ad ogni pessima arte, le avessi indirizzate al nostro Gabriele.

Tenetemi raccomandato alla buona vostra mamma; e ditele che, se l'amore può in alcuna parte rimeritare l'immensa opera della sua bontà, io certo amo tutta la vostra famiglia quanto me ne può capire nell'animo; ma veramente questa ragione non sarà mai pareggiata, troppo maggiore essendo il mio *deficit* della capacità delle forze. — Dite a Checco che se può iscrivermi anch'esso istesso e voi ed esso segnerete le lettere della formola « ferme in posta ».

Mia buona Vittorina, mantenetemi sempre nella vostra buona grazia, e tenete ch'io non posso esser più vostro di quel che già sono.

Di Venezia, il dì 10 di novembre 1821.

PIETRO MARONCELLI.

Poscritta

La buona ventura fa che in questo momento io m'abbia appunto una visita dal signor conte presidente, al quale ho fatto vedere queste meschine lettere che v'invio. E siccome buono e pio che si trova essere, egli ha ben sentito quanto sia indegno e vituperoso che si usurpi il nome di Sua Maestà per accreditare una ingiustizia della generazione di quella che costì si fa a Checco. Se la rettezza e l'onestà avrebbero mosso ogni qualità d'uomo a dichiarare solennemente quanto impone e vuole la imperiosa voce della verità, ora pensate voi s'io non dovea impetrare che il tuono di lei si fosse propagato fino a costì, allora quando a queste prepotenti virtù va di conserva la buona fama del principe, e che le mie preci erano volte agli immediati rappresentanti della Maestà Sua. — M'accade dunque farvi certa che quanto prima la *Commissione speciale* indirizzerà un Breve all'Em. Spina, del tenore che avete udito. Il quale Em. e per la niuna implicazione di mio fratello in questa *Causa*, e perchè pur mille volte il giudice pontificale ha ripetuto che per ciò solo egli era guardato; e finalmente per la somma clemenza e benignità sua verso me e verso Checco medesimo, alzerà ora la mano della misericordia tanto più facilmente e di buon animo, che non trattasi qui di grazia, ma sì di pura equità. — Voi consolatene dunque il buon Checco, ed ambo e due Valete. Ancora è riempiuto di maraviglia il Presidente che, in XIII mesi, nessun'anima siasi fatta viva a questa Commissione o per persona o per iscritto, onde chiedere la soluzione di cosiffatto intrico rispetto a mio fratello. Io ho risposto che s'era più volte avuto ricorso al Roberti, il quale ha rifiutato ciò e più altro, come a dire la generosa voglia di Checco ch'io mi ricevessi dalle sue poche facoltà qualche onesto soccorso. Da ciò può vedersi quali obblighi noi tutti abbiamo a cotesto signore, e com'abbia impacciate fino alle più benefiche e sante intenzioni. Ora se voi stimate che giovi mostrare queste stesse lettere a Sua Eminenza quasi arra di quelle avrà in seguito, sappiate ch'io ve ne do insin da ora il mio ampio consentimento. — E di nuovo, alla vostra virtù raccomando quest'opera veramente pietosa e di religione.

XII.

CARBONERIA E GUELFISMO.

Sulla Carboneria noi abbiamo sottomano tanti materiali, oltre quelli che altrove pubblicammo, da poterne tessere un libro. Infinite ne furono le suddivisioni, e in conseguenza i nomi, l'organamento, i segnali, i riti. Però le deposizioni del processo romano nel 1817 portano tutte come suo scopo: 1.° La distruzione dei Governi ove il supremo potere non risieda nella nazione; 2.° La distruzione dell'impostura religiosa; 3.° Particolarmente l'indipendenza italiana, cioè un solo Governo, ma costituzionale. Per non isgomentar i Cattolici, si asserisce che al papa nulla deve scemarsi dell'ecclesiastica dignità, ma solo spogliarlo del dominio temporale. Agli acattolici si tiene il discorso opposto.

Del Guelfismo io dubitava l'esistenza, credendola una supposizione, come i *Concistoriali,* i *Calderari* ed altri, inventata per isviare l'attenzione o per accusare i nemici. Or ne ho trovato prove, ma non quante bastino per distinguerlo dalla Carboneria, se non in quanto salvava il papa; suo fondamento era parimenti la indipendenza (1). Poi nella Costituzione Latina eransi fuse tutte le Vendite d'Italia. Riservando ad altro luogo il discorrerne, se ne avremo tempo, or cediamo la parola al Salvotti, che così ne riferiva il 18 luglio 1821:

In mancanza dei documenti che invano fin qui furono dimandati al Pontificio Governo, donde si estesero quelle società nel nostro Regno, la Commissione debbesi limitare a quelle prove, che emersero dalla sua procedura.

Il giuramento del Carbonaro nel grado di maestro veniva prestato sul *ferro distruttore* dei *tiranni*, ed il catechismo, ch'egli doveva imparare a memoria gli indicava l'obbligo di cooperare alla distruzione dei *tiranni*, e dei *despoti*, sollevandosi così quel velo, che copriva all'apprendente il vero carattere della società.

Il grado 3.° di Gran Maestro parlava ancor più chiaramente.

Il Carbonaro, dopochè aveva bevuto un liquor rosso, che dovea figurare il *sangue del tiranno sparso*, fuori da un teschio che si supponeva esser quello del tiranno, prestava il seguente giuramento:

« In faccia ai resti della tirannide estinta sopra questa
« sacra pianta fatale ai Regi giuro odio eterno ai tiranni,
« giuro di distruggerli fino all'ultimo rampollo con tutte le
« forze della mia mente, e del mio braccio: giuro di stabi-
« lire il regno vero della libertà e della eguaglianza ».

(1) Il diploma guelfo portava:

OMNIA AD MAJOREM DEI GLORIAM
ET
PUBBLICÆ FELICITATIS INCREMENTVM
✝
FACITE JUDICIUM ET JUSTITIAM
ET
DILIGITE PAUPERES.

Mancando, invocava morte immediata.

Il Carbonaro ammesso a questo grado veniva battezzato con un liquore rosso, che raffigurava il *sangue dei tiranni*, e gli si diceva:

« Le tue orecchie non odano che gemiti di tiranni e grida
« di popoli liberati. I tuoi occhi non si aprano che per ve-
« dere lo sterminio dei tiranni, e la libertà della terra; ram-
« mentati quel detto celebre: Il cadavere del nemico ha
« sempre buon odore. Le tue labbra siano sigillate col san-
« gue del tiranno ».

Il catechismo gli inculcava che il grand'oggetto per cui dovea lavorare, era la distruzione dei Governi, opera della mano dell'uomo.

« Favorirò (rispondeva alla relativa interrogazione intorno
« al modo di cooperare al grande oggetto) con tutte le mie
« forze, e a costo della mia vita, la promulgazione e l'ese-
« cuzione della legge agraria, senza la quale non vi è li-
« bertà, poichè la proprietà particolare è un attentato con-
« tro i diritti del genere umano »

Ciò risulta dagli atti rimessi dalla Direzione generale di Polizia. Vero è che questi non sono autentici; ma se si consideri che il catechismo di maestro, in quegli atti inserito, è quello stesso che si perquisì al detenuto Oroboni, e che da più detenuti viene indicato estratto dagli atti; che le parole sacra e di passo, dai medesimi apparenti, erano conosciute dal Confortinati, da Villa e da Landi, e che la parola di passo *libertà vendicata* è quella stessa, che il Confortinati disse d'avere sentita come parola di questo grado da Monvaldier di Faenza, e che esso poscia comunicò a Landi e a Villa, la verità di questi atti resta pienamente dimostrata.

Il Guelfismo aveva un regolamento, che stabiliva il modo di organizzare la società, il di cui scopo era l'indipendenza d'Italia.

« Darle (si legge in esso) un governo unico costituzionale
« o almeno unire in vincolo federativo i varii Governi ita-
« liani, tutti però aventi per basi costituzione, libertà di
« stampa e di culto, parità di leggi, monete e misure ».

I mezzi dell'Ordine erano « propagare le idee liberali e
« comunicarle agli aderenti, agli amici ed ai chierici (uno
« dei gradi) con farli essere ben penetrati della infelice si-
« tuazione delle cose e della madre patria. La stampa, i
« trattenimenti, i colloquii solitarii sono opportuni mezzi. De-
« strezza e perseveranza è ciò che si richiede, sopratutto
« sradicare i pregiudizii d'ogni sorte. Il villico spregiudicato
« è più caldo del ricco, del proprietario, perciò più utile ».

Massime dell'Ordine. I Galli, i Teutoni, gli Iperborei non fanno pei Guelfi.

Col giuramento si vincolavano i socj a procurare all'Italia la sua indipendenza con ogni mezzo, uniformemente al volere dei capi dell'Ordine. In caso di violazione, si sottoponeva volontario alla morte.

Foresti e Munari diedero a un dipresso un'eguale idea del Guelfismo, ma affermarono, che tutto ciò che si riferisce allo scopo e alle viste della società non era nelle loro carte, ammettendo però che lo scopo del Guelfismo era l'indipendenza d'Italia. E ciò basta per far conoscere l'intrinseca verità di quello scritto.

Ci sembra, che nello Stato Pontificio la Carboneria ed il Guelfismo, alla fine del 1816 o in sul principio del 1817, si avesse pensato di riavvicinarli, tendendo ambedue allo stesso scopo, ed è perciò che Foresti e Munari dichiarano che il Guelfismo era la mente, e la Carboneria la forza fisica della Società.

L'estratto del processo formatosi a Roma contro i Carbonari delle Marche, ottenuto dalla Direzione generale di Polizia, egli è quel documento che fa prova della fusione di queste due Società, mentre da quello appare come il Carbonaro della Romagna, mandato a Bologna onde abboccarsi coi capi dell'alta vendita, che vi supponeva esistere, avendo trovato invece istituito il Consiglio guelfo centrale, concertò seco lui la formazione dei Consigli guelfi in quei luoghi della Romagna, in cui prima parve non essere stata nota che la Carboneria, e si estese e adottò un piano formale di organizzazione.

Tra le prescrizioni più rimarchevoli di questo piano, e da cui la tendenza rivoluzionaria delle società potea facilmente dedursi, eravi quella, che obbligava tutti i Consigli e Vendite inferiori a rimettere al corpo centrale in Bologna ogni mese lo stato dei socj, colla indicazione se erano possidenti, giovani, vecchi, titolati, atti alle armi. La diffusione della Società era uno dei principali doveri, che si inculcavano.

Non andò però guari, che, prevedendosi dal Consiglio centrale di Bologna che la salute del Sommo Pontefice, che si diceva sconcertata in aprile o maggio 1817, fosse per concedergli solo brevi istanti ancora di vita, commise a Paolo Monti, gran maestro della vendita di Fermo, l'estensione di un piano formale di rivoluzione, onde poi unire tutta l'Italia, tranne Napoli, sotto un governo libero e nazionale. Monti (2) estese il piano, che fu rimesso al Consiglio centrale di Bologna, il quale si riservò d'impartire la formale sua approvazione finchè fosse pervenuta la risoluzione dei gran dignitarii di Milano.

Alcuni Carbonari delle Marche però, più imprudenti e più caldi, risolsero di tentare essi soli quella sollevazione, ed ecco perchè, appena scoppiata nel giugno 1817, fallì questa impresa, che diede argomento al processo costrutto dalla Corte di Roma. Tutto ciò appare dal precitato estratto di questo processo.

Non per questo però si distrussero le fila rivoluzionarie,

---

(2) S'è veduto qui sopra come anche su Vincenzo Monti cadessero sospetti. E per quanto cantasse tutti i padroni, dovea far ombra egli che aveva esclamato:

> Punitrice di regj delitti
> Libertade, il primiero dei dritti,
> Gli astri sono il tuo trono, la terra
> Lo sgabello de' santi tuoi piè:
> Ma una pianta radice non pone
> Che tra brani d'infrante corone;
> Nè si pasce di mute rugiade,
> Ma di nembi e del sangue dei re.
> Re superbi, già trema, già cade
> Il poter che il delitto vi diè.

che anzi si pensò di riunire in un sol corpo la Carboneria ed il Guelfismo, sparsi su tutta Italia, il che avvenne mediante la cosidetta Costituzione Latina, che venne approvata nell'ottobre 1817, ed attivata dai capi convenuti a Bologna, mercè della quale tutte le vendite carboniche doveano dipendere da corpi superiori invisibili, che tribunali appellavansi, e i quali ad una corporazione suprema detta Senato erano soggetti.

Foresti, riferendo il giuramento che questa costituzione esigeva dai suoi membri, dichiara che collo stesso si prometteva *odio eterno ai governi monarchici*, e di *procurare con tutte le proprie forze e perfino colla vita la indipendenza d'Italia*. In caso di mancanza, si invocava la morte.

Lo stesso Foresti racconta che dai processi verbali di Bologna rilevò che si era stabilito di mandar quattro deputati all'estero onde sistemar anche negli altri Stati, dietro questo piano, la Carboneria e il Guelfismo, uno dei quali era destinato per Milano, l'altro per Venezia.

La copia della lettera, dalla Commissione rinvenuta fra gli arredi carbonici del detenuto Carravieri, scritta dal senato di Bologna al tribunale di Ferrara, fa conoscere come il primo spingeva le sue misure anche sulle Società di questo Regno.

Vero è che a noi non consta di un piano di rivoluzione qualunque dopo quello delle Marche, che a noi è ignoto. Ma è egli possibile che un piano di rivoluzione non sia adottato almeno dai capi? A qual pro altrimenti occuparsi della riforma e della diffusione della Società? E se la Società aveva adottato il suo piano prima della riforma, è egli probabile che abbia cambiata tendenza e viste dappoi?

Che se anche ciò fosse, onde la Società si dovesse ritenere cospiratrice contro la sicurezza del nostro Governo non è necessaria l'esistenza di un piano formale di congiura, in cui si avesse stabilito quando, come, e in qual modo cadaun socio dovesse agire per produrre quel cambiamento politico, a cui mirava la Società. La sola Società, tal quale risulta dalle carte carboniche e dal regolamento guelfo, nonchè dal giuramento, deposto da Foresti, avrebbe in sè stessa i caratteri dell'alto tradimento, voluti dal codice dei delitti. In tutti i premessi giuramenti si impegna il socio di distruggere i governi monarchici non costituzionali, e nei due giuramenti prescritti dal Guelfismo e dalla Costituzione Latina si obbliga perfino colla propria vita a procurare all' Italia la sua indipendenza, vale a dire a sovvertire anche il nostro Governo.

XIII.

RESSI E ROMAGNOSI.

Un altro collaboratore del *Conciliatore* fu Adeodato Ressi, professore di diritto mercantile a Pavia. A Milano abitava in via della Cervia 343, colla moglie Anna Moscati. Stampò l'*Economia della specie umana* (1), vero trattato di questa scienza, cioè del modo con cui una nazione vive, cresce, si riproduce sovra terreno proprio. Considerando sempre l'uomo come misura del lavoro e del valore dei beni, discorre la genesi del lavoro, la teoria dei piaceri e dei dolori fisici e morali o d'opinione: se il denaro faccia ricchezza: vaglia le teoriche degli economisti classici, dolendosi non venga valutato abbastanza il veneziano Ortes. Chi tanto esita anche oggi sul definire la nazionalità, godrà sentire com'egli caratterizzi per nazione un « aggregato di uomini, che viva, cresca e moltiplichi sopra un determinato territorio *proprio;* che abbia voglie, abitudini, costumi proprj: che alle voglie soddisfac-

---

(1) Già Herenschwand avea pubblicato *Economia politica e morale della specie umana.*

cia con beni prodotti da un'industria libera e scambiévole; che tutelato sia da proprie leggi, la cui inviolabilità sia affidata ad un Governo proprio, e che questo complesso di atti e di esercizj abbia un'esistenza politica sicura, indipendente, imperturbabile ».

Oltre un elogio di Pietro Verri, gonfio e di luoghi comuni, nel *Conciliatore* trattò delle cambiali e d'altri punti d'economia.

Aveva manifestato idee liberali, massime in un discorso di chiusura del suo corso (2), tanto che i giovani, oltre applaudirgli, volcano fargli coniare una

(2) — « Qui sia fine alle oneste [mie fatiche, e in questo giorno separiamoci, giovani dilettissimi, da' nostri scambievoli uficj. Ma chi sa dirmi se la mia coscienza sia pura ed illibata, o se io debba mandare querimonia di rimorso nel silenzio della mia vita privata? Tu sola, o filosofia, fosti mia scorta e compagna, e tu, porgendomi la mano amica e strappandomi dal popolare tumulto e dal fervido ondeggiare delle politiche, dicesti a me parole dolcissime di amore e di conforto: Figlio, perchè volti le spalle al mio tempio, corri ad abbracciare le ombre dei Gracchi e dei Bruti, e speri che sia per sorgere un Appio, un Marc'Antonio, un Ottaviano? Mal ti consiglia un ardente amor di patria; imperciocchè colma non è la misura de' mali per la misera Italia, e vedi che un tristo genio le tiene in bocca l'amara tazza, onde a lunghi sorsi discenda nel suo petto infinita sventura. Vieni dunque, o figlio, a ricoverarti nel pacifico asilo della scienza. Ivi siede tutta folgorante la verità; casto è il suo culto e l'ipocrisia e la mercata lode e le arti cortegiane e l'immonda turba de' vizj sono fulminate da' suoi sacerdoti. A te pure è conceduto l'onore della stola, e forse non ultimo sederai fra essi; ma fido al tuo nume, giammai non piegherai la fronte sull'ara del potere, nè brucierai incenso agl'idoli del fasto e della fortuna. La fiamma del Genio e il santo fuoco di Vesta per te sia serbato puro ed incorrotto fra le tempeste de' mondani spiriti e fra i vapori della turpe ignoranza. Trionferai, mio figlio, e circondato da giovani eletti, finirai il tuo ministero nel seno della pace, contando le domestiche glorie e spargendo fiori e verbene sulla tomba dei saggi e degli eroi.

« Abbandonata la tribuna, e deposte le insegne della magistratura, te sola ascoltai e da te confortato e renduto forte,

medaglia, ma esso li distolse. La Polizia non potea dare su lui che eccellenti informazioni, e come, dopo quel fatto, avesse temperato le parole; ma l'inquisitore lo volle arrestato, e gli si trovò il corso di Economia Politica e una massa di carte, tutte però riguardanti interessi suoi in imprese commerciali, nelle quali

qui sciolsi il voto del nuovo ministero e al Dio del loco credetti eterna fede. Trascorsi per lunga età i campi della meditazione, fra gli stenti e le veglie tentai la via del sapere, nè i miei passi si arrestarono nella selva degl' incantesimi e degli errori. Intrapresi a svolgere i volumi del diritto, e poichè la ragione della legge è celeste emanazione, io la cercai nel seno dell'eterna giustizia. Guidato dal santo amore del vero, penetrai nel vasto tempio della politica, e in quelle volte silenziose vidi i simulacri dei re nel tripudio delle mense e dei balli, e vidi pendere mute le sorti delle morti nazioni e degli infranti imperj. Tu pure, cara immagine della patria fosti, sempre al mio fianco, e tu armasti il pensiero di robuste penne, e tu infiammasti l'anima e il cuore, e tu mi guidasti sul Tebro a meditare gli esempj degli avi ed a piangere la smarrita virtù latina. Bella come la natura ti fece, io ti mostrai, o Italia mia, ai popoli fratelli, affinchè presi dalle tue forme leggiadre ti amassero con vicendevole concordia. Imperciocchè passarono i tempi infausti in cui il Franco e l'Unno e il Sarmato, troppo avidi e gelosi di tue bellezze, ti lacerarono le porpore e ti rapirono le gemme, ornamento e decoro di tua pudica virtù; e mentre incauta stendevi ad essi le candide braccia, per ricevere il monile di amore, le ritirasti al seno livide e disonorate da servil catena. Ma la dolente memoria si perda delle antiche offese, e Dio propiziatore fermar voglia il patto di genti costumate e gentili.

« Tale fu il tenore del mio insegnamento, e tale fu la morale, santa e pura che fermo mi tenne in mezzo a voi, e che seguir voleva sino all'ultimo respiro. Ma sono fallaci i calcoli delle umane vicende.

« Giunto più che a mezzo il cammin della vita, e negli inclinati miei giorni e nel più crudo imperversar della fortuna, io abbandono l'adorato cullo della sapienza, Nuovo Entello dopo lunga stagione sospendo a queste pareti il cesto votivo, e le corone vi appendo che di vostra mano mi cingeste. E poichè è negata a me la consolazione di Socrate di raccomandare il mio spirito a fedeli miei discepoli, io da

infelicemente s'era avvolto. In prigione si ammalò e morì.

Altrettanto premeva all'inquisitore l'arresto di Giandomenico Romagnosi, affinchè il processo acquistasse gravità dai nomi che v'erano involti. Più d'uno dei consiglieri credeva estremamente vaghi gl'indizj a suo carico, riducendosi questi all'essergli da Pellico proposto di entrar carbonaro, ed egli avere non solo ricusato, ma cercato distoglierne il tentatore (3). Sapeasi però ch'egli era principale nelle logge massoniche sotto il regno d'Italia, e avea pubblicato il I volume d'un Progetto di Costituzione, del cui secondo volume avea dato qualche notizia agli scolari, che istruiva privatamente, dopo soppressa la cattedra speciale di alta legislazione, che copriva durante il regno d'Italia.

Su questo libro della Costituzione ecco una informazione della Polizia:

L'opera intitolata *Della costituzione di una Monarchia Nazionale Rappresentativa*, della quale Vostra Eccellenza si degnò tenermi discorso, è produzione del signor Giovanni Domenico Romagnosi, professore d'alta Legislazione nelle scuole speciali di questa città.

Egli dichiarò, nell'unito esame al quale fu assoggettato, di avere intrapresa tale opera fino dall'anno 1815; e d'averla

---

voi mi divido, e vi lascio il bacio dell'amicizia, e voi, dolcissime cure del cuor mio, onorate il maestro serbando inviolata la memoria delle sue dottrine e de' suoi consigli, onorate il padre e l'amico spargendo una lagrima di gratitudine e di amore ».

In questa e in tutte l'altre produzioni che rechiamo, voglia calcolarsi la data di 50 anni fa, e del tempo ove ci si rinfaccia ogni dì che eravamo morti o addormentati.

(3) Per questo nel 1833, quando gli si faceano proposte per la *Giovane Italia*, non volle averne parola che con C. Cantù.

in seguito continuata con quella calma e con quella tranquillità, con cui si scrive qualunque opera accademica, essendo essa meramente teoretica, e relativa ad un argomento universalmente agitato in tutta l'Europa, ed aggiunse che viveva certo di non incontrare la censura delle Autorità, perchè nulla vi si trova che offenda il Sovrano, lo Stato, la religione ed i costumi. Egli poi sostiene di non avere di tale opera ordinata, nè fatta seguire la stampa, e dice che, avendone resi ostensibili i fogli manoscritti ad alcuni suoi amici, uno di questi, forse nell'idea di fargli cosa grata, ne fece eseguire la stampa, e gliene rimise col mezzo di un facchino otto o dieci copie, tre o quattro delle quali furono da esso lui date a prestito e a dono ad alcune persone, ritenendone ancora sei, le quali suggellate furono provvisoriamente dalla Polizia lasciate in custodia al signor Romagnosi, con diffidazione di conservarle fino ad ulteriore disposizione di questa Direzione generale.

Invitato a manifestare la persona che, servendosi del suo manoscritto, fece seguirne la stampa, protestò di non avere cooperato in nulla nè per la stampa nè per l'introduzione nello Stato di detta opera, e dichiarò che la sua morale non gli permette di fissare avanti l'Autorità l'una piucchè l'altra persona che possa avere effettuata la stampa a costo anche di assumere sopra di sè ogni responsabilità, essendo egli d'opinione che si tratta di cosa innocente, sulla quale non può paventare il rigore della Legge. Egli è d'avviso che la stampa sia seguita in Lugano, e si protesta insciente del numero degli esemplari sortiti dai torchi, e del modo con cui furono introdotti nello Stato, ed assicura sull'onor suo di non averne smerciato alcuno, toltone le succennate poche copie che regalò ad alcuni suoi amici non nominati.

Egli è nativo Piacentino, e da dieci anni circa venne al servizio del Regno d'Italia. Distinto per cognizioni nella giurisprudenza, entrò nel Ministero della Giustizia, ed era consigliere privato del Ministro. Ebbe in seguito la cattedra d'alta legislazione, e mostrò in ogni occasione di essere uomo di molti talenti e di molta esperienza. Era attaccato al passato ordine di cose in quella guisa che lo deve essere un impiegato fedele; sentimenti eguali gli sono di guida anche sotto il Governo Austriaco.

Apparteneva però alla Loggia Massonica il Grand'Oriente d'Italia.

Milano, li 11 gennajo 1817.

La Commissione di terza istanza, ai 5 di giugno 1821, ordinava che « dovrà la prima istanza dar esecuzione al decretato arresto del Romagnosi senza illegali riguardi, stranieri alla giustizia; con che non le sarà tolto di usare al vecchio imputato quel più conveniente trattamento che all'età e alla sua salute è dovuto, e dalla legge e dall'umanità comandato ».

Le sue relazioni con personaggi influenti sotto il passato regime erano di semplice amicizia; « la sua condotta, d'uomo alieno da ogni briga, amante del ritiro e della quiete, più necessaria stante l'infelicissimo suo stato fisico. Professa principj liberali, e sceglierebbe il regime costituzionale, e tali massime professò sotto il cessato Governo, ma del resto fu costantemente parco e prudente nel parlare, leale ed incorrotto ne' suoi consigli ». Fattagli una minuta perquisizione, nelle moltissime carte non s'eran trovate che pochissime corrispondenze; « e professore e consulente, ben poco tempo doveagli sopravanzare. Nè per forze fisiche nè per audacia o per mente straordinariamente savia ed eloquente poteva esser di pericolo in momenti di cospirazione: e il suo flemmatico carattere tutt'altro indica che tendenza o possibilità a passi audaci, nè ha facilità e chiarezza di esprimersi » (4).

(4) Rapp. del Gohcausen 20 luglio 1821

Ma il Salvotti trovava nelle scritture del Romagnosi « massime politiche perniciose e antisociali; vi si predica la ribellione, e vi si manifesta e sviluppa il diritto che hanno i popoli di ricuperare, colla forza e coll'esterminio eziandio dei sovrani, i vantati loro diritti ». Sopratutto fece notare un passo del libro sulla *Costituzione d'una monarchia rappresentativa* ove diceva che « quando la sedizione si estende a tutta la nazione, chiamasi insurrezione; e i pubblicisti osservano che allora non esiste più il delitto di ribellione (5); e la sedizione antecedente venendo a far parte dell'insurrezione, e confondendosi con essa, diventa un atto solo con quella di tutta la nazione. Da ciò si può giudicare della giustizia o ingiustizia della condanna di Labedoyère e del maresciallo Ney ».

Le molte patenti di Franchi Muratori ch'egli conservava non poteano essergli imputate, come anteriori alla sovrana dichiarazione: dall'esame de' suoi scolari nulla potè cavarsi che lo gravasse; la scrittura che stese a propria difesa io l'ho altrove pubblicata, come pubblicai l'atto pel quale come innocente fu dimesso (6) ma toltagli la facoltà di dar lezioni di giurisprudenza. Eccone gli atti:

---

(5) Già nel 1775 il celebre articolista Wilkes avea detto alla Camera inglese: « Quando la resistenza è coronata dall'esito, non è più una rivolta, ma una rivoluzione ».

(6) Nella *Vita del Romagnosi* fra gli *Illustri Italiani ritratti*. Gli si faceva colpa d'aver avuto come allievo prediletto Gio. Sovera-Lattuada di Pontecurone, giovane caldissimo dell'indipendenza, che nella rivoluzione del 1814 avea servito assai a diroccare il regno d'Italia: poi fu involto nella cospirazione militare del 1815, e avea preparato un povero sbozzo di costituzione.

N. 296. Con suprema decisione comunicata oggidì, i detenuti Gian Domenico Romagnosi e conte Giovanni Arrivabene, il primo di Milano ed il secondo di Mantova, vennero assolti dal delitto di correità all'alto tradimento, di cui erano imputati, e dichiarati innocenti; epperciò furono messi in libertà.

Una tale notizia viene portata a cognizione del signor consigliere aulico Direttore generale di Polizia per sua norma
Venezia, li 10 dicembre 1821.

GARDANI.

Al signor consigliere aulico Direttore generale di Polizia nobile De Goehausen, Milano.

N. 4425. Protoc. secreto. — Eccellenza. L'ordinario della posta di questo giorno mi annuncia, col mezzo della commissione speciale sedente in Venezia, la liberazione del professore Gio. Domenico Romagnosi, e del conte Gio. Arrivabene di Mantova, entrambi dichiarati innocenti, come scorgerà l'Eccellenza Vostra dalla copia di nota, che mi onoro di rassegnarle.

Siccome è da presumersi che il signor professore Romagnosi vorrà di nuovo applicarsi all'istruzione della gioventù nella facoltà legale, cosi vedrà l'Eccellenza Vostra, nella di lei saviezza, se, e quali disposizioni convenga di adottare.
Milano, 15 dicembre 1821.

DE GOEHAUSEN.

A S. E. il conte di Strassoldo, Presidente dell'i. r. Governo Lombardo.

Poi allo stesso:

N. 917. Protoc. secreto. — Eccellenza. Il signor Giandomenico Romagnosi, di ragione del quale trovasi tutt'ora depositato presso questo Economato un baule contenente parecchi effetti e libri suoi, ne chiede oggi la restituzione.

Pria di aderire alla domanda, che trovo in massima regolare, mi permetto avanzare all'Eccellenza Vostra il quesito se debbansi rendere al Romagnosi alcuni libri relativi alla società e riti massonici, non che gli emblemi di massoneria che spettavano allo stesso Romagnosi.

Milano, li 10 marzo 1822.

De Goehausen.

A S. E. il signor conte Strassoldo, Presidente dell'i. r. Governo Lombardo.

N. 1193-1646. — Eccellenza. La sorveglianza esercitatasi sul conto del professor Romagnosi, sul quale l'Eccellenza Vostra mi richiama coll'ossequiato dispaccio 21 scorso mese, e giunto a questo Protocollo il giorno 4 andante, presenta un individuo applicato esclusivamente alla lettura, ed occupato dalla redazione di due opere, che si propone dare alla luce, i manoscritti di una delle quali devono diggià essere stati presentati a questa Censura.

Quindi il Romagnosi guarda costantemente la propria abitazione, non solo per l'impegno suenunciato, ma ben anche per la cagionevole di lui salute.

La di lui casa è frequentata dall'avvocato Vincenzo Scannagatti, primo degli allievi del Romagnosi; dal di lui medico, signor Campi, e da due figli Belgiojoso, abitanti a S. Giovanni quattro faccie in questa capitale.

Non consta che il professor Romagnosi abbia riassunto l'istruzione della gioventù, nè avrebbe ciò potuto verificarsi, dacchè anche per il corrente anno scolastico i di lui allievi avevano preso una diversa direzione. Sembra però essere il Romagnosi disposto giovarsi della precedente autorizzazione, che non gli fu tolta per il prossimo anno scolastico.

Milano, il 5 maggio 1822.

In mancanza del Direttore generale, l'assessore f.f. di Direttore

Pagani

A S. E. il signor conte Strassoldo, Presidente dell'i. r. Governo.

Ed era dichiarato innocente! Non ostante ciò, la Presidenza, con decreto 24 settembre 1822, decideva:

Dai processi essendo risultato che professa principj che non permettono gli sia affidata l'istruzione della gioventù, S. E. il conte Presidente dell'i. r. Governo è venuto nella determinazione di dichiarar cessata l'autorizzazione di insegnar come maestro privato.

Son barbare le frasi come la determinazione.

Varj articoli del Romagnosi contiene il *Conciliatore*, e specialmente uno sulla poesia, considerata rispetto alle diverse età delle nazioni, che comincia: « Sei tu romantico? no. Sei tu classico? no. Che cosa dunque sei? Sono ilichiastico, cioè adatto alle età ».

Certamente fanno poco autorità in letteratura; anzi Ermes Visconti lo introdusse come interlocutore in un dialogo sulle unità drammatiche, con Francesco Lamberti, Viganò coreografo, Paesiello musicante: e gli dà la parte d'oppositore alle nuove dottrine.

Nei preparativi della sollevazione lombarda nel 1821, Giovanni Arrivabene doveva far parte della Giunta di Governo provvisorio, dov'erano presidente Confalonieri, vicepresidente l'avvocato Marocco, e membri il vicario generale Sozzi pel culto, il consigliere Alberti per gli affari giudiziarj, Giuseppe Pecchio per la finanza, colonnello Aresi e Brunetti pel militare; l'avvocato Tosi di Brescia, il conte Folchino Schizzi di Cremona, don Pietro Olginati di Como.

Liberato, l'Arrivabene fuggì dalla Lombardia l'aprile 1822, onde i suoi beni furono messi sotto sequestro (18 dicembre 1823), compresi quelli devolutigli per eredità dell'allora defunto fratello conte Giberto.

XIV.

CONFALONIERI.

È tempo che parliamo di chi figurò tra i primi all'azione e al martirio, Federico Confalonieri (1).

È nota la parte infelice che egli aveva preso nei tumulti milanesi del 20 aprile 1814, dove mostrossi nimicissimo del Governo italofranco, sino a impedire le speranze che s'aveano di conservarlo. A propria difesa pubblicò, fuor di Stato, due opuscoli (2); del che disapprovandolo, il Governo lo obbligò a ritirarsi in qualche sua campagna a scelta. Non era uomo di alto ingegno, neppure di voglie generose; ma la sua ricchezza e la parte avuta in quei luttuosi fatti lo faceano considerare come capo parte. « I viaggi all'estero (come dice Salvotti a proposito di Giorgio

---

(1) I suoi processanti, a piede della sentenza si diedero premura di notare che il titolo di conte non gli si competeva.

(2) Quando morì quel marchese Filippo Carlo Ghislieri, al quale volle attribuirsi tanta parte nella rivoluzione del 20 aprile 1814, nelle sue carte si trovò una corrispondenza del e col conte Confalonieri sull' opuscolo da questo pubblicato.

Pallavicini) erano costume di pressochè tutti i distinti giovani di questo paese ».

Fin nel 1817, monsignor Pacca, governatore di Roma, scriveva in lettera *confidenziale*:]

Il signor Conte e Contessa Confalonieri, partiti da Milano nel maggio 1816 diretti per la bassa Italia, passarono per Parma, ove videro tutti i personaggi di quella Corte; transitando per Bologna videro ivi la più cattiva compagnia, e furono trattati dalla celebre Martinetti; passarono indi per Roma per fissarsi per qualche mese in Napoli; l'equivoca loro condotta in quella capitale sarà ben nota al Governo Austriaco, come ancora sarà noto il viaggio fatto dal Conte Federico in Sicilia ed a Pizzo; verso la metà di quaresima questi due viaggiatori si condussero in Roma, ed immediatamente spiegarono la più stretta relazione col Cavaliere Tambroni, che si potè veramente chiamare il caro compagno indivisibile, il quale d'altronde è qui legato con tutte le persone equivoche; dei signori milanesi le più intrinseche conferenze erano con il Colonnello Serbelloni, col Conte Cicogna, il Contino Archinto ed i coniugi Confalonieri. Questi signori visitavano anche frequentemente il Conte Resta milanese, ma non tanto per abboccarsi con esso, quanto per vedere e confabulare col noto Marchese Cortese di Modena, deciso nemico dell'attuale sistema di cose.

I discorsi che si facevano tra tutti gl'individui sopraccennati, e che erano applauditi non solo, ma anche istigati dal signor Cavaliere Tambroni, non erano diretti che a mostrare quanto era infelice il presente stato d'Italia, e quanto erano più felici i popoli sotto i passati Governi francesi, e tutti i loro voti non erano diretti che a veder risalire (come essi dicevano) la gloria nazionale dell'Italia. Questi discorsi si facevano riservatamente, sebbene in pubblico ancora non si lasciava di far dei discorsi anche perniciosi, giacchè il loro tuono non era che quello del sarcasmo, e diretto a ridicolizzare tutte le misure degli attuali Governi, e specialmente dell'Austriaco. Fra tutti i Milanesi però quello che in questo genere di discorsi superava tutti gli altri nell'imprudenza, era il signor Colonnello Serbelloni.

In generale tutti i sopraccennati viaggiatori si sono qui dimostrati intrinsecamente legati con tutti gl'Inglesi del partito d'opposizione, e tutti hanno, sebbene con qualche riserva, fatte delle visite ai Membri della famiglia Bonaparte, ed hanno con grandissimo desiderio cercato d'incontrarsi con il signor Conte Re (*agente del Beauharnais*); le compagnie che essi vedevano non erano moltissime, giacchè, molto tempo lo passavano tra di loro e cogl'Inglesi; nel rimanente andavano nelle grandi società, ma ivi non si associavano che con persone note per i loro principj d'indipendenza, e perciò varj di quelli signori Milanesi hanno fatta la loro corte alla signora Marchesa Sagrati.

La loro parola, si puol dire di passo, è che questa epoca si deve chiamare quella della schiavitù.

Il Conte Confalonieri ha detto nel partire ch'esso tornava a Milano per bisogno de' suoi interessi, ma che avrebbe fatto il possibile di ottenere nuovo passaporto onde poter abitare in paesi, ne' quali si possa con ragione dire che si viva.

Con il Conte Resta è partito il Marchese Cortese, il quale era con vivo desiderio atteso a Milano dal Marchese Tassoni.

Il Confalonieri vide i centri della civiltà europea: in Inghilterra conobbe personaggi importanti, frequentò la Casa Holland (3), e fu introdotto in quelle loggie massoniche, senza (com'egli asserisce) esservi aggregato. Possiamo qui riportare una lettera, allora a lui diretta da Ugo Foscolo, finora inedita.

---

(3) Holland house, palazzo nel cuore della Londra moderna, circondato da un gran parco di fresche praterie e di alberi secolari, ove un tempo abitava Fox, poi dal 1802 al 40 lord Holland, attorno a cui radunavasi il partito wigh, nè c'era straniero di qualità che non cercasse d'esservi presentato.

Giovedì, ore 3.

Signor Conte Carissimo,

Da lunedì in qua stava aspettando e sperando d'ora in ora ch'ella tornasse. — Lascerei le carte qui, se alcune non fossero di tal sorte da non essere fidate in una locanda — Starei qui, se non fossi incalzato dal lavoro, e dall'obbligo di terminarlo a mezzo dicembre; e l'indugio d'un solo giorno mi produrrebbe molto sconcerto d'interesse e di decoro.

Però, signor Conte mio, m'affretto a partire; e spero ch'ella farà una corsa sino a Celsey — anche per salutare la bella Lucia, che davvero parla — davvero — spesso di lei. S'ella mi porterà sei copie del mio *Progetto* di giornale, mi farà favore. — Così pure non si dimentichi di lasciarmi la noterella delle specie dei libri che dovrò spedirle di mano in mano che usciranno — e non foss'altro, mi scriva un addio.

Tutto suo Ugo Foscolo.

In patria il Confalonieri si occupò assai delle scuole di mutuo insegnamento, come vedemmo; di fondar qui un bazar (4), dai miglioramenti all'agricoltura, e ne' Georgofili di Firenze si lesse una sua relazione

---

(4) A proposito del bazar, Cesare Bianchetti da Bologna, il 29 marzo 1820, scriveva al Confalonieri:

— « Mi congratulo, che il vostro Bazar sia andato col vento in poppa, come voi vi esprimete, a Vienna; non è dunque meraviglia se questo vento sia stato contrario al trasporto del battello a vapore; il quale però spero che a quest'ora sarà a Venezia. Le nuove di Spagna sono decise, e me ne congratulo con tutti gli amici non della licenza, ma cogli amici di quell'ordine di cose che toglie ai sovrani il mezzo di opprimere e di scorticare i proprj sudditi. E quel p.... di Pezzi (*il gazzettiere*) cosa dirà sul suo giornale che è tanto screditato da noi in Bologna? ove, la Dio mercè, vengono non di contrabbando, ma pubblicamente per la posta, la Minerva, il Liberale, e quanti altri giornali si vogliono. Benedetto questo Governo nostro, almen per questa parte!

« Addio, caro Federico, sempre colla fiducia che mi avviserete quando passerete per il Ponte Lago Scuro, che non è nè ponte, nè lago, nè scuro ».

sopra quelle scuole e sopra la coltura del lino. Non veniva a Milano destinto forestiere che non volesse essergli presentato, principalmente quegli inglesi, fra cui Byron, Shelley, Landor, pei quali l'Italia era stato un paradiso, fin allora chiuso dalla politica e dalla guerra : e Confalonieri teneva estesissima corrispondenza, e, ciò ch'è pericolosissimo a un cospiratore, notava tutti i luoghi ove fu e le persone che vide.

Varie lettere gli dirigeva anche il principe di Carignano, maestro provetto nell'arte della simulazione, come lo chiama il Bianchi suo panegirista (5); ma

---

(5) Un confidente austriaco il 12 maggio 1818 scriveva:

— « Il Principe di Carignano, che è l'oggetto del vergognoso disprezzo della Regina, è idolatrato in tutto il Piemonte, come è amato il Duca del Genevese; e lo è tanto di più perchè accarezza il Principe suddetto, e perchè generalmente vuolsi che segretamente abbia di già abdicato alla Corona a favore di detto Princpe, avvenimento che farebbe esultare la Nazione Piemontese, che ripone nel Giovine successore al Trono le sue speranze, e per avere un Governo Costituzionale e per ottenere un ampliamento di Stati, che già presagiscono, ed attendono dal Medesimo e dalle mosse guerriere e politiche, a danno dèlli Stati vicini.

« Ciò che è certo, che il detto Principe coltiva tutti i militari, ed è il protettore di quelli che professano i principj liberali. So di più da persone che lo avvicinano con confidenza, che è egli tanto caldo nelle opinioni avanzate, che spesso i suoi Amici sono con lui in contrasto onde frenare la sua effervescenza, quale nel momento facilmente lo condurrebbe ad imprudenti e fatali risoluzioni.

« Dal fin qui detto rileverà l'E. V. che, non esistendo la setta degli Adelfi, in luogo di quella evvi il partito che si può dire universale a favore del d.º Principe, che può produrre conseguenze assai più serie della Lega Adelfa se esistesse, giacchè i seguaci e li adoratori infiniti di Carignano sperano e coltivano l'idea che egli sia un Genio, che abbia da condurre la Nazione Piemontese a trionfare di tutti, ed a portare particolarmente la rigenerazione all' Italia, e si lusingano che questa epoca non sia tanto lontana, e mediante la sperata sollecita morte del Re, e la certa abdicazione del Duca successore al Trono ».

riguardavano soltanto le scuole o gli raccomandava persone in cui diceva avesse fede per le notizie che darebbero; il lodava del suo adoperarsi pel ben pubblico, mostrando quant'egli pigliasse interesse per la prosperità e la gloria d'Italia, per la quale esso avrebbe sempre cooperato coi buoni.

La direzione della Polizia il 20 maggio 1820 scriveva al Governatore di non poter applaudire alla istituzione delle scuole lancastriane, perchè messe in mano di persone pericolose, quali Porro, Confalonieri, Mompiani, Ugoni, Arrivabene, che hanno una sola tendenza, l'indipendenza d'Italia e la Costituzione, e vagheggiano tuttociò che tende ad esaltare lo spirito nazionale. Quei metodi poi voglion guidare la gioventù a *qualcosa di più sublime* di quello che in fatto può meritare la condizione degli operaj e de' giornalieri. Trovava poi strano che, nella preghiera si deviasse dalla solita orazione dominicale (6).

Filippo Ugoni, altro de' promotori delle scuole lancastriane e che n'aveva fondata una a Pontevico, scriveva al Confalonieri:

Amico Pregiatissimo,

Voi l'avete fatta bella, per Dio, e non solo a me, ma ai miei ragazzi ed a voi stesso, se ve lo debbo dire. A me, perchè, aspettandovi a Pontevico, non vi ho potuto vedere nè là, nè a Brescia; a' miei ragazzi, che, amandovi e stimandovi per quanto gliene ho detto io, desideravano anche di conoscervi personalmente; ed a voi stesso perchè vi siete tolto il piacere di vedere una scuola ben condotta; vedete

---

(6) In principio delle scuole si recitava:
— « Onnipossente Iddio, principio e fine delle create cose, auspice supremo della nostra istituzione; la tua luce benefica illumini la nostra mente, e sia frutto delle nostre operazioni

superbia! Alla mia partenza da Pontevico i parenti del giovane Gemo, venuto a Milano e da me a voi raccomandato, non sapevano per anco se fosse o no accettato alle lezioni del conservatorio, e m'hanno pregato di volervi scrivere per questo. Io non dubito della vostra premura per questo bravo giovanetto, e vorrei che mi faceste la grazia di scrivermene qualche cosa, a quiete della di lui famiglia. Speditemi, ve ne prego, i cartelloni di massime già stampati (7), che ne

la tua gloria, l'esaltazione della santa Chiesa e la prosperità nazionale ».

Dappoi si sostituì quest'inno, che credo di Gio. Battista De Cristoforis:

> Fra noi dall'etere
> Scendi invocato,
> O del creato
> Padre e signor.
> Il core accendine,
> Desta il pensiero
> Tu primo vero,
> Tu eterno amor.
> Come fra i cantici
> Dei servi accolto,
> In fiamme sciolto
> Scendesti un dì,
> Così qui scendine
> Mistico fuoco,
> Ingombra il loco
> Di te così.

Il delegato di Brescia Mazzoleni giustifica pienamente la istituzione delle scuole alla Lancaster, per il buon esito e per la bontà del Mompiani. Solo l'orazione parevagli troppo filosofica, e sentire di deismo più che di cattolico; proclamarsi l'eguaglianza degli uomini.

In somma, come tutti i Governi tirannici, l'austriaco aveva paura del libero insegnamento.

(7) Nella classe IV davansi a leggere agli scolari alcune tabelle di massime morali ch'erano 19. P. E. — Obbedite a Dio, al re, alla legge. — Se Dio è con voi, chi contro? — Temete le lodi degli stolti. — Il valor del saggio sta nel saper generosamente reprimere la violenza delle proprie passioni. — È stoltezza il parlar di ciò che s'ignora, ma è maggior pazzia il biasimar ciò che non si conosce. — Non usare è lo stesso che non avere.

— « Il buon cittadino si fa debito di osservar fedelmente

ho gran bisogno. Per mezzo di Mompiani vi manderò un nuovo sillabario per le scuole alla Lancaster, stampato dal signor Raineri di Cremona, che me ne ha favorite parecchie copie, ed una espressamente per voi. Quei signori Cremonesi pare che abbiano poca buona intenzione; aspettano tutto dal Governo e non sanno che il Governo vorrebbe pur gloriarsi di vedere i suoi sudditi fare il bene di propria loro volontà, senza esservi spinti a forza.

Salutatemi gli amici e valetevi de' miei servigi se alcuno posso prestarvene.

Brescia, 24 aprile, 1820.

Ed esso Confalonieri a Camillo Ugoni:

Carissimo amico,

Non so se più per il piacere di darvi il buon viaggio o per soddisfare al vero impegno che con voi contrassi riguardo al darvi le ultime nuove correnti, qui in piedi, dalla casa del mio buon De Breme, a cui do gli ultimi dolorosi congedi, vi slancio queste poche linee. Una lettera di Torino annunziava che il 18, quando la Commissione presentò il rapporto sulla legge per sottoporre a censura i giornali, la Camera (*francese*) passò la legge per acclamazione, o meglio io direi per tumulto. L'istesso corrispondente scrive che non dubitasi che anche le altre leggi passeranno, giacchè la pluralità della Camera è dichiarata a favore. Le notizie di Spagna sono buone; sembra indubitato che Cadice si è arresa il 1 febbraio. La truppa è tutta nel buon partito, e quantunque il nocciolo dell'insorgenza non sia vasto, non vi hanno però truppe riunite per domarlo. Le lettere di Francia arrivate questa mattina non sono ancora distribuite; seppi per

la legge. Esso riguarda tutto il mondo come sua patria, nel desiderio di contribuire alla prosperità generale, e di essere utile a' suoi simili e qualunque sia la nazione a cui essi appartengono.

« Il vero filosofo, cioè il buon cristiano, riguarda il mondo come sua patria, e il genere umano come sua famiglia ». Molte sono dalla Bibbia.

altro da uno dei nostri amici che si sono prese molte misure forti per prevenire qualunque movimento popolare in Parigi. I fondi pubblici sono assai decaduti; la costernazione ed il fremito è universale: se le leggi passano, come non ne dubito, aspettiamoci, caro amico, ad una rivóluzione in Francia fra tre mesi: essa non può mancare qualora non retrocedasi dalle misure ch'ora si prendono.

Ecco il poco che a quest'ora vi posso dire; accoglietelo per altro come prova del molto che per ogni occasione bramerei fare in vostro servizio. Addio, mio ottimo amico: mi duole che avrete delle brighe in leggermi.

Torino, ad un'ora dopo mezza notte.

Vostro aff. amico
F. CONFALONIERI.

PS. Direte a vostro fratello che mi suona male che non gli hanno mandato il pacchetto che avevo ordinato, contenente varie suppellettili della scuola, secondo l'intelligenza, ma che lo raggiungerà tosto a Brescia, e più completo.

Ed al Mompiani:

Carissimo amico,

Milano, li 30 novembre 1821.

Ho ricevuto, alcuni giorni sono, una tua lettera da Leno che mi produsse l'effetto della manna del deserto ad uomo abbattuto e lasso. Non è già la mia salute (benchè ancora non del tutto ferma) che mi riduca a questo stato, ma sono molte cause morali che agiscono da lungo tempo sul mio animo, e che sopite quasi e rese indolenti dalla dolce quiete e dall'oblio della campagna, sonosi ora più che mai risacerbate e rincrudite in me, dacchè son rientrato in questa cittadinesca fogna. Che vuoi, mio caro amico? Fra tutti i disinganni delle umane vicende il più duro ed il più doloroso a sopportarsi egli è quello delle persone. L'influenza delle cose e delle vicende si risguarda nella vita come la mano inevitabile del destino, ma i fatti che dipendono dalle persone non ponno considerarsi che come l'immediato risultato della virtù o della bassezza della umana razza, e tutto ciò che tende a persuaderci dell'immenso predominio di quest'ultima riesce sovranamente a prostrare le nostre forze!»

Ma, se è doloroso questo sentimento, da esso ne emerge almeno qual farmaco, il più squisito godimento dei preziosi rapporti d'un'incontaminata amicizia, i quali tanto più debbono stringersi quanto più si ha ragione ogni dì più diminuirne e concentrarne il numero. Eccoti un cenno, fra i tanti di cui pur mi sarebbe dolcissimo il trattenerti, dello stato dei miei sentimenti in genere, e di quelli che particolarmente provo allorchè teco mi trattengo.

Ma tu conoscerai per prova quanto, in questi effondimenti dell'animo, siamo insofferenti d'ogni limitazione o reticenza: or dunque come mai godere di questo conforto per lettere, or che le lettere sono manomesse, e le frasi innocenti dell'amicizia ed i voti santi dell'uomo onesto sono fatti soggetto d'inquisizioni e di criminalità? Ti scrivo chiaro e senza metafore questi miei sensi, onde almeno ne sia l'interpretazione loro, a chi vedralli probabilmente prima di te, di ovvia e chiara spiegazione, e senza ulteriori molestie possa la lettera andare al suo indirizzo.

Dopo ciò, poche righe aggiungerò per dirti che la mia salute è discreta, quantunque non ancor del tutto confermata nell'antico stato di grazia: che il mio domicilio sarà per quest'inverno fisso a Milano, qualora l'asprezza del verno, combinata collo stato di mia salute, non m'imponessero una necessità di cercarmi clima più mite. Che se tu troverai il modo di effettuare una gita fra noi, vi sarai il ben venuto, e se non verrai a dividere con noi allegria e divertimenti che non abbiamo, vi troverai sempre l'antica cordiale amicizia. Che duolmi finalmente assai che la malattia della tua signora madre t'abbia tolto di venire a passare alcuni giorni placidi con noi nelle nostre rive Lariane, che sicuramente avrebber meglio convenuto allo stato del nostro animo che le tristi e nebulose della città.

Mia moglie, qui presente, ti saluta caramente.

Cogli occasione di mandarmi, tosto che il puoi, la storia dei Quaqueri, quando mai non fossi disposto a realizzare la promessa di presto portarmela in persona. Dammi in ogni modo tue nuove e credimi tutto tuo

Affmo amico
F. CONFALONIERI.

Già di qui trapela l'attenzione che davasi agli scotimenti di Spagna e di Francia, e a quel contagio di sollevazioni di truppe, ove commetteasi il maggior delitto, pervertir lo spirito militare, e convertire i generali in uomini di partito. La rivoluzione di Napoli eccitò le speranze di tutta Italia (8) e del Confalonieri in particolare, ma le notizie sconsolavano. Un diplomatico di sentimenti ben più moderati, gli scriveva da Napoli il 7 aprile:

Il y a bien longtems que j'aurai du repondre à vôtre bonne et aimable lettre, mon cher Confalonieri, car, malgré mon antipathie pour écrire, qui va toujours croissant, j'aime à faire une exception en faveur de ceux, auxquels je tiens plus particulièrement; mais je vous dirai que je ne savais trop comment vous répondre par la poste, et même j'ai déchiré deux ou trois lettres, que je n'ai pas cru prudent d'envoyer. Le Marquis de Medici est venu me dire, dans ce moment, qu'il part entre quelques heures, et je n'ai que le tems de

---

(8) Quel barone di Stein prussiano, che ebbe sì efficace parte nell'acquistar la libertà e preparare l'unità germanica, da Milano scriveva al conte di Spiegel, nel 1821:
— « Les idées dominantes appartiennent à la politique. Affranchissement de la domination etrangère, fédération des Etats italiens, où unité d'Italie, telles sont les idées qui préoccupent exclusivement les classes supérieures. Mais comment un problème non résolu depuis la chûte de l'Empire Romain peut-il l'être dans les circonstances actuelles? Pour moi, tout cela n'est que le jeu d'une imagination exaltée ».

vous écrire deux mots. Vous savez que je regarde les affaires de l'Europe et celles de notre monarchie sans passion, et par conséquent sans prévention, *hors un seul point*: il n'est peut être de même de vous, cher Confalonieri, et il n'est pas étonnant que la raison parle moins fortement lorsque le sentiment elève la voix. Mais si vous et moi pouvions nous convaincre que nous vivons dans un siècle de fait et non de droit, qu'il y a de choses qui, pour être justes, n'en sont pas moins impossibles, peut être pourrions nous jetter un regard plus consolant sur la situation des pays dans lesquels nous sommes nés. Je suis loin de me dissimuler les defauts du Gouvernement sous le quel nous vivons, les nombreux abus qui se sont glissés dans différentes parties de l'administration, etc., etc.: mais je n'en vois pas où les personnes et les propriétés soyent plus respectés, où l'opinion publique soit plus ménagée, et où l'homme qui respecte les lois, soit moins soumis aux caprices de l'autorité. Et ce résultat, c'est d'après les faits qu'il faut le juger: car je vous avoue que, lorsque je suis emprisonné et condamné sans être régulièrement jugé, il m'est assez égal que ce soit par suite de la suspension d'une loi, ou d'une exception faite à une loi. Tant que l'autorité pourra prodiguer de l'or et des honneurs, elle provoquera ces suspensions et ces exceptions aussi souvent qu'elle le croira profitable à ses intérêts, et en fait de gouvernement j'admire la théorie, mais je ne suis rassuré que par l'expérience.

Passant de ces réflexions générales aux observations particulières, je dois vous faire rémarquer que, depuis trois ans, nous avons fait pas de géans vers un ordre de choses, tel que les Nations qui composent une grande Monarchie peuvent le désirer, et tel que l'Empereur Joseph l'a préparé: or vous m'avouerez que, moins ce passage est violent, moins il hurte les intérêts individuels, plus il promet une existence solide et durable. L'Angleterre n'a pas de charte constitutionelle, sa Constitution se compose d'une immensité de lois et de bills modifiés d'après les temps et les circonstances. Mais me direz vous: où est la représentation nationale? Dans les trois quarts de la Monarchie les élémens en sont conservés dans les Etats : dejà on commence à leur donner plus de latitude, mais il faut achever l'éducation d'une Nation avant de la déclarer majeure. Vous aurez vu que dans tous les Etats de la Confédération Germanique on établit des constitutions fondées sur une réprésentation nationale : l'Autriche doit se mettre au niveau dans les provinces qu'elle déclarera faire partie de la Confédération. Voyez vous la tendance et les résultats de cette mesure? Et croyez vous que cette marche lente et mesurée ne conduise plus directement à un but solide, que toutes ces secousses qui ébranlent les trônes, ruinent les nations, détruisent la confiance qui doit régner entre les gouvernans et les gouvernés, et amenent pour resultat le desordre ou le dispotisme? Mais gardons nous d'aller au devant des événemens, de vouloir en hâter la marche, de l'entraver par notre impatience où notre découragement; je trouve que dans tous les Pays les hommes de coeur et d'esprit doivent se mettre en evidence, se placer dans les affaires, occuper les places qui leur conviennent dans la carrière administrative et politique; c'est le seu moyen d'en écarter les sots et les fripons, et je n'excuse pas l'homme qui, ayant des talens, des connaissances, et une âme capable de former et de suivre un plan de conduite utile à son pays, se soustrait à ce devoir, ou par des raisons de fortune ou de paresse, ou pour manifester son mécontentement de ce qui s'est passé ou de ce qui se passe. Nous vivons dans un siècle où un homme peut beaucoup, où la volonté morale est un des plus grands levins qui ruinent le monde phisique, et ce qui dans des temps ordinaires peut passer pour philosophie ou amour d'une noble indépendance, devient actuellement paresse ou égoïsme. Je puis vous parler ainsi, mon cher Confalonieri, d'autant plus que je suis loin d'être content de ma Cour dans ce moment: j'ai tous les droits de me plaindre et de me croire négligé, car, depuis trois ans que je sers dans un poste si épineux et si difficile, je n'ai pas un seul agrément, car je ne puis pas compter comme tel que l'Empereur ait donnée une des grandes charges de la Gallicie à un des premiers seigneurs de ce pays, et j'ai eu quantité de petits et grands désagrémens, dont celui de me ruiner n'est pas le moindre. On m'a promis une augmentation, on ne me la donne pas, et je n'en parle plus: on a donné des Ordres à droite et à gauche, je n'en ai pas eu et je ne m'en plains pas, car je suis convaincu qu'une conduite noble et mesurée finit toujours par produire de bons résultats, et je ne serais pas étonné d'avoir, un de ces quatre matins, le poste de Berlin ou l'ambassade de Londres; l'un et l'autre serait très honorable et me rapprocherait également du but de ma vie. Voilà, mon cher Confalonieri, une bien longue lettre; j'espère que vous y trouverez la preuve de l'amitié et de la confiance que je vous ai vouées, mais vous sentez bien à quel point il serait compromettant pour moi que cette lettre fût vue par tout autre que vous et votre femme, que j'associe dans les sentiments que je porte, et à la quelle vous pouvez communiquer cette lettre, que je vous prie de brûler ensuite. Adieu mon cher Confalonieri: avant de quitter l'Italie, je vous verrai dans tous les cas, et je vous reitererai de vive voix l'assurance d'une amitié qui ne finira qu'avec ma vie.   L.

Quando scoppiò la tardiva rivoluzione di Piemonte, il Confalonieri trovavasi così gravemente malato, che ebbe ventisei cacciate di sangue. Nati sospetti sul conto di lui, si fece una perquisizione alla casa sua il 1 luglio 1821, e vi si trovarono, fra il resto, ben settantaquattro lettere, la cui pubblicazione sarebbe di molto interesse pel carattere dei tempi, ma nessuna che riguardasse direttamente le trame.

Pareva svanito ogni timore di processi per parte dell'Austria, sicchè Confalonieri scriveva a Foscolo: — « Siamo condotti a tale, da chiamar felici gli esuli, e molto più quelli che, se dividevamo il danno generale che la perversità di quest'epoca ha serbato a tutti gli sforzi cauti e generosi, son ben lontani dal dividere la vergogna di quelli che non seppero veder il bene se non imbecillemente e fanciullescamente ».

Ma le rivelazioni d'altri detenuti e le note dell'Andryanne aumentarono i sospetti sul Confalonieri, onde si ordinò d'arrestarlo. Egli, che dovea tenersi avvisato dalla prigionia e dalla fuga di suoi amici, e da caute insinuazioni del maresciallo Bubna (9), si lasciò cogliere; si era preparato una via per trafugarsi sui tetti, ma trovò guasta la bótola, onde fu preso e messo in carcere. Ad altri il raccontare quel processo. Noi ci limiteremo alla dichiarazione fattane dal Salvotti, evidentemente indispettito di non averne estorto rivelazioni importanti, nè di poterlo disonorare in faccia alla nazione e alla posterità con pretese rivelazioni.

---

(9) Questi insisteva presso la moglie di Federico perchè lo persuadesse a far un viaggio per salute. Gino Capponi nelle Memorie inedite scrive:

— « Quelli di Lombardia, inclinati troppo alle imitazioni straniere, non avevano tral popolo bastante seguito nè autorità; il Bubna, in quel suo liberamente discorrere le condizioni d'Italia e i desiderj d'indipendenza, mi pareva troppo bene comprendere queste cose e troppo bene padroneggiarle. Scrivo qui alcuni suoi discorsi. La prima volta ch'io gli feci visita, cominciò ad un tratto: « Vi avranno detto in Milano alzarsi macchine contro noi; non lo credete: coloro che hanno più fama di liberali, egregi uomini, sono amici miei, e voi potrete incontrarli ogni giorno in casa mia, dove si fa buona vita e si parla d'ogni cosa; qui siate certo che non cospirano.... In quanto a me ho fatto sempre a questo modo la Polizia; nel 1815 a Lione il Duca d'Angoulême aveva pigliato grande ombra del Flahault che stava ozioso in quella città, e a tutti i costi voleva ch'io lo facessi arrestare: — Monseigneur (gli risposi) je ferai mieux: — e lo invitai quello stesso giorno a pranzo da me in compagnia di alcune belle ed amabili signore; vi prese gusto, e passava tutto il suo tempo in casa mia..... — Del resto anch'io sono liberale; e quando si fece la prima guerra contro a' Francesi, indiziato fortemente di opinioni repubblicane, ebbi tre giorni di carcere ».

È manifesto che Confalonieri fu il capo di tutta la lombarda cospirazione. Ma ciò che maggiormente accresce il suo reato è la impudenza, colla quale, a fronte delle molteplici risultanze che lo smentivano, seppe imperterrito mantenersi in un sistema di fallacia e di assurdità, per cui il capo di tutta la macchinazione, quello che trascinò nell'abisso della colpa Borsieri, Pallavicini, Tonelli, Ducco e Filippo Ugoni, e quindi tutta la serie dei federati bresciani, sarebbesi trasformato nel salvatore della patria.

Nè dopo questa sfacciataggine noi certamente meraviglieremo se i costituti dello inquisito ridondavano di reticenze e contraddizioni; se sempre vago ed astratto nei suoi racconti, ravvolgeva in un verboso frasario la verità e la menzogna, e se, ben lungi dal presentarci il quadro completo della cospirazione di cui fu l'anima, e dall'indicarci nei suoi più assidui compagni dei complici, voleva invece persuaderci che desso si faceva l'oppugnatore del partito rivoluzionario, e che i suoi amici erano altrettanti testimonj della sua pretesa innocenza. E se Confalonieri esercitava cotanta influenza sui cospiratori anche ammalato, e se era dal suo letto ch'egli dirigeva le fila della congiura, noi avremo sempre più motivo di apprezzare quanto profonda fosse stata la corruzione della sua anima, e quanto vigorosa la tempra del suo carattere.

Nè certamente possiamo immaginarci di aver tutte conosciute le operazioni criminose di questo inquisito. Qual garanzia di una tal persuasione possiam noi avere, se tutto ciò che ritrassimo dal suo labbro non fu che fallacia o raggiro?

Poteva forse questo inquisito limitarsi a trarre nella federazione Pallavicini, Ducco, Tonelli, Ugoni, Borsieri? Qual sarebbe mai stata la causa di questa tumultuaria sua scelta? Noi non abbiamo, è vero, raccolti maggiori fatti a carico di Confalonieri, ma vorrà ciò dire che non esistevano? Fu per un mero accidente che abbiam conosciuto l'aggregazione del Ducco e argomentata quella di Tonelli, di Ugoni e Borsieri. Prima che la inquisizione ottenesse questo maggiore sviluppo non si conosceva che il solo Pallavicini come federato per opera di Confalonieri. Come adunque sarebbesi erroneamente allora supposto che questo solo fosse stato tratto da Confalonieri nella federazione, così erroneamente supporrebbesi adesso che niun altro Federato vi abbia per opera dello inquisito. Un tale giudizio potrebbesi allora soltanto formare quando Confalonieri avesse con apparente candore manifestato tutte le sue colpe: ma finchè, invece di questa ingenuità della quale molti altri arrestati ci diedero prove non dubbie, le sue deposizioni ci offerivano continue menzogne e perpetui stravolgimenti del vero, noi siamo autorizzati a ravvisare nel detenuto C. Confalonieri quel pertinace colpevole, cui non ha mai punto il rimorso del suo gravissimo delitto, e che non ha mai voluto offerire al suo Sovrano, in parziale espiazione almeno della sua colpa, il tributo di una sincera manifestazione della verità » (21 febbrajo 1823).

Finiti i processi, e pronunziata la condanna di morte, fu questa sottoposta all'imperatore Francesco. Allora la Teresa, moglie di Federico, corse a Vienna col fratello Gabrio Casati; ed ivi prostravasi ai piedi dell'imperatore, e di tutti i principi e magistrati, supplicando, piangendo, eccitando compassione. Particolarmente l'imperatrice spiegava attivo interesse per la virtuosa sventurata, non risparmiando consolazioni e consigli a lei, non preghiere all'imperatore. Questi rimaneva inesorabile, come chi gl'istinti dispotici confonde col sentimento del dovere; alla contessa ed a Gabrio, esagerando i torti del Confalonieri, esponeva i pericoli a cui fu messa la libertà e l'indipendenza italiana dalle trame dei Carbonari; con cupo egoismo soggiungeva: — « Il conte Federico sta meglio in mano mia, ch'io non sarei stato nella loro ». Non potendo negare grande stima per la contessa, volle dargliene una prova da par suo. Una mattina essa riceve invito di condursi al più tosto all'imperatore. Che tumulto di speranze nel cuore della infelice! che sogni per sè, pel suo Federico, pei compagni di sua sventura! Un imperatore non parla che per consolare; tanto interesse mostrò egli pel dolore della moglie, che certo avrà risoluto di far grazia al marito.

Ella giunge; e l'imperatore l'accoglie in quel suo gabinetto così modesto e casalingo, in quell'abito semplicissimo, con quel fare borghese ma severo, con quel piglio sul quale nessun mai ha veduto il sorriso. E — « Contessa (le dice), quanto conto io tenga della virtù di lei e dell'affetto che mostra a suo marito, ho voluto attestargliclo coll'annunziarle io di mia propria bocca che ho confermata la sentenza di sua morte ».

Diede uno strillo la tapina, e cadde tramortita ai piedi di colui; il quale, meravigliato di vedere così dolorosa una fitta, a raddolcire la quale egli s'era immaginato bastasse venir da bocca augusta, chiamò gente, e la contessa fu soccorsa. L'imperatrice sentì quel dolore quanto una privata, e per mezzo di lei si potè sapere che unico modo di piegare Francesco saria stato il presentargli una petizione di grazia, firmata dai nobili di Milano. Senza resta, Gabrio si pose in viaggio, nella peggiore stagione e colle inique strade d'allora; non riposò per via; non indugio veruno; appena arrivato, corse di palazzo in palazzo, e come la petizione fu coperta di numerose firme, riportolla a Vienna.

Quest'attività, questo prontissimo ritorno fecero colpo sul cuore di Francesco, e non potè rifiutare di commutar la morte nella prigionia perpetua allo Spielberg. Nel consegnarne alla Teresa il brevetto, — « La si affretti (le disse) giacchè questa mattina fu spedito il corriere coll'ordine dell'esecuzione. »

Nuova ansietà per la Teresa. Se non arrivasse in

tempo! se un caso qualunque le interrompesse il viaggio! se non reggesse a quelle marcie forzate, ella già affievolita da tanti patimenti! Amore e dovere la sostenevano. Nè dì nè notte prese riposo; ad ogni stazione domandava del corriere, e udiva che li precedeva di quattro, di cinque ore; esso portatore della morte, essa della salvezza. Alfine toccò a Verona, e colà potè rimettere al tribunale supremo la grazia ottenuta.

Federico fu dunque esposto alla berlina a Milano il 20 gennajo 1824, e i Milanesi accorsero a vedere, come si accorre a tutti gli spettacoli. Del che, poichè li vediamo accusati, riferiremo alcuni cenni d'un impiegato sul modo onde fu sentita a Milano la condanna di lui.

On n'a jamais vu l'opinion publique aussi unanime, aussi fortement prononcée, qu'elle l'est dans ce moment.

La nouvelle de la condamnation du C. de Confalonieri a fait un effet, qui augmente au lieu de diminuer. Une chose qui nous a paru très-remarquable, et qui semble prouver ou indiquer au moins la nature de l'impression que cette nouvelle a fait dans le public, c'est, que depuis le premier moment, on n'en entend plus parler là où il y a du monde assemblé, et qu'on ne parle d'autre chose dès qu'on se croit en sûreté. Tous le partis sont réunis; tous, amis, ennemis, indifférens, tiennent le même langage. — La longueur du procès en changeant, comme d'ordinaire, la disposition des esprits, a fait succeder la compassion à l'indifférence; il n'est dans ce moment personne qui n'ait pitié du condamné.

Sans nous arrêter aux plaintes, aux exclamations, qui n'ont ni fin, ni cesse, tout se reduit à dire que le crime, quel qu'il soit, et que l'on suppose prouvé à l'évidence, n'a cependant pas eu de conséquence, et que, si la disposition du Côde oblige les juges à l'application de la peine, elle fournit une base pour faire grâce.

On ajoute, que dans un pays, où heureusement rien ne s'était opéré contre le Gouvernement, ni contre la sûreté publique, il ne saurait être nécessaire de donner des exemples, ni d'infliger les peines, qui peùvent avoir été nécessaires à Naples, à Turin, à Madrid, etc. En un mot on n'excuse pas le coupable, mais le gibet fait horreur, et la noblesse surtout en est consternée.

Anche un confidente più grossolano scriveva:

Varj sono i discorsi che si tengono relativamente alla sentenza di morte del Conte Confalonieri.

Il basso ceto, artisti, mercanti ed altri non prendono gran parte a questo affare, ma tutti dicono che non sembra necessario un simile supplizio, essendo stato sempre tranquillo il popolo milanese, e tutti sperano nella clemenza sovrana, perchè dicono tutti che l'imperatore è di buon cuore, e non abbisogna di usare simili rigori, giacchè ha un'armata fedele, e che non sono che alcuni storditi, i quali possano immaginarsi di essere capaci di fare delle rivoluzioni in questo paese.

Del proprio viaggio per lo Spielberg, Pellico diede alcune particolarità più o meno vere (10). Ma è tradizione che, quando Confalonieri passava per Vienna condotto alla stessa fortezza, il principe di Metternich lo vedesse, e lo esortasse a confessargli il vero sulle trame

---

(10) Io ho sempre dubitato di alcune circostanze delle *Mie prigioni*, anche ommettendo i piombi e la Zanze e il Giuliano. Lodavo una volta a Pellico l'avere, nella tremenda sua mansuetudine, così ben trovato l'incontro di lui e Tonelli coll'imperatore nel giardino di Schonbrun mentre tornavano dallo Spielberg, ove il custode li fa ritirarsi da banda acciocchè l'imperatore non sia rattristato dal loro squallido aspetto. Pareami un'invenzione degna de' maggiori tragici: ma Pellico mi assicurava ch'era vero, e di non aver nulla inventato. È gran suo merito però l'avere scelto le circostanze, e questo basta a porlo a tanta distanza dagli altri narratori di que' patimenti; e a far troppo severo il giudizio di Manzoni,

della Carboneria e sulla parte presavi dal principe di Carignano. E che, persistendo Confalonieri sul niego, Metternich gli domandasse se ne direbbe di più a un'augusta persona.

Toglie fede a questo racconto la relazione del governatore di Milano al principe di Metternich, ove gli espone quanto il Confalonieri fosse stato tocco dalla benevolenza usata dall'imperatore a suo padre e sua moglie (!), e come, coll'aspetto della massima sincerità, al direttore generale di Polizia facesse rivelazioni, le quali in fondo consistevano nel negare d'aver fatto parte di veruna società segreta, nè saperne di Vendite o di Chiese: solo aver partecipato coi Federati piemontesi e cercato acquistarvi proseliti. « Egli osserva che a Brescia il numero de' Federati era maggiore, perchè molti credettero inevitabile un cambiamento: non voleano compromettersi in fatti col nuovo Governo, onde accettavano senza esitanza la proposta d'esser Federati, senza ben sapere che cosa s'intendesse fare. Così nelle strade e nei caffè, Ducco parlava a' suoi amici del prossimo cambiamento di Governo; li invitava a pranzo, poi proponeva loro d'esser del suo partito, e ne otteneva il sì ».

Sappiamo qual fede meritino le relazioni di Polizia; ma abbiamo il diario, presentato al direttore generale di Polizia dal commissario Tecini, che dirigeva il trasporto dei condannati allo Spielberg. Eccolo:

Il sottoscritto, onorato della confidenza della superiorità della gelosa commissione di tradurre al forte di Spielberg Federico Confalonieri, Filippo Andryane, Giorgio Pallavicini, Gaetano Castillia, Pietro Borsieri e Francesco Arese, si affretta rassegnare a V. E., l'umilissima sua relazione sulla condotta tenuta da essi durante il viaggio, e sulla sensazione prodotta nel pubblico, che osservò il loro passaggio.....

Nel generale nessuno dei condannati somministrò occasione di lagnanza alcuna, avendo essi sino dal primo momento mostrata somma rassegnazione, decente contegno, e tutta la subordinazione a chi era incombensato di tradurli al luogo della loro pena.

Seguendo gli ordini ed il proprio sentimento, il riferente si fece pregio di usare coi condannati le maniere della dolcezza e della persuasione onde disporli alla rassegnazione ed all'ordine, che, come si disse, essi osservarono mai sempre durante tutto il tempo della lunga loro traduzione; quindi è che lo scrivente si compiace di dar loro da questa parte il ben meritato attestato di una ottima condotta.

Nel particolare poi crede egli di non ingannarsi nel riferire alla E. V. che il Confalonieri, sebbene obbediente e rassegnato nell'adattarsi all'ordine della marcia, e sebbene rispettoso verso gli impiegati ed i gendarmi, ai quali era affidato, ostentava però un esteriore molto sostenuto, e quasi altiero in faccia al pubblico ogni qualvolta vedeva di essere osservato dai curiosi, e conservava sopra i suoi compagni una cert'aria di superiorità, cui essi corrispondevano con rispettosa dipendenza, cedendo in ogni riscontro a lui la mano, e trascurando ogni proprio comodo o bisogno per procurargli tutti i possibili agi, e rendergli meno sensibile la sua situazione.

Egli sembrava un nume, attorniato da tanti devoti oratori. Sentivano essi ogni sua fisica e morale alterazione, nè di altro si occupavano che dello stato del Confalonieri. Più d'ogni altro poi dipendeva dai suoi cenni il condannato Andryane, che non esitava di dichiarare di dovergli indirettamente il dono della vita.

Il Confalonieri disse di aver avuto in Milano sentore della relazione a stampa sul suo conto, desiderò di averne un esemplare, che lo scrivente non credette di accordargli, e disse ch'era stato descritto al Sovrano con colori alterati al di là del suo demerito, per cui ben vedeva che il dono fattogli della vita era stata una singolarissima grazia, e sosteneva che gli era stato fatto torto coll'averlo ritenuto complice ed autore della morte del ministro Prina, dopochè con una sua apologia si era in proposito bastantemente giustificato.

Allorquando in Villacco si dovette risolversi a lasciarlo indietro, questo condannato non ommise di ringraziare il Commissario superiore Técini per l'umanità colla quale era stato trattato, non gli parlò però giammai nè dei suoi delitti, nè dei sentimenti che nutriva dopo il momento della sua condanna. Una sola volta egli disse che si lusingava col tempo di ottenere una ulteriore grazia, cioè quella della libertà, e che ciò succedendo, voleva colla moglie ritirarsi in campagna. Egli desiderava ardentemente di arrivare in Germania, e si mostrava poco contento dei suoi nazionali, e più di tutti sparlava dell'inquisito Carlo Castillia, stato dimesso a processo aperto, allegando che aveva fatte in processo deposizioni, colle quali aveva cambiato la natura dei fatti, pregiudicato molti inquisiti, e tentato di nuocere a molti impiegati.

Il parigino Andryane, civile in sommo grado, anzi quasi galante con tutti gl'individui del convoglio, diede più volte segni di pentimento, attribuiva la sua disgrazia e la sua colpa ai traviamenti della sua gioventù, che confessava di aver passa'a tra i vizj del gioco e la dissolutezza, consumando malamente ad un suo buon genitore la ingente somma di circa 500,000 franchi. Parve ch'egli calcolasse molto sulle relazioni di suo padre con varj distinti personaggi, onde col tempo ottener grazia, aggiungendo che frappoco doveva egli venire a stabilirsi a Brünn o a Vienna.

Egli non credeva impossibile che Confalonieri avesse a conseguire un giorno la grazia della liberazione, ed in tale caso sperava che il suo destino non dovesse essere dissimile da quello del surriferito suo compagno d'infortunio, cui consacrava durante il viaggio ogni sua cura ed ogni suo pensiero. Il suo contegno verso il pubblico non era oltraggioso, ma aveva però della sostenutezza; di quando in quando si divertiva canzonando il Borsieri che qualificava poeta. Egli era sensibile ad ogni attenzione e la sua riconoscenza giunse a segno, che allo Spielberg, e precisamente allorquando aveva ormai potuto penetrare il trattamento che lo attendeva in casa di forza, inaspettatamente ed alla presenza del sig. Direttore di polizia Brünn e dell'intendente di quel locale si lanciò verso il sottoscritto, cui impresse a viva forza un bacio sulle gote, e colle lagrime agli occhi gli esternò i proprj ringraziamenti, e quelli dei suoi compagni per le attenzioni ed umanità loro usati. Quell'uomo non sembra certamente nato pei delitti. Intraprendente, sensibile e franco com'egli è, e di molte cognizioni, Andryane, con miglior direzione ed in compagnia di gente dabbene, poteva riescire uno dei migliori cittadini, e far onore al suo paese.

Pallavicini, concentrato più degli altri in sè stesso e riflessivo, ostentava studiatamente una certa qual indifferenza nella sua situazione. Alla vista però del forte, in cui sapeva dovere scontare la pena del suo delitto, si turbò forse più degli altri ed impallidì. Parlava talvolta di grazia che sperava dalla clemenza del Sovrano, esternando che tutto il suo fallo consisteva nella gita fatta a Torino per invitare quei rivoltosi a spingere una forza armata nella Lombardia.

Difficilmente si ravvisa pentimento in chi non conosce l'enormità del suo delitto, nè crede di averne meritata la pena. In tale posizione ritiene lo scrivente il Pallavicini, la di cui mente ed il di cui cuore possono per altro essere illuminati, e mossi dalle cure di un erudito e zelante ministro della santa nostra religione.

Castillia Gaetano, cieco seguace del Pallavicini per cui dimostrava somma affezione, era avvilito, e senza i conforti dei suoi compagni avrebbe difficilmente sopportate le fatiche del lungo viaggio, giacchè l'afflizione dell'animo di troppo opprimeva il suo debolissimo fisico. Era egli in pena del suo futuro destino, e cercava ansiosamente di aver conforto da tutti quelli coi quali poteva essere in contatto; non disperava però della grazia, rammentando quella ch'era stata accordata a quelli che nel 1816 per simile delitto erano stati condannati a Mantova.

Il condannato Borsieri, distratto dalla poetica sua fantasia, poco o nulla parlava della sua pena, e si conteneva faceto con tutti, distinguendosi anche con una forte avidità di cibarsi. Pareva ch'egli non dubitasse di veder mitigata la sua condanna.

L'Arese era tra tutti gli altri suoi compagni il più pentito, e riconoscente infinitamente per la clemenza che gli era stata usata nella sentenza. Egli andava tranquillo incontro al suo castigo, riponendo nella clemenza sovrana l'illimitata sua fiducia.

I condannati, com'è naturale, non hanno potuto trovarsi in contatto immediato col pubblico, il quale però si è mostrato ovunque estremamente curioso al loro passaggio.

In tutti i luoghi principali che si trascorsero durante la marcia, si ebbe la precauzione di penetrarvi ed uscirvi poco prima che incominciasse, o subito dopo terminato il giorno; ad onta di ciò, al fermarsi delle carrozze i curiosi si affollavano d'intorno alle medesime, e dalle tronche parole che si sono potute marcare da essi pronunziate, si rilevò che ad un tempo conoscevano la gravezza del delitto imputato ai condannati, e la giustizia della prima pronunziata condanna di morte, tessendo poi illimitati elogi alla clemenza sovrana per l'avvenuta commutazione di pena. Molti poi rimanevano quasi estatici alla vista dei rei, e con un continuato significante rispettoso silenzio persuadevano, che meditavano profondamente sul rigore della legge, sulla necessità di un gastigo e sul mirabile modo con cui S. M. l'augustissimo nostro Sovrano seppe combinare un esempio imponente, con uno straordinario clementissimo atto di giustizia.

Si sa che Confalonieri stette allo Spielberg fino all'amnistia dell'imperatore Ferdinando I. Quando uscì di prigione, Manzoni gli mandava in regalo le *Considérations sur le dogme générateur de la piété catholique* dell'abate Gerbet, scrivendovi: — « Che può l'amicizia lontana per mitigare le angoscie del carcere, le amarezze dell'esiglio, la desolazione d'una perdita irreparabile? Qualche cosa quando preghi: chè, se sterile è il compianto che nasce nell'uomo e finisce in lui, feconda è la preghiera che vien da Dio e a Dio ritorna. — Milano 23 aprile 1836 ».

Errato in America e in Francia, il Confalonieri tornò in patria, e morì alla vigilia della rivoluzione del 1848. Sua moglie l'avea preceduto, e per lei Manzoni scrisse questo epitaffio, che io primo pubblicai, durante ancora la dominazione straniera:

TERESA, NATA DA GASPARE CASATI E DA MARIA ORIGONI IL 18 SETTEMBRE 1787, MARITATA A FEDERICO CONFALONIERI IL 14 SETTEMBRE 1806, AMÒ MODESTAMENTE LA PROSPERA SORTE DI LUI, L'AFFLITTA SOCCORSE CON L'OPERA E PARTECIPÒ CON L'ANIMO, QUANTO AD OPERA E AD ANIMO UMANO È CONCEDUTO, COMPUNTA MA NON VINTA DAL CORDOGLIO MORÌ SPERANDO NEL SIGNORE DEI DESOLATI IL 26 SETTEMBRE 1830.

GABRIO, ANGELO, CAMILLO CASATI ALLA SORELLA AMATISSIMA ED AMABILISSIMA ERESSERO ED A SÈ PREPARARONO QUESTO MONUMENTO PER RIPOSARE TUTTI UN GIORNO ACCANTO ALLE OSSA CARE E VENERATE.

VALE INTANTO, ANIMA FORTE E SOAVE, NOI, PORGENDO TUTTAVIA PRECI E OFFRENDO SACRIFICI PER TE, CONFIDIAMO CHE ACCOLTA NELL'ETERNA LUCE, DISCERNI ORA I MISTERI DI MISERICORDIA, NASCOSTI QUAGGIÙ NEI RIGORI DI DIO (11).

(11) La prima volta che io vidi Confalonieri fu ad un pranzo in casa Manzoni. La sua moglie vedevo, giovinetto, presso la sorella di lei contessa Carolina Sirtori.

XV.

LOMBARDI E PIEMONTESI.

Sulle trame lombardo-sarde una buona relazione ufficiale abbiamo del 12 aprile 1824:

Da lungo tempo lo spirito pubblico nella Lombardia, e in ispecie nella capitale, trovasi in istato d'agitazione e d'incertezza. Gli avvenimenti all'estremità della Penisola fissarono la direzione dell'opinione e parve che i Liberali lombardi prendessero consistenza, e si preparassero ad uno sviluppo che, per quanto ardente fosse il loro desiderio di darsi in spettacolo all'Europa, per quanto grande fosse il loro accecamento, era impossibile non comprendessero come, da soli, e tutt'al più col lontano soccorso dei Napoletani, poco o nulla sarebbe ad essi riuscito d'intraprendere.

Mancava nelle provincie lombarde il possente ausiliario della Carboneria, o sia che l'avvilimento in cui erano, sotto il passato regno, cadute le società segrete, allontanasse i cittadini dal prendervi parte, o sia che questo risultato si ottenesse per timore dell'attiva vigilanza politica contro la diffusione e i progressi di quella confraternita rivoluzionaria.

Supplì a questa mancanza l'accorgimento di alcuni, già

abbastanza indicati dalla fama pubblica siccome capi dei malcontenti, i quali, nell'atto che i sovrani travagliavano nel loro gabinetto a reprimere lo spirito sedizioso che caratterizza l'epoca attuale, si occupavano di organizzare una società politica, scopo della quale era l'allontanamento d'ogni straniero dal suolo d'Italia, e l'introduzione dello statuto spagnuolo in tutta la Penisola, ch'essi dividevano in tre regni, collegati fra loro con patto federativo.

Questa società che aveva adottati i segni e i modi d'una antica unione, conosciuta sotto il nome di *Platonica*, diretta anch'essa a conseguire con ogni mezzo l'indipendenza d'Italia, scoperta e disciolta al tempo del governo di Melzi, prese il nome di *Federazione italiana*; e lo specioso suo assunto, e l'influenza fecero che presto si propagasse in Milano e più lentamente nelle provincie. Si stabilì che in Milano si sarebbero formati due centri; l'uno per persone distinte di ricchezza, di nascita, di talenti; l'altro di stato mediocre ed anche al disotto, purchè si potesse far conto sul loro attaccamento al partito e sulla fermezza del loro carattere. Nelle Provincie dovevano i Federati riunirsi ad un sol *centro*, portando, per quanto era possibile, le rispettive diramazioni nei principali villaggi e nel contado.

La società trovò in Milano diversi proseliti nella classe nobile e colta, e non ne mancò nelle altre classi. I federati di Brescia e di Pavia tenevano il secondo luogo nella fiducia dei capi; venivano poi quelli di Cremona, di Lodi, di Como, di Bergamo, di Sondrio, ma in minor numero, non tanto per ragione della minor popolazione, quanto per la mancanza di soggetti abili a ben diriger l'operazione.

Mentre le cose così procedevano in Lombardia, si risolveva nel Congresso di Lubiana l'occupazione militare del regno di Napoli e si trattava degli altri affari d'Italia. Era popolare l'opinione che l'imperatore d'Austria avesse domandato a S. M. Sarda la consegna di Alessandria, e di concorrere con mezzi pecuniarj all'impresa di Napoli. Di questa opinione si servì opportunamente la Federazione lombarda per agitare lo spirito pubblico in Piemonte, e fu allora che, avendo tre distinti personaggi milanesi, il conte Federico Confalonieri, il barone Sigismondo Trechi, don Giuseppe Pecchio, fatto un viaggio negli Stati Sardi e in Toscana, tornarono col progetto di trar partito dell'antica animosità del Piemonte verso gli Austriaci, accresciuta pei recenti rumori politici, e di qualche intelligenza praticata nella Legazione di Bologna, negli Stati di Modena ed in quelli di Parma.

Fu assai favorevole alle loro intenzioni il trovarsi ambasciatore del re di Spagna presso la corte di Torino il cavaliere Bardaxi (1), il quale, avendo principj conformi al nuovo sistema, non poteva essere indifferente ad un tentativo che, quando avesse avuto buon esito, collocava la Spagna a quel grado d'influenza politica sugli affari d'Europa, dalla quale è caduta già sono tanti anni.

Facile riusciva ai capi liberali di Milano il mettersi in contatto col cavalier Bardaxi per la combinazione che questi nudriva una particolare affezione per Emanuele Marliani, milanese d'origine ma spagnuolo di nascita, impiegato nelle poste e molto frequente nella casa di Camilla Fe, dove intervenivano molti malcontenti, fra cui l'intraprendente don Giuseppe Pecchio. Con tale mediazione potè il partito liberale porsi in relazione con un agente diplomatico di distinti talenti e d'ardentissimo animo, dal quale partì la prima idea dei movimenti in Piemonte tostochè l'armata austriaca si fosse inoltrata negli Stati di Napoli, movimento che avrebbe strascinato con sè quello della Lombardia, degli Stati di Parma, degli Estensi e dell'intera Romagna.

Da quel momento la società dei Federati prese un'attitudine energica. Pecchio si associò all'avvocato Giuseppe Vismara, uomo ardentissimo, e con lui e da solo fece i primi viaggi a Torino, si abboccò col principe di Carignano, e s'insinuò nello spirito delle persone che circondavano, e così guidato dal cav. Bardaxi lo strascinò a dare la sua parola che si sarebbe messo alla testa della rivoluzione italiana, facendo al principe sospettare che, nel congresso di Lubiana,

---

(1) Vedasi a pag. 62.

si fosse trattato di cambiar l'ordine di successione alla corona di Sardegna, nè trascurando d'insinuargli che il Governo austriaco timoroso della influenza che poteva avere sulla Penisola il solo principe italiano del quale eransi fin da tempo concepite le più lusinghiere speranze, non tralasciava mezzi di sminuirne la considerazione spargendo sul suo conto le più vili calunnie.

Si parlò a lungo sul modo d'esecuzione e sulle norme politiche da seguirsi dappoi. Bardaxi e Pecchio volevano assolutamente che la rivoluzione in Piemonte fosse tutta militare e si adottasse lo Statuto spagnuolo. Sanmarsano il figlio, Balbo il figlio, Pron ed altri, inclinavano a rendere la rivoluzione popolare, e propendevano per la carta di Francia. Dopo molte discussioni prevalse il primo sentimento e fu quindi risoluto che, appena le truppe austriache avessero oltrepassato Roma, le piemontesi si sarebbero ammutinate, il principe di Carignano ne avrebbe preso il comando, si sarebbe obbligato il re a giurare la Costituzione di Spagna; ed un corpo d'armata, riunito in tutta fretta sulla linea del Ticino, avrebbe passato il fiume, occupato Milano e la Lombardia, mentre un altro a Piacenza si sarebbe spinto lungo il Po, distruggendo tutte le teste di ponte sulla sinistra, e tentando un colpo di mano sopra Mantova.

In Lombardia non doveva farsi movimento se prima il paese non fosse stato occupato dai Piemontesi. Al primo annunzio del passaggio del Ticino, i Federati dovevano obbligare il podestà di Milano a chiamare alle armi la Guardia Nazionale, di cui si sarebbe dato il comando a qualcuno fra gli antichi generali italiani presenti a Milano, che avesse maggior confidenza e partito. Arrivate le truppe sarde, il principe di Carignano avrebbe nominata una Giunta di Governo, le cui prime operazioni dovevano essere un appello agli ufficiali e soldati dell'antica armata italiana, abolire la tassa personale e quella d'arti e commercio, modificare alcune disposizioni del Codice penale, convocare a giorni tutti i membri dei Collegi elettorali dei paesi insorti affinchè deliberassero sul progetto di riunione al Piemonte, che loro doveva essere presentato dalla Giunta (2).

Credevasi che il movimento non si sarebbe potuto spingere che fino al Mincio o tutt'al più all'Adige; si calcolava sulla insorgenza delle valli bresciane e sulla sorpresa di Peschiera per intelligenza con un ufficiale che ne aveva il comando; si sarebbe reso generale l'armamento della Guardia Nazionale, e si pensava che in venti giorni sarebbero stati sotto le armi ottanta mila combattenti.

In quanto alla forma della pubblica amministrazione, si era pensato di seguire il sistema in corso, tranne quei cambiamenti che l'indole diversa dei due governi rendeva indispensabile. La Giunta doveva essere composta di nove membri e di un presidente, che era il conte Confalonieri che, per la sopraggiunta malattia, era coadjuvato dall'avvocato Marocco Carlo. Nella Giunta dovevano sedere monsignor vicario generale, il consigliere Alberti per gli affari giudiziarj, don Giuseppe Pecchio per le cose di finanza; il colon-

---

(2) Già matura nel tuo seno,
  Bella Italia, fremean l'ire:
 Sol mancava il dì sereno
  Della speme, e Dio 'l creò:
 Di due secoli il desire
  In volere ei ti cangiò.
Oh ventura! e allo straniero
  Che il piè grava sul tuo collo,
 Pose il bujo nel pensiero,
  La paura dentro il cor,
 Come vittima segnollo
  Al tuo vindice furor.
Gridò l'onta del servaggio;
  Siam fratelli! all'arme, all'arme!
 Giunta è l'ora in cui l'oltraggio
  Denno i Barbari scontar;
 Suoni Italia in ogni carme
  Dal Cenisio infino al mar.
Tutti unisce una bandiera,
  Fu il clamore delle squadre,
 D'ogni pio fu la preghiera,
  D'ogni savio fu il voler;
 D'ogni sposa, d'ogni madre
  Fu dei palpiti il primier.

BERCHET.

nello Arese e l'ordinatore Brunetti per le militari; l'avvocato Tosi di Brescia, il conte Giuseppe Arrivàbene di Mantova, il conte Folchino Schizzi di Cremona, don Pietro Olginati di Como. Come fra questi ve ne erano pochissimi iniziati al segreto, così si sarebbero informati, e rilevato il loro assenso appena avvenuto il cambiamento e duranti ancora le forze del momentaneo Governo militare d'occupazione.

Si ritenevano le Delegazioni provinciali, cui si sarebbe dato nome di Prefettura, traslocando gli attuali Delegati, ed a pochi di essi sostituendo antichi Prefetti. Fra questi furono nominati Somenzari e De Cristoforis. Si conservava tutto il personale subalterno, salvo quelli da allontanarsi per origine e per principj. Si sopprimeva la direzione generale di Polizia, date le ispezioni della Polizia amministrativa ai municipj, e quelli della giudiziaria ai tribunali.

Questi venivano interinalmente conservati nel loro stato, e compatibilmente colle circostanze degli individui, volevasi mantenere lo stesso personale; l'agenzia di finanza si faceva anch'essa continuare cogli stessi metodi.

Ma la partenza del Bardaxi da Torino, gli arresti quivi seguiti, pei quali dovette lo scopo dell'insorgenza accelerarsi, la non preveduta abdicazione del re, la devozione di una parte delle truppe piemontesi al loro legittimo Governo, e le efficaci misure dell'autorità fecero che il piano non avesse esecuzione, ed obbligarono le persone compromesse a cercar fuori di paese un asilo che li guarentisca momentaneamente dalla giusta collera del loro principe, fino a tanto che, riordinate esternamente le cose, rinata la calma negli spiriti e la confidenza nel Governo, possano da S. M. ottenere quel perdono che ora non osano d'implorare.

Nei processi del 1821 figurò un Gio. Ferdinando de Witt Dörving, dal Piemonte consegnato all'Austria, dopo essere stato arrestato per istanza dello storico Niebhur, ministro prussiano a Roma, siccome attivissimo cospiratore, e legame dei Carbonari italiani con quelli di Germania, ch'egli avea conosciuti studiando a Jena,

A Milano egli faceva un' ampia deposizione al generale Bubna, mostrandosi informatissimo delle trame di tutta Europa, vantandosi di aver servito a tutti quei partiti, ma per tradirli, ed esser riuscito a gettare la zizania tra i fuorusciti. Di questi mostra basso concetto, massime de' nobili piemontesi, e come fossero appena da poco aggregati alla Carboneria e quali semplici Cugini; aver essi operato senza ben farsi ragione delle loro speranze, e sentirsene pentiti.

Va fatta gran parte in ciò al desiderio ch'egli avea di liberarsi; ma quel che importa è il suo insistere nel concetto di unità, che manifestavasi e nella Germania e in Italia. In Germania Hardenberg aveva istituito una società segreta a questo scopo, surrogandola alla Tugenbund, e ottenendo denaro all'uopo: ma i liberali tedeschi si accòrsero che in somma non volea farsi che una grande Prussia. In Italia i Carbonari mirar all'unità, vero scopo di tutte le loro trame. Ora l'Austria potrebbe sventarle col farsi ella stessa unitaria, cominciando dal prendersi il Piemonte, dove certamente Carlalberto non potrebbe mai divenir re.

Tutte le deposizioni de' processati in Lombardia danno questo principe di Carignano come partecipe delle trame, e capo della società degli Adelfi, diretto a portarlo al trono: suppongono fosse d'intesa col duca di Calabria per dividere l'Italia in due regni, separati dal Po: aver esortato i Napoletani a tener saldo, che ben presto egli moverebbe a loro ajuto. Ma il De Castiglia depose aver udito da Pecchio che Carlalberto, quando era pressato all'azione, rispose: — « Uccidetemi, ne avete ragione, ma io non mi sento forza ». Invece il Pecchio asseriva d'aver avuto colloquj con Carlalberto, esortandolo a pòrsi capo della insurrezione, proclamare la Costituzione spagnuola, e accostarsi alla Lombardia e Carlalberto congedandolo l'abbracciò; protestando si porrebbe alla testa degli Italiani per liberare la patria. Il Confalonieri aveva avuto e lettere e messi dal principe, e narrò che, essendo stato introdotto il Pecchio presso Carlalberto, questi, sotto pretesto di voler riposare perchè sentivasi mal di capo, licenziò tutti, eccetto l'ajutante Collegno, e in presenza di questo s'informò delle disposizioni dei Lombardi, lo eccitò a farli cooperare e sollecitar l'impresa, e mandargli indirizzi di persone notevoli (3).

Come passassero le cose in Piemonte si sa dalla Storia; ma il conte di Cardenas, allora gran fautore

---

(3) Esistono tutte riunite le deposizioni fatte intorno al Carignano da Confalonieri, da Pallavicini, sopratutto da De Castiglia.

Il 3 gennajo 1822 Metternich scriveva al governatore di Milano congratulandosi degli arresti fatti e delle prime rivelazioni avute da Castiglia e Pallavicini: e dopo varie istruzioni soggiungeva:

— « Si, dans le cours de la procédure, il se présente des dépositions à la charge de M. le Prince de Carignan, ou d'autres individus piemontais marquants par leur rang ou par le rôle qu'ils ont joué dans la dernière révolution, vous voudrez bien les rassembler avec le plus grand soin et me les trasmettre exactement, en les accompagnant de vos observations. Vraisemblablement le Ministère de S. M. sarde reclamera la communication de ces dépositions. S'il s'adresse à cet effet à vous, ou à M. le Président du tribunal spécial, vous vous montrerez constamment disposé à vous prêter à ses désirs, mais vous éviterez cependant de lui communiquer aucune pièce quelconque de la procédure concernant M. le Prince de Carignan, avant de me l'avoir préalablement soumise, en alleguant que vous avez les ordres les plus précis de vouer à cet objet une attention sévère, et de rassembler soigneusement toutes les données qui peuvent intéresser la Cour de Turin; que vous vous en occupez avec zèle; et que, des que votre travail sera complet, vous vous empresserez de le soumettre à l'Empereur, attendu que l'intention de S. M. est d'en faire part directement au Roi ».

delle scuole lancasteriane, così ne scriveva da Calasca li 27 aprile 1821:

Carissimo Confalonieri,

Non vi ho ancora fatto sapere niente di noi, dopo le vergognose e ridicole e disastrose pedemontane faccende; e provo un certo rossore ora nello scrivervi per la prima volta: sento che la posizione topografica fra le Alpi e 'l Ticino del luogo della mia nascita mi pesa terribilmente sulle spalle, e fa a me ed a' miei compaesani *portar la faccia per vergogna china*: eppure bisogna bene che io tenti la mia ventura, e che, tutto tremante di non mia vergogna, vi venga avanti per vedere se sapete discernere dal formento il loglio. Non so poi se conosciate la nostra vera storia, nè so se vi sia alcuno che la conosca affatto. Ma in due parole, degli scolari (e scolari in ogni genere) pensarono di dare la libertà, chi solamente al Piemonte, e chi a tutta l'Italia, e ciò col mezzo della costituzione spagnuola, che fu invocata di nome, ma di fatti non mai. Essi vennero all'impresa senza mezzi, senza concerto, senza armi, senza denari, e più di tutto senza giudizio e senza capo: si associarono sotto il nome di Federati. La più vil feccia della nazione, *negozianti falliti, omicidi, spie, truffatori e galeotti*, ecc. Questi furono i Federati che, con uno stile alla mano, percorsero lo Stato a piantare la bandiera di libertà, sul colore della quale ne pare non si erano ancora accordati. La giunta provvisoria, nominata non si sa come e da chi, fece e disfece atti e decreti; si investì di una orribile autorità despotica, ne emanò una parte a dei bascià, sotto il nome di capi politici, demoralizzò le armate, sconcertò tutto, ed al primo scontro scomparsa, ricapitombolò nel suo nulla. Sparvero al suo sparire i confederati, i soldati, i ministri, i capi politici, tutti, e noi restammo in una anarchia, dalla quale uscimmo cadendo sotto il giogo del conte La Tour, introduttore degli Austriaci in Piemonte, e da questa sotto l'assoluto impero del conte Revel, quello dell'affare dell'Università. Di pochi nomi che figurano nessuno lasciò traccia di sè, la quale abbia a vivere negli anni avvenire. Vilissimi si mostrarono i militari. San Marzano fu il primo a gridare si salvi chi può. I soli Lisi e La Manta si batterono per qualche momento. Lasciarono fama di gente onesta Ansaldi, e più di tutti l'integerrimo Santa Rosa, uomo eccellente, buono scrittore, ma non fatto pei grandi affari. Dubbia suona la fama di Dal Pozzo, e Marentini.... E ciò per una parte, per l'altra Giflenga e Siravegna ebbero il dovuto premio (colla loro dimissione) ai giuramenti contradditorj. Gli occhi sono ora rivolti tutti in La Tour; egli fu per qualche momento l'esecrazione di tutti, ora si guarda con occhio più benigno; si pretende, anzi si sa di certo, che egli, stretto in Novara, tentava di farci avere savie ed eque leggi, che trattava *ad hoc* col sovrano e coll'imperatore Alessandro; ma che non poteva sottoscriversi allo stacco delle cittadelle Torinese ed Alessandrina; e che egli fu costretto a chiamare l'ajuto forestiero per risparmiare il sangue, e resistere all'assalto datogli dalle truppe sedicenti costituzionali. La nazione non prese mai parte alle vicende; si era presa via troppa divergente dal retto sentiero, non si era fatto niente che animasse la confidenza, che lasciasse vedere il bene del nuovo regime costituzionale di nome e non di fatti; vi erano mescolati dei nomi troppo vergognosi perchè una persona onesta vi si volesse mischiare; ed avendo veduta la cosa da vicino, si è anzi stupiti dei pochi buoni che vi sono entrati come parte attiva. Non so se tutti ve ne avranno detto altrettanto, se tutti ne avranno parlato, e ne parleranno come, colla massima confidenza ed amicizia, io ne parlo ora a voi; vi dico ciò che ne penso, ciò che pare a me; lasciando a migliore giudizio il discorrerne più a lungo ed anche più a senno. Ma certo non vi sarà nessuno che non dica che sia stata cosa oltremodo infame e vergognosa, e che fecero bene tutti quei buoni galantuomini che non vollero avervi alcuna parte.

Vi pregherò poi di darmi delle notizie della vostra preziosa salute, di avervi ancora cura benchè ristabilito; di presentare i miei distintissimi ossequi alla pregiatissima vostra contessina, e di credermi di vero e verissimo cuore

Vostro affmo amico.

PS. Vi dirò due sole parole della nostra scuola; essa si risentì molto della scossa dei tre cambiamenti di maestri e delle vicende politiche: ora si riprende sotto la savia condotta del signor Caramora, datoci da Racheli. Quando venne da noi non sapeva ancora cosa fosse questo metodo; ora ne ha di già preso lo spirito, ed egli e i ragazzi fanno sensibili progressi.

Dopo la facile vittoria sui piani di Novara, fatati a memorabili disastri, gli Austriaci vollero celebrarla con un *Te deum* a Milano. Era da poco tempo uscito il *Carmagnola* del Manzoni, cuculiato dai *Fanfulla* d'allora; ma noi, che l'avevamo scolpito nella memoria e nei cuori, ripetevamo:

> Odo intorno festevoli gridi,
> S'orna il tempio e risuona dal canto;
> Già s'innalzan dai cuori omicidi
> Grazie ed inni che abbomina il ciel.
> . . . . lo straniero
> Vede i forti che mordon la polve,
> E li conta con gioja crudel.
> Sospendete i trionfi ed i giuochi:
> Lo straniero discende; egli è qui.

Oh come noi, scolaretti di ginnasio, trepidavamo a questi versi, noi che ora, dichiarati rimbambiti per vecchiaja, dobbiam sentire Luigi Settembrini, senatore del nuovo regno, meravigliarsi che « dopo mezzo secolo l'autore sia ancor lodato da liberi uomini e da filosofi », e quei cori esser « roba da cantare sul colascione ».

Poco dopo, il ricchissimo e splendidissimo ungherese conte Bathiany faceva benedire, sulla piazza d'arme, la bandiera del suo reggimento, e vi facea da madrina una dama, divulgata un tempo tra gli ufficiali italo-franchi, e allora tra gli austriaci. Quel giorno la folla che accorreva come ad ogni spettacolo, trovava affisso alle piante questo sonetto:

.... eterna sonerà tua fama:
Palagi, addobbi, ricche gemme ed oro
Che t'offre lo straniero ad ogni brama
De' tuoi femori è prezzo, è tuo lavoro.
    L'itala gloria, vilipesa e grama
Te non accusa già del tuo disdoro:
Astuta meretrice, è ver, ti chiama,
Ma in tutte l'opre è il primeggiar decoro
    Sol te, vigliacca, l'atto indegno accusa
Di fregiar del tuo nome ostili insegne:
Ebben, la patria il nome tuo ricusa.
    Il Ciel, nemico ognor dell'opre indegne,
L'ira in tuoni ed in folgori dischiusa,
Epoche annunzia di vendetta pregne.

Era lavoro arcano di Luigi, figlio del celebre chirurgo Monteggia, uno degli amici del *Conciliatore*, e che si procacciò salvezza fuggendo, per non più rimpatriare fin all'amnistia dal 1835. Data la stura, fioccarono sonetti, epigrammi, epigrafi, scempj come le imitazioni di moda; ma che indicavano il nascere d'una letteratura militante, a torto vilipesa da coloro che oggi s'impinguano dei suoi frutti.

XVI

GIUSEPPE PECCHIO E SIGISMONDO TRECHI.

Da ciò appare come vivamente si fosse adoperato alla cospirazione Giuseppe Pecchio, uno degli operosi collaboratori del *Conciliatore*. Propagava egli a Milano la Società dei Federali; ne tenne adunanza in una sua villa a San Siro (1), allo scoppiar della rivoluzione in

---

(1) Come si cospirasse allora lo racconta Gio. Arrivabene: — « Una mattina, era sul finir di febbrajo, capita da me Borsieri: — Presto, véstiti e vien meco. — Dove? — In campagna da Pecchio; a tre miglia da Milano; ei ci aspetta in carrozza sulla piazza. — Non posso uscir teco perchè non ho di che vestirmi; i miei panni il domestico li ha certo chiusi nella sua stanza. — Tosto rimediato, soggiunge Borsieri, manda per un fabbro e fa aprire la stanza ». E così feci, e mi vestii in fretta e partimmo.

« Entrato in carrozza, i due amici mi dissero il perchè s'andava in campagna. Trattavasi di discutere le misure da prendersi, nel caso che i moti rivoluzionarj, che stavansi preparando in Piemonte, fossero venuti ad iscoppiare, e i Piemontesi giunti in Milano. Io feci loro osservare che avevano male scelto a ciò la campagna. Se fosse d'estate, a maraviglia, nulla di più naturale; ma d'inverno, col suolo coperto di neve, lasceremo traccia di noi come le ruote sulla neve.

« Arrivati alla campagna di Pecchio, fummo ivi raggiunti da Benigno Bossi e dal consigliere Carlo Castiglia. E così

Piemonte v'accorse, ebbe convegni coi caporioni e col principe di Carignano, della cui cooperazione cercaronsi con sollecitudine le prove ne' processi d'allora.

Il Pecchio, introdotto notturnamente dal colonnello Collegno a colloquio col principe di Carignano, dicea, fra il resto, essersi colà concertato di divider l'Italia in tre regni. Il settentrionale fino agli Apennini (*sic*) sarebbe costituzionale sotto esso principe; la parte meridionale comprenderebbe il regno di Napoli, esteso fino alla Toscana; quest'ultima formerebbe un regno indipendente. Pecchio teneva infallibile la rivoluzione dacchè se ne metteva a capo il principe che, essendo erede presuntivo della corona, non vorrebbe metterla al repentaglio d'una men che sicura sommossa.

Il Pecchio ebbe tempo a fuggire, poi quando vide confiscati i suoi beni, dei quali avea fatto una vendita che supponeasi finta, pubblicò uno scritto, ove nar-

---

eravamo cinque, Pecchio, Borsieri, Arrivabene, Bossi e Castiglia. Si parlò della rivoluzione piemontese, ma stando sulle generali; nessuno sapeva, od almeno nessuno disse nulla di preciso. Si convenne che sarebbe stato opportuno il preparare i quadri di una guardia nazionale; si misero innanzi dei nomi: i nomi delle persone giudicate le più proprie a formare una giunta di Governo, a coprire le cariche le più importanti. Si fece cenno di un proclama da pubblicarsi all'ingresso dei Piemontesi in Milano, ed intorno a ciò Pecchio disse: — Spetterebbe a Confalonieri il sottoscriverlo, ma egli è ammalato; lo firmerai tu, Arrivabene ». Io me ne scusai, non per paura, ma allegando il mio nome non essere abbastanza noto in Milano da dar peso ad un proclama sotto cui fosse posto. A questi discorsi ne successero altri d'altra natura, si mangiò, si bevette, e ciascuno andò poscia pei fatti suoi. Da questo momento a quello in cui scoppiò la rivoluzione piemontese scorsero dodici o quindici giorni; nell'intervallo i cinque non si riunirono più; nessun d'essi, per quanto mi sia noto, si adoprò a mandare ad effetto le proposte misure, ed io non seppi degli affari del Piemonte se non quanto ne seppe la generalità dei Milanesi ».

rava d'essersi sottratto per paura d'esser fra i ducento che diceasi voler il Governo deportare come ostaggi: avere chiesto un passaporto, del qual atto or gli facevano colpa i compatrioti, « i quali facilmente cadono nelle insidie d'un Governo straniero, instancabile nel deturpare il nome di quei cittadini che ambiscono unica ricompensa della loro condotta la stima e la confidenza dei veraci italiani. Questo è un atroce dolore, che li accompagna nell'esiglio. Avremmo almeno sperato che i nostri compatrioti, se non potevano difendere i nostri beni dalla mano prepotente del fisco, avrebbero almeno coperto i nostri nomi dalle frecce avvelenate della calunnia ».

Erpete irremediabile!

Uscito di patria, il Pecchio scrisse molti libri, che servivano ad *alere flammam*, come l'*Amministrazione finanziaria del regno d'Italia*, i Costumi degli Inglesi, la vita di Ugo Foscolo, per la quale vien severamente giudicato dagli ammiratori di questo. Il Sismondi, collaboratore del Conciliatore, e che poi confortò i miei primi lavori come li aveva ispirati, quando il Pecchio morì scriveva all'Ugoni: — « Il était bien de ces esprits sages, qui cherchent la liberté dans l'équilibre; qui cherchent des barrières contre la fureur populaire, aussi bien que contre la tyrannie d'un seul ou du petit nombre, et sa manière toujours piquante et neuve faisait impression sur ses concitoyens ».

Qual compratore dei beni del Pecchio erasi presentato Sigismondo Trechi di Cremona, figlio dell'intendente generale delle finanze, che carcerato per ciò, ha potuto cavarsene illeso. Era un coltissimo signore, dedito a tutti gli esercizj cavallereschi e a quel leggere indefinito, che toglie il pensare da sè e il cercare da interno impulso le ispirazioni, surrogandovi quella pigrizia di spirito che si satolla di idee importate, e ch'è più nocevole perchè ha la sembianza di lavoro. Sua sorella contessa Fulvia Nava, abitante nella casa propria, sull'angolo fra la via de' Bigli e quella che ora chiamasi Alessandro Manzoni, teneva la sera circolo, dove interveniva quanto di meglio trovavasi a Milano. Essa fu, con tant'altre, amata da Ugo Foscolo. Andando il Trechi a Londra nel 1816, il direttore della Polizia l'accompagnò di una commendatizia pel principe Esterhazy, colà ambasciatore d'Austria, ma a questo ne dirigeva una privata, informandolo come « cet individu, avec des qualités aimables, a été gangréné de l'esprit d'indépendance, qui anime beaucoup d'Italiens dans ce moment. Voyageant en Angleterre, me donne bien à soupçonner qu'il pourrait avoir pour but de se ménager des rélations avec le *parti d'opposition,* qui ne cesse de fomenter sourdement les mécontents de ce pays ». Perciò l'avvertiva di farlo sorvegliare.

Di fatti, sì il Trechi che il Pecchio erano braccheggiati dalla Polizia sarda. Il conte Della Valle, primo uffiziale della R. Segreteria di Stato di Torino, informava il Governo lombardo che il Trechi in Genova usciva dall'albergo de la Ville ogni mattina alle 10, e si recava direttamente in Carignano all'abitazione della duchessa Oxford, per una delle cui figlie esso mostrava particolare premura, e vi restava sino a mezza notte. Il Pecchio alloggiava allo stesso albergo; si conduceva con gran circospezione, e solo si supponeva parlasse contro del suo Governo. Al Trechi, sospettato liberale, si intimò di partire, e non ripetere le sue corse ne' regj Stati.

La Polizia di Toscana riferiva che più volte andarono colà Confalonieri, Trechi, Pecchio, e frequentavano « soggetti d'opinioni contrarie al Governo », e si sospettò « di criminali progetti e delittuose corrispondenze coll'estero ». Nei giorni d'arrivo di corrieri si raddoppiavano lunghe conversazioni, gite in campagna dove si facevano cene e adunanze fino a notte avanzata con persone di pessima tendenza politica, « quali il marchese Pucci, l'avvocato Collini, il conte Bardi, il conte Pietro Mozzi e il suo segretario Giannelli, Cosimo Martini, Gino Capponi, Ferdinando Tartini, Ferdinando Redditi, Cosimo Ridolfi, il maggior Testa, il dott. Leopoldo Martini », ma « non s'è potuto sapere di che si trattava nelle loro sospette conversazioni ».

Nel processo il Trechi potè schermirsi abbastanza (2), e il 22 maggio 1828 il Torresani, nuovo direttore della Polizia, così sul conto di lui informava il governatore:

Eccellenza,

Il Barone Sigismondo Trechi venne arrestato da questa I. R. Direzione generale per requisitoria della cessata Commissione speciale in Milano il 6 luglio 1822, e non fu dimesso che il 10 ottobre 1823 per espressa disposizione del supremo Senato di Giustizia in Verona, che prescrisse la provvisoria di lui scarcerazione coll'obbligo di rimanere in Milano sotto rigorosa sorveglianza politica. Il definitivo giudizio 21 gennajo 1824 portò che si dovesse, pel titolo d'alto tradimento, sospendere il processo per difetto di prove legali a carico del Trechi medesimo.

Riguardo alle emergenze processuali che indussero una tale sentenza, ho l'onore di sottoporre all'Eccellenza Vostra

---

(2) A titolo di distrazione erasi fatto mandar in carcere una quantità di margheritine di vario colore, che infilava e mandava a una sua amica. Formavano un alfabeto convenzionale.

il seguente succinto estratto che, in occasione della dimissione del Trechi, la devota Direzione generale ottenne dall'I. R. Commissione speciale.

— Questo individuo si era fatto rimarcare fino dall'anno 1814 come appassionato favoreggiatore della indipendenza d'Italia, e fu uno dei deputati di Milano, che all'inglese lord Bentink in Genova presentarono i pretesi voti della nazione per un Governo indipendente (3). Le sue relazioni con Ugo Foscolo, con Pecchio, con Confalonieri, con Porro, e i suoi viaggi all'estero, e specialmente in Inghilterra, rafforzarono in lui quei sentimenti politici che alienarono il suo animo dal nostro Governo. Desso si strinse in particolare amicizia colla famiglia di lady Oxford, di cui amoreggiava la figlia Jenny, quella stessa cui il Pecchio, dopo la sua fuga, dedicò l'opuscolo rivoluzionario intitolato *Trois mois en Portugal*. È noto come questa famiglia avesse continuato anche nel 1822 ad attirare i sospetti del Governo di Francia, e come la sua abitazione fosse il convegno dei rifugiati Italiani in Parigi. Molte lettere perquisite a Trechi fanno ampia testimonianza della avversione ch'egli nutriva verso il Governo austriaco. Nei mesi che di poco precedettero lo sviluppo della rivolta piemontese, Trechi si collegò più particolarmente con Pecchio. Mentre Confalonieri, dopo il colloquio importante che ebbe nel novembre 1820 in Vigevano col piemontese cospiratore Perone, si recava a Firenze, per essere colà più alla portata di conoscere le speranze ed i mezzi del predisposto italico rivolgimento, Trechi e Pecchio si condussero a Genova. La Polizia piemontese ebbe motivo di rimarcare i loro imprudenti discorsi e il livore onde pareano specialmente animati contro dell'Austria. Da Genova si recarono a Firenze, e si

---

(3) Negli *Studj intorno alla storia della Lombardia* è scritto a pag. 91: « I partigiani dell'Austria inviavan la stessa sera del 29 aprile in segreta missione i conti Luigi Porro, Lambertenghi e Gio. Serbelloni alla volta del quartier generale di Bellegarde, per eccitarlo a marciar senza indugio a ristabilir la tranquillità in Milano ». Vedemmo come così non fosse.

unirono a Confalonieri. Si osservò come frequenti erano gli abboccamenti, anche in luoghi remoti, fra costoro e i più distinti liberali di Firenze, e Trechi fu specialmente rimproverato per il poco riservato contegno che nei suoi discorsi teneva in politica.

Nel suo ritorno a Milano, ebbe in Cremona a farsi rimarcare come un esagerato zelatore della causa italiana e del sistema costituzionale. In Milano si trattenne circa un mese, e quindi alla metà di febbrajo 1821 si recò a rivedere la famiglia Oxford a Genova, sotto il pretesto di compiere un ufficio di amicizia. Reduce da quella città, si trattenne sempre a Milano, ed era uno dei più assidui al letto di Confalonieri. Questi dichiarò che Trechi sapeva ogni cosa, e che il trovò già dal Pecchio informato di quanto si macchinava.

Trechi si prestò a firmare un simulato contratto di acquisto dei beni di Pecchio, per sottrarli in tal modo alla temuta confisca, e continuò, anche dopo compressa la rivolta del Piemonte, ad intrattenere con Pecchio una segreta corrispondenza, la quale però venne da esso distrutta. Trechi confessando la simulazione del contratto di acquisto, negò ogni sua ingerenza nella cospirazione ed ogni conoscenza di essa, e tacciò di menzogna quanto in suo riguardo deponeva Confalonieri. Sommi erano gli indizj che colpivano questo inquisito, ma la sua negativa costante lo sottrasse da ogni condanna. Se però vi fu motivo di credere che Trechi fosse iniziato nella cospirazione Lombardo Piemontese, e che vi avesse anche con del denaro cooperato, non pare però che esso vi abbia rappresentato una attivissima parte, imperocchè la leggerezza del suo carattere, e la superficialità del suo ingegno non lo rendevano atto nè a concepire, nè ad eseguire vasti e pericolosi disegni.... »

Il Trechi (segue il Torresani) è assai comodo possidente, senza pesi di famiglia, e la di lui sorella Fulvia, maritata contessa Nava, vive agiatamente nella casa maritale, considerata fra le benestanti famiglie di Milano, nè conosco altri titoli personali che rendono meritevole di speciale appoggio l'istanza di ambedue i ricorrenti (*di passaporto*), militando anzi contro il Trechi il manifestato animo costantemente contrario all'attuale felicissimo sistema anche dopo la sua liberazione. A Vostra Eccellenza non è ignoto di quali imprudenze ne' suoi discorsi e nei suoi scritti egli si renda colpevole anche attualmente, e con quale avidità egli avvicini tutti li orestieri inglesi e francesi che qui giungono e puzzano di liberalismo.

XVII.

MANZONI.

Il Trechi, sparpagliato in tutte le società di Milano, *arbiter elegantiarum,* era familiarissimo di Alessandro Manzoni, al quale somministrava giornali e novità, e col quale conversava può dirsi ogni sera; e spesso ci spassavamo udendo le argute e sofistiche opposizioni che egli faceva ai ragionamenti e politici e religiosi del gran poeta: il quale a vicenda spassavasi a scioglierle colla potente sua dialettica.

Il Manzoni negli ultimi anni diresse una bella lettera a questo « amico di quasi mezzo secolo », per torgli « la trista e quasi irragionevole certezza che tutto finisca con questa vita », ed esortandolo a cercar nelle credenze cristiane quella serenità che non poteva avere dallo scetticismo, e imitar lui che, « in quarant' anni dacchè fu da Dio richiamato, non ha cessato mai un momento di benedire quella chiamata » (1). La lettera era del 29 luglio 1850: al 21 agosto il Trechi moriva.

Manzoni, dagli amici di Francia aveva assorbito l'odio contro Napoleone; e il suo nome è il 102 nella lista di quelli che, l'aprile 1814, protestarono contro l'invio del Senato per domandare che Beauharnais fosse re d'Italia.

Dappoi si esaltò per Murat, « delle imprese alla più degna accinto », sperando unisse sotto di sè l'Italia tutta, nella persuasione che « liberi non sarem se non siam uni ». Ora certamente egli era legato d'amicizia a molti dei collaboratori del *Conciliatore* e cospiratori, e credendo alla venuta de' Piemontesi, avea preparata un'ode, che poi tenne gelosamente nascosta fino al 1848; sfavillante di patriotismo, sebbene v'appaja quella moderazione, che fu il distintivo del suo operare. Salutava i Piemontesi che, varcato il Ticino, giuravano non vi sarebbero più barriere fra l'Italia e l'Italia, nè la si potrebbe più scindere in volghi spregiati, ma libera, una d'armi, di lingua, di sangue, di leggi, di cuore. Nè dovrebbe la sua redenzione a stendardi stranieri, ma ai suoi figli, armati de' proprj dolori e stretti intorno ai santi colori. E agli stranieri intimava: « Strappate le tende da una terra che non vi è patria ».

Egli allora dimorava a Parigi, donde il 6 aprile 1820 al marchese Alessandro Visconti d'Aragona, altro degli implicati ne' processi d'allora, scriveva questa lettera, affatto inedita:

---

(1) E questa e interessanti lettere di Foscolo ho prodotte io ne' *Paralipomeni su Ugo Foscolo*, nell'*Archivio Storico Lombardo* 1876, marzo.

Carissimo e pregiatissimo amico,

Aspettando di giorno in giorno una occasione sicura, ho tardato finora a rispondere alle due vostre, veramente carissime lettere: finalmente quando stava per iscrivervi col mezzo della posta, l'occasione si presenta, e ne approfitto per esprimervi la riconoscenza e l'allegrezza ch'io provo nell'essere da voi assicurato che mi considerate d'ora in poi come un amico. La vostra indulgenza per me, la mia stima per voi, e la nostra conformità di sentimenti suppliranno, io spero, a ciò che l'antica consuetudine accresce all'amicizia, e se il Cielo concede il corso ordinario alla nostra vita, questa consuetudine, che ho così felicemente cominciata, me la renderà più gioconda o meno penosa.

L'idea del vostro progetto di viaggio, che mi era stata così cara quando voi me la deste la prima volta, ora la vo allontanando dalla mente, e cerco di fermarmi sulle ragioni che mi possano render probabile che sia mutato di parere, giacchè pel nostro soggiorno a Parigi il piacere di rivedervi e di essere con voi è per me allontanato. Noi abbiamo risoluto di anticipare il nostro ritorno a Milano: la speranza di un miglioramento nella mia salute era il motivo che aveva determinato la mia famiglia ad intraprendere il viaggio di Parigi, ed a farvi qualche soggiorno: ma questa speranza, accresciuta sul principio da qualche buon indizio di successo, è ora affatto svanita, e invece ne abbiamo un poco nell'effetto del secondo viaggio e nell'aria patria. Ai miei incomodi abituali si aggiunge qui la impossibilità di occuparmi, cagionata dalle distrazioni inevitabili anche a chi vive solitario in Parigi, e dalla mancanza di comodi, e questo ozio forzato mi lascia più tempo per sentire più intensamente il mio malessere. Noi contiamo dunque di ritornare verso la fine di maggio. Oh possiamo trovarvi ad Affori!

Ricevete le più vive e sincere congratulazioni di tutti noi pel parto della gentile e rispettabile vostra signora moglie (2),

(2) Vittoria, figlia del marchese Maurizio Gherardini di Verona, e vedova del marchese Girolamo Trivulzio, al quale

e per l'aumento di una famiglia, che, giova sperare, vi rassomiglierà pel bene di questo cantuccio che abitiamo. Son ben contento che le scuole di mutuo insegnamento corrispondano alle vostre intenzioni ed alle cure che voi ed alcuni altri benemeriti nostri concittadini hanno date a questo stabilimento. Certo io ne spero molto bene, e un bene scevro da quegli inconvenienti che vengono in Francia da una opposizione ostile, insensata e sistematica, e da una reazione non sempre moderata nè sana, che questa opposizione provoca e simula. Per fare il bene senza scoraggiamento e senza passione, per resistere agli ostacoli senza furore e senza malignità, bisognerebbe essere angeli: di questo non ve ne ha in nessuna parte del nostro pianeta, e se ve ne avesse in Francia non so come farebbero a non diventare un po' diavoli, quando si vedrebbero attraversati, insultati e minacciati ad ogni passo. Quando all'idea di fare il bene si mischia il gusto di far rabbia a qualcheduno, il bene è guastato, e questa tentazione è forte assai in un paese dove vi ha degli uomini così nemici del bene e del senso comune, che farli arrabbiare par proprio una vittoria pel senso comune.

Addio, caro Visconti, il tempo mi manca per trattenermi più a lungo, ma spero compensarmene presto. Vi prego di scrivermi e di trovarmi costì. Presentate, vi prego, l'omaggio del mio rispetto alla vostra signora moglie, gradite i complimenti di mia madre e di mia moglie, fatemi la grazia di salutare per noi la buona Angiolina, e credete alla inalterabilità dell'amicizia, colla quale mi protesto

affezmo amico
ALESSANDRO MANZONI.

Il nome di Manzoni non comparve in quei processi, se non qualche volta annunziando d'essersi trovata

---

aveva generato la Cristina, famosa in letteratura e in politica col titolo di Principessa Belgiojoso. Alessandro Visconti n'ebbe tre figliuole e un maschio, ancor tutti vivi.

presso qualche arrestato « la riprovevole ode in morte di Napoleone ».

Il 2 gennajo 1821 il Borsieri scriveva all'Ugoni:

Non mi dimentico questa volta di far sapere al caro conte Maggi (*di Brescia*) che Manzoni è tutto assorto nel comporre una nuova tragedia intitolata *Adelgiso*. La seconda parte della *Morale Cattolica* o non comparirà mai a questo mondo, o ci vorrà gran tempo prima che l'autore si ponga a scriverla. Doveva anche dirti nelle altre mie lettere che Manzoni è stato gratissimo al dono del conte Maggi. Fagli ora questa comunicazione, insieme alle mie scuse ed ai miei saluti.

.... Ho saputo che la *Revue Encyclopédique* porta nell'ultimo numero un lungo articolo di Sismondi, in commemorazione di De Breme e del *Conciliatore*. Puoi immaginarti se leggerei volentieri questo numero: ma qui non ne è permessa la distribuzione.

Altrove abbiamo detto, e, se la vita ci basti, più lungamente diremo della partecipazione del Manzoni a quel ringiovanimento letterario e politico che allora si tentava. Qui serva accennare come alla baruffa romantica egli era intervenuto col sal samosatense, cantando l'*ira d'Apollo*, e di aver veduto questo Dio (*credi, se il vuoi, volgo profano*) dal castel Baradello minacciare co' suoi strali Milano perchè v'era uno che insultava agli Dei. Il poeta gli protesta per Leucotoe, per Giacinto, per la gentil Coronide, per Dafne, che un solo è reo, mentre tutti i Milanesi dal Cordusio e dal Bottonuto gli dirigono voti, e nessuno semina senza invocar Cerere, nessun tenta impresa senza interrogare la delfica cortina, ed egli, il poeta, si protesta, « o numi santi, umilissimo servo a tutti quanti »: e lo supplica a usar « le misure energiche sol contro l'empio schernitore ». E l'ottiene, e il Dio si contenta di negar a questo l'onda castalia, il lauro, l'aura di Pindo, il corridor volante; sicchè il poeta prorompe:

> Santi numi! egli è spacciato!
> E come vuoi che, senza queste cose,
>   Ei se la cavi? — « Come può? » rispose (3).

Una scuola come quella del *Conciliatore*, ove una plejade passionata pel bello e pel bene, in pagine nelle quali si risente troppo l'ardore della battaglia, voleva risvegliare il sentimento di fede e di patriotismo, guadagnare le sane intelligenze a una causa sostenuta con ardore e coraggio, doveva apprezzare in Manzoni l'arte squisita, congiunta al meraviglioso cristiano, che negli *Inni* produce un'armonia compita, e ne fa il lavoro di lui più originale e da nessuno raggiunto.

Che se il Monti lodava l'*Urania*, e Foscolo i versi *in morte dell'Imbonati*, invano ripudiati poi dall'autore, nel *Conciliatore* G. B. De Cristoforis deplorava che gli Inni, usciti già da alquanti anni, rimanessero ignoti all'Italia. « Qual premio serbasi oggimai in questa benedetta penisola ai pochi alti intelletti, che, schivi dal contaminarsi delle brutture dell'adulazione,

---

(3) Era un'anticipata risposta al Monti, che, nel famoso Sermone sulla *Mitologia*, cantava:

> Oh me meschino!
> Spenti gli Dei, che del piacere ai dolci
> Fonti i mortali conducean, velando
> Di lusinghieri adombramenti il vero:
> Spento lo stesso re dei carmi Apollo,
> Chi voce mi darà, lena e pensiero?

Ma al Manzoni stesso poteva opporsi questo suo detto: « La discussione prese pur troppo un certo colore di scherno, come per lo più accade. Ora in tutte le quistioni trattate scherzevolmente, v'è più vantaggio nell'attaccare che nel difendere ».

e del vizio dell'imitazione servile, generosamente trattano l'armonica arte della parola per amore del vero e per brama di diffondere nobili consigli, ed esempj di giustizia e di carità? Non oro, non applauso di popolo, non solenni onorificenze: vediamo all'incontro la discortese indole degli stessi concittadini sorgere armata d'invida critica, e la fama scemare ai buoni intelletti, e fin anco il riposo colla maligna opera della calunnia ».

Sempre gli stessi rimproveri, e non mai l'emenda.

In uno strano articolo sopra il Manzoni, inserito nella *Rivista Europea* del novembre 1874, si fa Manzoni non solo conscio, ma cooperatore alle trame del Confalonieri. Tutto quel racconto è fuori del vero. Manzoni era conservatore, perchè liberale convinto, e credeva libertà fosse il rispetto di tutto ciò, e solamente di ciò che è onesto.

XVIII.

PELLEGRINO ROSSI.

Il Confalonieri ne' suoi viaggi erasi fermato a Ginevra, allora abbellita da Sismondi, De Candolle, Chateauneuf, De Saussure, Dumont, Bonstetten, Prevost, Broglie, da madama Necker, dai due Pictet. Pellegrino Rossi, che, per avere favorito Murat, e forse steso il famoso proclama di Rimini, era dovuto uscire d'Italia fin dal 1815, aveva colà ottenuto una cattedra, e la protezione di quella adunanza d'uomini insigni (1). Egli scriveva al Confalonieri:

21 novembre 1819.

Nous avons une société étrangère assez bonne. Le Duc de Bassano est très-aimable, la Duchesse est charmante. L'ex femme de Jérome Bonaparte a un forte joli minois. Des Russes, des Polonais, des Français, des Suedois, enfin c'est une

---

(1) Ergendosi a Carrara una statua a questo illustre carrarese, fu stampato un elogio di lui, ove, recandosi il giudizio da me pronunziato sul suo Diritto Penale con un'ammirazione che non toglie di ragionare, è qualificato di *villania*. Nè un letterato, nè una persona civile confuta a questo modo.

véritable tour de Babel. L'autre jour en donnant une leçon, je m'amusais à conter les nations. Il y en avait huit. Hier au soir dans un salon on ne savait plus où l'on était, à cause de tous les différents jargons que l'on entendait à droite et à gauche. Il n'y manquait que de l'italien, parceque j'étais le seul *del bel paese*. D'ailleurs j'étais tant malade, et je le suis encore d'un coup de froid que j'ai pris. C'est pour cela (parcequ'enfin je ne veux pas paraitre meilleur que je ne suis) que je passe une soirée à babiller avec vous.

Mortogli il fratello maggiore, ne scriveva al Confalonieri:

Mio buon amico,

Ginevra, 23 dicembre 1819.

La disgrazia è pur troppo vera, ed il colpo è terribile. O gran Dio! Son dunque destinato a veder perire tutti i miei, anche quelli che per l'età e per la salute loro dovevano chiudermi gli occhi; e restarmi solo io, pianta già troppo sbattuta! Non ho più con chi risguardare il presente. Era il solo compagno ed amico della mia infanzia: una vera amistà ci legava. Tutto, tutto svanisce d'intorno a me.

Miei cari, conservatemi la vostra amicizia: ne ho gran bisogno. Se anche gli amici vivi mi abbandonano, che mi resta? I Ginevrini sono buoni, e molto, per me. Nascondo più che posso il mio dolore per gratitudine. Meritano questo sforzo, che è pur terribile.

Cedendo ai consigli, mi sono sforzato di riprendere le mie occupazioni di dovere. Ma le idee non ci sono. Faccio, ma non lavoro. È una macchina che opera senza aver la coscienza di quel che fa.

La vostra lettera è partita subito. Sgraziatamente il penultimo corriere del Sempione mancò, a causa di un torrente straripato. Non l'ho avuta che ieri. Le ho fatto prendere, per più speditezza, la via di Francia. Sarà più cara a Londra, ma guadagnerà due giorni in celerità.

Voi sapete quanto io amerei far qualche cosa in servizio

vostro, quindi prevaletevi liberamente. È anzi questo un modo di richiamarmi alla vita; di farmi sentire che non sono un peso affatto inutile sulla terra, se posso servire in alcun che all'amicizia. Addio, miei cari; amate sempre

il vostro Rossi.

Mio ottimo amico,

Ginevra, 29 gennajo 1820.

La vostra lettera è un vivo testimonio della bontà del vostro cuore. Bisogna avere una bell'anima per sapere spargere tanto balsamo sulle ferite dell'amico. Voi l'avete sparso in un cuore riconoscente; in un cuore, ove il vostro nome è scritto dalla mano dell'amicizia la più sincera, e nulla varrebbe a scancellarlo. Io benedirò sempre il giorno che vi condusse a Ginevra, e l'uomo che v'ispirò il pensiero di conoscermi. Io non tardai a scoprire in voi l'unico, degno di portar questo nome, e quanto più da vicino vi ho esaminato, e veduto agire, tanto più mi son raffermato nel mio primo giudizio, e tanto più vi ho amato.

Ho letto con vera soddisfazione quanto mi avete scritto intorno al mutuo insegnamento lombardo. Lasciate a me il pensiero del resto. Se fossi libero, vi direi, Sarà fatto dimani. Ma due corsi che camminano di fronte, l'uno all'Università, l'altro all'Ateneo, mi caricano di occupazione in modo, che ho bisogno, alla lettera, *di rubare* i momenti per far altre cose e per rispondere ai miei amici. Ma statene certi, che anderete innanzi alle cose mie.

Ho pur trovato un ritaglio di tempo per leggere il manoscritto. Eccovi liberamente la mia opinione, *per voi*. Vi ho trovate di molte buone, vere ed utili cose. Supponendo che i risultati sieno esatti, di che non dubito, è un trattato rimarchevole di pubblica economia pratica. Ma ciò non ostante, deesi stampare? Ecco un'altra questione, al tutto indipendente dal merito intrinseco del lavoro. Stimo impossibile trovare nè qui nè a Parigi uno stampatore che voglia incaricarsène, neppure se l'autore volesse darmi il manoscritto. Siate certo, e ne ho prove positive per qualche altro mio amico, che i libraj francesi son sì ingolfati nelle cose loro, e sopratutto nella loro politica, che son persuasi di non trovare lettore per tutto il resto. Quindi ricusano persino i manoscritti francesi, e sovra soggetti dilettevoli, a meno che non sieno di un autore già celebre; allora il nome supplisce alla prevenzione, o per meglio dire la fa nascere. Ma per un manoscritto italiano, per un soggetto sì grave, e relativo a un paese pel quale (è forza dirlo) nessuno più s'interessa, vi giuro che non degnerebbero neppure di farlo esaminare. La stampería di Ginevra non serve quasi più nulla. Tutto al più qualche ristampa alla macchia, di operette aventi una grandissima voga e di un nome celebre, ecc., e cose simili.

Sicchè che fare? Converrebbe che l'autore lo facesse stampare a sue spese: oppure, che è più, converrebbe che trovasse a Parigi un *editore responsabile*; altrimenti nissun librajo lo stamperà. Vi dico tutto questo, ripeto, per esperienza fatta de' miei amici. Ora regolatevi.

Noi abbondiamo in lettere, perchè crediamo che esse goivino ancor più che le *Memorie* a far conoscere le persone, queste essendo scritte di proposito deliberato e per mostrarsi al pubblico, generalmente in busto, anzichè in figura intera; mentre le lettere sfuggono giorno per giorno dalla mano e dal pensiero, nè più si ha la facoltà di correggerle. Seguitiamo dunque.

12 febbrajo 1820.

.... Spero che riuscirete nel progetto di stabilire una Compagnia comica, che non sia vagabonda, pezzente e ignorante, come sono in generale le Compagnie italiane. Al diletto che procaccerete con ciò ai nostri concittadini riunirete il decoro dell'Italia tutta, poichè allora soltanto le composizioni drammatiche italiane perverranno a poter gareggiare colle straniere, e le nostre scene cesseranno infine di far rabbia e pietà. Nato il teatro, nasceranno gli autori. Siano poi romantici o classici, poco importa, purchè sieno buoni. Abbiasi un Racine o uno Schiller, ma abbiasi qualche cosa. Tous les genres son bons, excepté l'ennuyeux.

In altra del 26 febbrajo 1820, dopo annunziato il suo matrimonio, poscrive:

La celebre Madame Necker, cugina di M. de Staël, e certamente una delle più illustri donne viventi, si reca in Italia. Ve la dirigo. La sua fama è europea, dopo specialmente il suo scritto su Madama de Staël. Conoscerai una donna rara per l'ingegno, per le profonde e veramente straordinarie sue cognizioni, e per la sua bell'anima. « Elle a tout l'esprit qu'on me donne et toutes les vertus qu'on desire »: dice la Staël. Merita che v'incarichiate di farle conoscere Milano. Vien con suo marito, sindaco di Ginevra: buon uomo: un po' *ultra*: sua moglie ha ingegno che basta non solo per due, ma per dieci.

Il Rossi, in quel tempo, scriveva al barone Vernazza, secretario dell'Accademia di Torino, invitandolo a collaborare ad un giornale scientifico letterario, che desse a conoscere all'estero i meriti letterarj dell'Italia.

XIX

GINO CAPPONI E I TOSCANI.

Fra le lettere del Confalonieri ne abbiamo una di Gino Capponi, ove raccomandavagli il Tartini, uno de' Georgofili, intimo del marchese Ridolfi, impiegato e fautore delle scuole Lancastriane (1). E gli diceva:

Mio caro amico,

Il signor Tartini che ti presenterà questa lettera, è uno de sostegni delle nostre intraprese liberali toscane, specialmente di tutto quello che riguarda l'educazione e le scienze economiche, delle quali è distinto coltivatore. Ha viaggiato in Inghilterra ed in Francia per acquistare dei lumi, che possano poi impiegarsi pel vantaggio del suo paese. Dunque deve conoscerti, benchè non si fermi che momenti a Milano e può servire come ponte di comunicazione fra due attive officine di avanzamento italiano. Presentalo ai *Conciliatori*

---

(1) Conosciamo un libro, stampato a Pistoja il 1818, *Della necessità d'introdurre nelle scuole primarie toscane il metodo di Bell e Lancaster, Memorie* dei signori F. Nesti, L. Serristori, F. Tartini-Salvatici, e C. Ridolfi, socj di varie accademie.

parlagli delle cose nostre, e invitalo a tenerci informati di tutto quello che si farà di buono in Toscana. Ti chiedo questo con istanza, come tratto di benevolenza per me e per il nostro caro paese. Addio, ti scriverò un'altra lettera, che riceverai forse prima di questa.

In un'altra del 1.° maggio 1821, il Capponi esortava Confalonieri a venir a riconfortare la sua salute a Lucca o a Varramista, e non differir troppo il lungo viaggio, che aveano divisato di fare insieme. Così l'avesse ascoltato!

Nei *Ricordi*, p. III, che si stamparono postumi, egli scrive:

Correva in quegli anni tra noi qualche lettera, sempre però innocentissima, eccetto due sole che mi bisogna qui accennare. Un giorno, tral 20 e il 21, il Confalonieri mi chiedeva con grande sollecitudine una commendatizia al Carignano: mi parve strano che avessero sì tardi pensato a entrare in discorso, e senza me non potessero, quei due che parevano tenere le fila di tutte le pratiche per la liberazione dell'alta Italia. Ma senza indugio inviai la lettera; scrivendo in molto semplici termini che il conte Confalonieri avendomi espresso il desiderio di visitare una scuola fondata dal Principe nel suo reggimento, io pregava questo ad accoglierlo coll'usata cortesia: allora le scuole d'insegnamento scambievole erano in credito e in grande voga tra' liberali d'Italia.

Fatto è che il Carignano e il Confalonieri non s'abboccarono mai; di questo almeno mi tengo certo. A Vienna però giovava credere che tra loro due fossero state pratiche lunghe, e farlo credere alle altre Corti per ispossessare il Carignano della successione piemontese, ad essa chiamando il Duca di Modena. Quindi la sottigliezza dei processi, che poi ricaddero sulla testa di pochi lombardi, ne' quali soli era la congiura, se congiura sono i desiderj manifestati e i disegni ad aria senza ordinate macchinazioni. E quindi poi la visita fatta dallo stesso principe di Metternich in Vienna nel carcere al Confalonieri, e la grazia offertagli, e se non volesse dire al Metternich ogni cosa, l'Imperatore lo ascolterebbe (2). Quel che si legge scritto dall'Andryane di quel colloquio è sostanzialmente vero: ed hanno istorica importanza i documenti francesi pubblicati dal Gualterio, per quello che spetta alla esclusione del Carignano. In Torino era Giuseppe Pecchio, ingegno ed animo disuguale, a quelle pratiche male atto; e l'esservi andato una volta da Milano, in compagnia del Pallavicini, quell'anima candida é a me amicissima di Gaetano De Castiglia, gli fruttò poi dodici anni di prigionia nello Spielberg.

Corse poi voce che il Carignano dicesse al Bubna ogni cosa, e che gli desse in mano le lettere; ma bene poteva quella voce essere calunniosa, siccome quella di cui giovavansi e le passioni degli Italiani e gli interessi degli Austriaci, e quanto a me, è vero che i giudici del Confalonieri più volte richiesero di potermi esaminare, al che si oppose validamente il Granduca Ferdinando. Ma fuori anche di quella lettera, carteggio frequente e famigliarissimo di cose politiche era tral Confalonieri e me; sempre però sulle generali, perchè allo stringere non mi pareva che fosse gran fondamento in quei disegni, nè verità nei concetti, e con molti di coloro che mestavano in quelle pratiche non mi era caro impacciarmi: se mi avessero interrogato, col mantenere costantemente ch'io nulla sapeva mi sarei forse acquistata lode di scaltrissimo accorgimento e di spartana fermezza.

Il Capponi nel 1819 da Parigi scriveva a G. B. Zannoni secretario della Crusca:

..... Mi diverto, trottando sul cielo delle carrozze di diligenza, a far progetti per un giornale da pubblicarsi in Firenze, e quando son fermo, raccolgo materiali, i quali mi rappresento che possono poi servire e porre in esecuzione

---

(2) Qui sopra infirmammo questa asserzione.

quest'idea che intanto mi rallegra e mi impegna. Ho già qualche amico che mi ha promesso soccorso; e se i soccorsi saran calcolati sul bisogno, lo faremo.

E al 2 novembre 1820 informa Pellico di un nuovo giornale ch'egli intendeva cominciare a Firenze, esortandolo a dargli qualche articolo col nome o senza, e avergliene promessi Berchet e Borsieri. Il Capponi, negli ultimi suoi giorni, da me interrogato in proposito, mi assicurava che in cospirazioni egli mai non trescò; e che, ad imitazione della *Rivista d'Edimburgo* e della *Trimestrale*, ideava un giornale, che fu poi recato ad effetto dal Vieusseux coll'*Antologia*; ed aggiungeva:

È vero che nella prima età pensavo ad una storia di Pietro Leopoldo, e ho molti documenti su quell'argomento, dei quali vorrei che altri una volta si servisse: per me non era, chè di cose amministrative non seppi mai nulla, e solamente almanaccava sulle ecclesiastiche e sulle politiche. In questo ho compito qualche scartafaccio anche del mio (3).

Un confidente dell'alta Polizia di Milano, che, sotto il pseudonimo di Luigi Morandini, dava interessanti notizie intorno alla Romagna e ai paesi contermini, da Bologna alcuni anni dopo scriveva:

Nella Toscana, o almeno in Firenze, regna più moderazione e tolleranza che tranquillità ed ordine. Non che vi siano sedizioni o sommosse, ma i delitti vi sono atroci ed orribili, le disposizioni governative non troppo osservate: ed il Governo non pare che ispiri quel timore, in cui è riposta la migliore risorsa per reggere uno Stato. E se quel Governo, con quel suo principio di liberalità e d'indulgenza assoluta per i malcontenti, fosse in tutt'altro paese, avrebbe a quest'ora sofferto qualche calamità. Ma i Toscani sono sempre

---

(3) Di fatto qualche cosa ne comparve negli Scritti Inediti.

stati, e si mantengono nella maggior avversione a tutte le
sì vantate riforme de' novatori: quindi per parte dei sudditi
il Governo può riposare certissimo che non vi ha minimamente da temere in ordine alle cose politiche. Il piccol numero di geniali del liberalismo viene tenuto a freno dalla
gran maggioranza del partito della legittimità. Se non che
mi è pur sembrato un gravissimo disordine la tanta impunità che in Firenze si accorda ai liberali rifugiati da altri
dominii. E fossero questi almeno grati e devoti alla bontà
di quel sovrano: ma essi lo denigrano, dipingendo come un
uomo debole, troppo divoto, schiavo dei preti e propenso al
dispotismo. Le quali cose ho io udite dalla bocca di più d'uno
tra quelli che, senza quel Principe e quel Governo, dovrebbono andare fuori d'Italia per trovare un asilo. E vi osservai una specialità di quei liberali, che non ho rilevata nei
nostri paesi. Essi non solo confidano nelle rivoluzioni e nelle
guerre, ma cercano di fare quanto è in loro potere onde
(dicono essi) illuminare il popolo, e prepararlo a gustare i
benefici effetti di un regime costituzionale-liberale. A questo
fine è specialmente diretto il giornale l'*Antologia*, e il Gabinetto Letterario, da cui si pubblica; il tutto diretto dal
signor Gio. Pietro Vieusseux, ginevrino d'origine e da più
anni stabilitosi in Firenze. Quest'uomo si è fatto il centro
del liberalismo, e lo dice apertamente collo spiegare le ragioni del suo operato, tanto nella direzione del Gabinetto,
quanto nella pubblicazione dell'*Antologia*. « Io potrei fare
(mi diceva egli) diverse imprese letterarie, pubblicando opere
di celebri autori e lucrando assai; ma io preferisco di attendere al Giornale e al Gabinetto, che servono alle mie viste ed allo scopo prefissomi di estendere in Italia le massime
liberali; e a tutto preferisco la gloria di essere alla testa
degli uomini che debbono diffondere i principj *generosi*. Ho
escluso ormai dal mio giornale ciò che è di letteratura non
applicata alla filosofia e alla politica. Voi vedrete anche in
quest'ultimo fascicolo come si parla del Monti e come delle
barbare istituzioni vigenti. Niuna occasione sarà trascurata
onde diffondere nel pubblico il necessario disinganno sugli

errori che aggravano il popolo ». (Il fascicolo credo che sia quello di ottobre che si pubblica ora: ma sentite le più grosse).
« Io so che sono odiato dai re; che il principe Metternich mi vorrebbe bandito; che il duca di Modena, *il gran bargello d'Italia*, mi vorrebbe in galera, che il papa anela di avermi nelle prigioni dell'Inquisizione, ma *l'amore del pubblico bene*, e la *gloria* che mi viene dalle mie occupazioni mi fa trascurare ogni pericolo; e veramente questo è l'unico paese d'Italia dove conveniva tentare la mia impresa ».

Queste sono parole da me udite, con molte altre, dal signor Vieusseux, uomo che presso i liberali è della maggior importanza, ed è centro del liberalismo di tutta Firenze. Che se di lui vi ho parlato a lungo, e parlerovvi ancora, egli è perchè mi è veramente sembrato che quel signor Vieusseux e quel suo stabilimento siano ciò che di più importante possa offerirsi in giornata nella città di Firenze.

Oltre le specialità sovra esposte, il signor Vieusseux tiene una conversazione il lunedì sera d'ogni settimana, alla quale non sono ammesse le donne, ancorchè fossero letterate. Il suo Gabinetto letterario è frequentato da chiunque paghi le tariffe prescritte, ed è permesso a qualsiasi l'ingresso. Ivi ritrova il pascolo di una quantità immensa di fogli periodici, fra i quali i più liberali che esistano; ed oltre ciò, una copiosa e scelta libreria di opere geografiche, politiche e rivoluzionarie, le più recondite e pericolose. Viceversa nella conversazione settimanale del signor Vieusseux non sono ammesse che persone da lui invitate, nulla si paga, e la sala è molto propria, e ben servita a rinfreschi. Le persone che vi si ammettono sono per lo più letterati o uomini per qualche titolo distinti. Dico *per lo più*, perche fui invitato anch'io che non sono nè letterato nè uomo distinto. Tutti quelli che frequentano quel circolo sono però necessariamente conosciuti per uomini professanti liberalismo. Ivi si parla a crocchi o in società generale, e le materie sono politiche o letterarie, o di arti o d'altre, ma sempre applicate alla promozione del liberalismo, e non di rado mettendosi a rigoroso scrutinio la condotta di principi e loro ministri.

Io v'intervenni la sera del lunedì 1 dicembre. Mi si disse che in quella sera l'adunanza era poco numerosa. Non ostante eravamo una ventina. Fra questi rimarcai due francesi, i signori Saint Aignan e Bugnot (salvo che abbia bene scritto i cognomi) liberali fra le famiglie dei pari di Francia; il marchese Gino Capponi, il più famoso cavaliere e liberale della Toscana, il signor Tommasèo di Sebenico, il signor Fortis nipote del celebre Sismondi, il signor Domenico Valeriani letterato, il professor di Pisa, ora dimesso come insegnante il materialismo, dottor medico Uccelli, il signor Giordani, oltre varj altri che non ebbi agio di conoscere. Fra questi fuvvi il ministro della chiesa protestante, perchè appunto al Vieusseux cogli altri suoi correligiosi è riuscito di avere in Firenze una chiesa pel culto protestante; e fui anzi invitato ad intervenirvi nella prossima domenica, ma non ebbi l'agio.

Nella prefata conversazione parlossi molto delle novelle politiche; si lodò la Francia, si biasimò l'Austria, e si vituperò qualche altro principe. Si promossero discorsi, tendenti a mostrare la necessità di eccitare in Italia lo spirito di associazione, come il mezzo più atto a dar vita alle dottrine de' liberali. Per quello che parvemi, tutti gli astanti si mostrarono di un solo partito e di una sola opinione. La conversazione rimase sciolta poco prima della mezza notte.

Ho conosciuto in Firenze il marchese Airoldi siciliano, il famoso presidente del Parlamento di Sicilia. Mi parve persona molto disingannata sulle fazioni politiche. Non ebbi però agio di trattarlo lungamente.

Avrei amato potervi dire di più del marchese Capponi, e un più lungo soggiorno in Firenze me ne dava occasione, ma egli partiva il dì dopo che gli fui presentato, e sarebbesi trattenuto fuor di Firenze col general Coletta napoletano, 10 o 12 giorni. Coletta è sempre occupato a scrivere la storia di Napoli, la quale mi dicono che non potrà essere stampata se non a Bruxelles, e il Capponi scrive la storia del Granducato di Toscana sotto Pietro Leopoldo (4); anzi un amico

(4) Vedasi qui sopra a pag. 193

avendo inteso che io avevo notizie particolari di quel governo, mi pregò a comunicargliele. In fatto molte cose ne udii dal senator Gianni, ministro di quel Principe, uomo famoso nelle materie economiche, del quale io godei in mia giovinezza una singolare benevolenza......

E sempre quei Toscani e il Gabinetto Vieusseux furono lo spauracchio della Polizia: e dopo la rivoluzione del 1830 lo stesso Luigi Morandini le scriveva:

Se in Siena le nuove politiche di Francia sono ricevute con la maggior indifferenza, non è il medesimo in Firenze: dove la generalità vi ha preso gran parte, e dovunque se ne parla; ed ho veduto i caffè affollati di gente ansiosa di leggere i fogli francesi; dei quali vi è colà grande abbondanza. Non vi dico poi nulla del Gabinetto scientifico letterario del signor Vieusseux, dove si trova qualunque giornale più interessante possiate desiderare. A questo non vanno le persone, ma si affollano. Tuttavolta, se mal non mi appongo, eccettuati alcuni pochissimi fanatici, i Fiorentini non sono in ismania o in desiderio di rivoluzioni. Ma ciò che colà è fomento a discorsi, a vociferazioni d'ogni maniera, proviene dallo sfacciato contegno dei molti malcontenti esteri, ivi rifugiati. Non ci vuole meno di una popolazione generalmente devota al proprio Governo, perchè tali esteri non fossero cagione a gravi disordini. Nelle conversazioni, ne' luoghi pubblici istessi, si parla della rivoluzione di Francia, e si lodano i rivoltosi, e si scherniscono i reali, e s'insulta ad altri principi di prim'ordine in un modo, che ben fa travedere le loro ree intenzioni.

Centro a questo disordine è il Gabinetto Letterario del ben noto signor Vieusseux. Ivi si radunano i più famigerati liberali e settarj, fra i quali il Montani, il Giordani, il marchese Gino Capponi, un Pirazzoli esule d'Imola, carbonaro conosciuto, un Manuzzi e un Montalti preti di Romagna, un conte Leopardi, ma questi meno acceso di ognuno; un Tommasèo, un Fortis, e tanti altri. Non v'ha dubbio che tra questo club e i liberali di Francia non vi sia corrispondenza. Un d'essi me lo ha positivamente assicurato, aggiungendomi che questa corrispondenza è antica, e serve a tenerli informati e a metterli anche in prevenzione avvertiti delle mosse diverse. La corrispondenza stessa è pure con la Svizzera, particolarmente con Ginevra. Finalmente non manca di appoggi per l'Italia, e singolarmente negli Stati pontificj e in quelli di Napoli. E vi avea parte il più volte nominatovi ex-generale Coletta di Napoli; ma ora è egli assai gravemente ammalato. Quello che più è ad essi di fastidio, lo trovano nelle Corti di Napoli, di Modena e di Vienna. Dicono però che il re di Napoli è malato di guisa, che non ne guarirà: che il duca di Modena dovrà uscire d'Italia, e che la Corte di Vienna cesserà d'influire sull'Italia tosto che si potrà ottenere di farla impegnare in una guerra colla Francia. Nè fra tanti vaneggiamenti e tanti odj dimenticano il principe, che generosamente ha loro dato asilo ne' proprj Stati, perchè, sapendolo essi religioso e divoto, unitamente alle principesse, eglino si fanno debito di pubblicamente deridere il sacerdozio e i riti e i dogmi stessi della religione, annunziando e protestando che, per i preti, e tutta la *canaglia* ecclesiastica, l'ultima ora è sonata. Io sono stato testimonio a simili particolari, e so di più che sono stati appuntino con più atroci contumelie ostentati in faccia al segretario del Nunzio, certo prete Rossi che credo genovese. E perchè nulla manchi alla loro gratitudine verso il real sovrano di Toscana, essi scherniscono il medesimo, ed eccovi un fatto. Io passeggiavo con un liberalissimo: incontriamo un uomo, e il mio compagno comincia a parlare senza ritegno. Si accorge che quegli fa un atto di maraviglia, ed esso lo accerta che io son persona sicura. Allora quell'a me incognito comincia ad entrare in particolari, che lo tengono tutti i dì occupato, e fra gli altri di un tumulto nato a Dresda fra cattolici e protestanti, tumulto nel quale diceva esservi state delle percosse, e ridendo continua: — « Sapete? Si assicura che anche il *signor Leopoldo* ha ricevuto qualche sassata ». Restato io solo col mio compagno, seppi che l'incognito era il dottor Pirazzoli, e che fra loro era convenuto di chiamare il Gran Duca per ischerno il signor Leopoldo!

Secondo quei liberali, l'Italia non sì tosto verrà *liberata*, quando non preceda una guerra con l'Austria: doversi però sentire le risoluzioni di un tal gabinetto. Nel caso che l'Austria si accordi con le innovazioni di Francia, essi credono che convenga disporre l'Italia stessa ad *odiare i preti e la tirannide* con i mezzi della stampa: quindi vi è progetto di spedire alcuni a Marsiglia o Lione a farvi stampare un'opera o giornale periodico, diretto ad *illuminare* gl'Italiani, pubblicandolo appunto in lingua italiana, e facendolo poi da accorti emissarj distribuire per l'Italia. Conosco chi è disposto di porvisi alla testa, e a qualche amico nostro fu chiesto di esserne cooperatore con la penna e col farlo circolare. I liberali capaci di scrivere che rimarranno fissati in Italia pel detto giornale, avranno luogo di mandare ai giornalisti italiani fissati in Francia materiali d'ogni genere per compilarlo. Tutto questo ho inteso da quel medesimo, che certo sarebbe ben capace di dargli nome, essendo uno dei più accreditati nostri prosatori.

Dall'espostovi di sopra e da altre minutezze che tralascio per non esservi troppo fastidioso, è chiaro che in Firenze vi è positivamente un centro di liberalismo e un centro operoso, autorevole ancora sopra i liberali di varie parti d'Italia, in ispecie degli Stati pontificj, del Napoletano, ecc. Che appresso il Vieusseux esista il punto d'unione non ne dubito: e parrebbemi ottimo consiglio aver ivi persona di credito, che godendo la confidenza di quei malcontenti, fosse prontissimo a saperne le mosse o i progetti. Ma non sarà facile il ritrovarlo, perchè sono essi fatti ombrosissimi di tutto e di tutti, ed ogni minima parola che isfugga, ogni benchè minimo sospetto li fa passare quel tale dal numero degli amici a quel delle *spie*. Sul qual proposito udii aver essi anche stabilito di usare la politica di non mostrare a quei tali presi in sospetto, di crederli infedeli, ma solamente di nasconder loro i segreti del liberalismo; perchè (dicono) in questo modo quei tali credono di esser sempre alla nostra confidenza e così non ne vengono di nuovi a sorprenderci. Fra quelli che tengono apertamente emissarj de'loro nemici vi fu un certo Cazzaniga che viaggia ed accompagna sempre una cantante chiamata l'Ekerlin (5): ed ora vi è un certo Gaetano Barbieri, autore di un giornale teatrale in Milano e da alcun tempo venuto a Firenze (6), benchè mi osservasse l'amico che il Barbieri venne prima che giugnessero le notizie dei grandi avvenimenti di Francia.

Quest'è ciò che principalmente ha fermato la mia attenzione nella mia corsa a Firenze. Stimai ciò bastevole ad avervi servito, nè volli, come suol dirsi, sforzare la carta, sul pericolo di lasciare di me qualche anche tenue dubbiezza; la quale mi renderebbe inutile per tutto l'avvenire. Usai anzi di due avvertenze che stimai indispensabili: l'una di mostrare di quando in quando non curarmi di notizie politiche, affinchè non nascesse il sospetto che le ricercassi; l'altra, che mi facevo molto pregare prima di lasciarmi condurre dagli altri liberali, scusandomi che non avevo tempo, ecc., e così potei dai pochi avere quello che stimai bastevole, senza avventurare punto della solita confidenza.

Napoleone Murat che vive in Firenze e credo ivi maritato, ha mandato il dono di 60 luigi accompagnato da una lettera, per i feriti di Parigi nella rivoluzione.

E poco dopo:

.... Un certo signor Troya (7), autore di un libro sul *Veltro allegorico di Dante*, mi disse nell'anno scorso di essere occupato di alcune memorie storiche sul regno di Napoli. Il Troya è un profugo napoletano, che stette del tempo in Bologna, e poi ne partì, recandosi a Roma, dove credo che si trovi tutt'ora. Pareva che la intenzione di questo scrittore

(5) Quel desso di cui femmo cenno a pag. 7.
(6) Di questo sciagurato abbiamo belle e fine relazioni, che faceva alla Polizia, introducendosi, come uomo di lettere, in tutte le conversazioni e società e fin nelle reggie di Torino, di Firenze, di Lucca.
(7) È il celebre Carlo Troya, autore della Storia d'Italia e alla fine ministro del re Ferdinando II.

si fosse di occuparsi soltanto della storia antica di detto regno. Il medesimo è uomo liberalissimo, e fu alto impiegato ed uno dei compilatori della *Minerva*, durante la rivoluzione napoletana.

Ma quello che ha scritto in Firenze la storia di Napoli, e distintamente quella de' nostri tempi, è il signor Coletta, profugo napoletano, rifugiato in Toscana. Egli ne era occupato ancora del 1828, allorchè io fui a Firenze. I letterati liberali fanno di quest'uomo i più grandi elogi, chiamandolo d'ingegno maraviglioso, e scrittore uguale a Tacito. Io lessi qualche suo articolo nell'*Antologia*, che mi parve non oltrepassasse il mediocre. Bensì credo che al lavoro di quella storia sia concorso l'assistenza e l'opera di alcuni distinti letterati, il marchese Gino Capponi, il conte Giacomo Leopardi, e più di tutti Pietro Giordani, col quale il Coletta passa da solo le ore ed ore quasi giornalmente. Il Giordani in fatto parla della storia di Napoli scritta dal Coletta, come di un miracolo. A quel che intesi, la storia avrebbe appunto ad essere terminata, ma ignoro se si stampa o dove. Di ciò vado a fare le opportune ricerche, e sarò poi ad informarvene. Non vi è dubbio che la storia non sia scritta pienamente nel senso dei liberali. Il Coletta fu generale nelle truppe di Gioachino, e credo anche ministro della guerra. Vive esule dalla patria, e trovatosi in un circolo a Firenze dov'era il re di Napoli, egli non gli avea fatto alcun atto di rispetto, e vantavasi di avere *sdegnato perfino di salutarlo*, indicandolo con termini molto oltraggiosi.

XX.

LEOPARDI E FOSCOLO.

Giacomo Leopardi, che qui vedemmo citato ripetutamente, non prese parte nè al *Conciliatore* nè al Romanticismo: cantò l'Italia, ma come un antico, guardando maestosamente le sue grandezze classiche, compiangendone il decadimento, ma non mirando a rialzarla, anzi disperando di questa morta, e mettendo in riso i tentativi di rianimarla, come fece colla *Batrocomiomachia*. E sebbene il Montani con gran lodi gli predicesse ch'e' diverrebbe il poeta dei Carbonari, fa meraviglia come nelle poesie nè nelle lettere non faccia alcun cenno degli ordimenti d'allora. Considerando il mondo come regolato da una sinistra fatalità e da morbi cronici come quelli che affliggevano lui, mentre gli scrittori del *Conciliatore* avevano fiducia nelle opere, speravano nel progresso, e il sacrifizio giovare, se non altro, per l'avvenire, e che nulla va perduto, che i mali d'oggi fruttano pel domani, egli con monotona desolazione vedeva l'umanità andar sempre al peggio: l'esistenza esser un male, l'uomo il trastullo d'una potenza maligna:

> A noi le fasce
> Cinse il fastidio: a noi presso la culla
> Immoto siede e sulla tomba il nulla

Poichè si direbbe che la persecuzione d'allora si dirigeva principalmente contro i letterati, mal poteva sfuggirne Ugo Foscolo. Caduto il « bello italo regno » era egli emigrato in Svizzera, poi in Inghilterra, perseguitato dall'invidia e dai proprj vizj, ammirato non amato. Si denunziò alla Polizia lombarda che a Londra pubblicavasi un giornale *La bella italiana* (*L'abeille italienne!*), alla cui testa era Ugo Foscolo. Forse in conseguenza di ciò la Commissione speciale domandava alla Polizia notizie sul conto di lui; e questa rispondeva:

« Foscolo, ex-capo squadrone, poco dopo il reingresso degli Austriaci in Lombardia, emigrò; fu nella Svizzera, nella Francia, e poscia si è stabilito a Londra. Qui non è più ricomparso ».

Non bastando queste indicazioni, altre se ne domandarono, e il 5 marzo 1823 erasi scritto

Al Rettor Magnifico dell'Imperiale Regia Università di Pavia.

Mi vien supposto che Ugo Foscolo non abbia cessato dalla cattedra che copriva in codesta Regia Università per effetto del decreto 15 novembre 1808, ma piuttosto sia stato rimosso dalla cattedra medesima per ragioni particolari e personali. Io la incarico quindi di fare accurate indagini negli atti di codesta Università, e trasmettermi quel decreto o dispaccio o quella notizia qualunque, che in essi si ritrovasse relativamente alla cessazione o rimozione del Foscolo.

D'ADDA.

Rispondeva il rettore dell'Università, l'11 marzo:

Eccellenza,

A fronte delle più scrupolose indagini ripetute negli Atti della Cancelleria ed annesso Archivio di questa Imperiale Regia Università, non si è potuto rinvenire altro documento relativo alla cessazione del signor Ugo Foscolo dalla cattedra di eloquenza italiana e latina, fuorchè il decreto 15 novembre 1808, portante l'abolizione delle cattedre speciali nelle Università, e quindi anche di quella di eloquenza sopracitata. Niuna notizia conseguentemente si è potuta raccogliere rispetto alla persona del signor Foscolo, se sia cioè stato rimosso dalla cattedra anzidetta per ragioni particolari e personali. Quando ciò fosse, potrebbesi rilevare dagli Atti del ex-Ministero dell'Interno, oppure da quelli della cessata Direzione Generale di Pubblica Istruzione.

Tanto mi è duopo partecipare all'Eccellenza Vostra in evasione del venerato dispaccio 5 corrente, N. 293.

CAIROLI.

N. 524, geheim.

Al Rettor Magnifico dell'Imperiale Regia Università di Pavia.

Io la incarico, signor Rettore Magnifico, di disporre in modo che, nel prospetto degli studj di codesta Università, che si stampa annualmente, venga pel tratto successivo ommesso il nome di Ugo Foscolo nel catalogo de' professori emeriti.

Al Direttore degli Archivj governativi in S. Fedele.

Mi occorre di sapere se, negli atti del Ministero dell'Interno, o della Direzione Generale di Pubblica Istruzione del cessato regno, trovisi qualche traccia della cessazione, seguìta approssimativamente negli anni 1808 e 1809, del signor Ugo Foscolo dalla cattedra di Eloquenza nell'Imperiale Regia Università di Pavia.

Io la incarico, signor Direttore, di far le opportune ricerche in codesti archivj, e di spedirmi tutte le carte a ciò relative, che le fosse dato di rinvenire.

15 marzo 1823.

D'ADDA.

Ecco la risposta del 20 marzo alla

Presidenza di Governo.

Dagli Atti, che, in esecuzione di venerato dispaccio riservato 15 corrente N. 469, vengono qui rassegnati in quattro fascetti, si raccoglie che il signor Ugo Foscolo, nominato con decreto 18 marzo 1808 alla cattedra di Eloquenza nell'Università di Pavia, sia poi in detto anno, per decreto 15 novembre, pubblicato colle stampe, cessato dall'impiego, siccome altro dei professori compresi nelle abolite cattedre, fra le quali quella di eloquenza faceva parte.

Nonostante però tale cessazione, si trova che egli continuasse i suoi servigi a tutto ottobre 1809, come lo annuncia la lettera di riscontro al Ministro della Guerra, 2 febbrajo 1811, N. 789.

PERONI, *direttore degli Archivj*.

Più estesa è la relazione del Direttore generale della Polizia al governatore Strassoldo:

N. 387, protocollo secreto.

Eccellenza,

Ugo Foscolo appartiene a civile famiglia dell'isola di Zante. Esso nacque nell'anno 1772 (1). La natura fu a lui prodiga di talenti, e lo studio lo arricchì di molte letterarie cognizioni. La prima produzione del Foscolo fu il romanzetto sotto il titolo di *Jacopo Ortis*; successivamente diede alla luce un opuscoletto critico sul poema intitolato la *Chioma di Berenice*. Si produsse in seguito coll'operetta sotto il titolo *I Sepolcri*. Illustrò successivamente le opere di Raimondo Mon-

(1) Dovea dire 1777, 26 giugno.

tecuccoli, e finalmente si fece conoscere colla tragedia l'*Ajace*, componimento che gli attirò l'animadversione del principe Beauharnais per la circostanza che in esso vedevasi adombrata sotto critico velo la politica di Buonaparte.

Ugo Foscolo giunse in queste contrade nell'anno 1797. Altri due di lui fratelli lo raggiunsero. Militava il primo d'essi nelle truppe italiane, e fu dappoi aggregato a quelle di S. M., e nell'anno 1817 faceva questi parte del reggimento Reali Dragoni N. 6. Il secondo si rese suicida per sottrarsi all'infamia, della quale erasi coperto derubando in Bologna un commissario di guerra.

I principj del Foscolo erano assolutamente democratici, e di essi faceva ostentazione senza riserva. Abbracciò, appena entrato in queste provincie, la carriera militare, e col favore de' talenti suoi, e con quello che specialmente gli era accordato dal tenente maresciallo Pino, giunse ad ottenere il grado di Capitano, senz'avere però mai militato in guerra.

Fu ben anche destinato a professore di eloquenza nella Università di Pavia. I di lui principj però, e la caparbietà sua nei medesimi, fecero sì, che, nella sua prolusione, desso argomento di gravi osservazioni contro di lui; motivo per cui fu immediatamente rimosso dalla cattedra, sulla quale deve avere seduto soltanto una volta.

Le politiche vicende dell'anno 1814 rianimarono lo spirito del Foscolo, compresso soltanto dalla forza morale, che in lui dovevano inspirare li non meritati beneficj del passato Governo. Licenzioso ed ardito perciò, si agitò nell'epoca dell'aprile di detto anno, e percorrendo quindi i quartieri dell'in allora guardia nazionale, infiammava i cuori dei componenti la stessa all'indipendenza italiana, e li invitava alle corrispondenti sottoscrizioni.

Dell'opera di questo energumeno si valse ben anche la Reggenza di quel tempo, inviandolo a Genova presso Lord Bentinch, onde sollecitare gli uffici di quel politico militare a favore dell'immaginata indipendenza italiana. Tale missione e l'apostolato del Foscolo furono premiati coll'elevazione del medesimo al grado di Capo Squadrone.

Diminuita la speranza degli Indipendentisti Lombardi per l'arrivo delle truppe austriache, e per l'inutilità della missione a Parigi presso le Potenze coalizzate, il Foscolo si slanciò nel partito dei Wilson e dei Macferlan, i quali, nell'anno 1814, tenendosi in Milano, soffiavano nel cuore, diggià acceso, dei fautori e promotori della libertà. Fatto però esso segno dell'attenzione delle superiori autorità, e conoscendo che le cose d'Italia camminar doveano in un senso diametralmente opposto ai di lui desiderj, prese Foscolo il partito di recarsi nella Svizzera, e di là poi portossi a Londra, ove deve trovarsi tutt'ora.

Anche in quella capitale il Foscolo si mantenne somministrando materiale ai giornalisti, e come meglio l'Eccellenza Vostra scorgerà da copia di rapporto, che giunse un tempo a questa Direzione Generale sul contegno ed opinione dello stesso in quella città.

Tali sono le notizie ch'io sono in grado di sottoporre alla cognizione dell'Eccellenza Vostra, a riscontro dell'ossequiato dispaccio 20 gennajo scorso, n. 527.

Milano, 17 febbrajo 1825.

TORESANI.

Ecco la memoria annessa:

Ugo Foscolo trovasi da tre anni in Inghilterra. Egli dimora abitualmente in Londra, alternando ora una vita splendida ed in evidenza, ora una vita meschina ed oscura. Al primo suo sbarco nell'isola egli fece professione di principj eminentemente liberali. La sua reputazione letteraria e politica, e l'entusiasmo del suo carattere lo introdussero nelle più distinte società del paese, ed in quelle segnatamente che appartengono al partito dell'opposizione. Ebbe quindi lusinghiera accoglienza presso lord Holland, presso il conte Grey, ed altri ragguardevoli personaggi di simile colore, e si legò con Wood, con Wilson, da lui conosciuto in Italia, e con tutti quelli che sono più pronunciati contro il Ministero.

Ma appena si era egli introdotto nei circoli più brillanti di Londra, che, accortosi della preponderanza del Ministero, e persuaso di poter trarre miglior suffragio da quel partito, affettò abborrimento al sistema democratico, e tenne un linguaggio ed una condotta tutta diversa da quella che prima aveva seguito. Agognava egli ad un posto importante, che la Corte d'Inghilterra aveva stabilito di conferire ad un Greco nel governo delle Isole Jonie, e fu questo il principale motivo del suo cambiamento.

Avvenne però che Foscolo non fu preferito, ed allora si gettò di nuovo nella contraria opinione; ma non vi trovò gli stessi sentimenti di stima e di confidenza. Per riparare a questo danno della sua fama ricorse alla letteratura, e propose al librajo Murray una nuova edizione dei classici italiani, offrendosi a farne la scelta e l'illustrazione, ed a curarne la stampa. Il contratto fu presto conchiuso, e Foscolo fu assicurato di trecento lire sterline per ciascun volume che si sarebbe pubblicato. Ma la naturale inquietudine ed incostanza di lui fece rompere ogni intelligenza, e Foscolo fu costretto a vivere a spese dei suoi amici, procurandosi denaro a prestito da ognuno che conosceva, e ritirandosi dalla società alla scadenza delle sue obbligazioni, per ricomparirvi poi quando trovava un nuovo sovventore.

Egli non è più famigliare nè di lord Holland (2), nè del conte Grey, nella casa dei quali frequenta ancora, egli è vero, ma a spese del suo amor proprio. Vive di più con Wood e Wilson, e scrive articoli per tutti i giornali. Più d'ogn'altro ne contiene la *Rivista d'Edimburgo*, e ne somministra anche nei giornali politici di qualunque partito. La cosa è nota in Londra, e finisce di rovinarlo nel concetto delle classi elevate della società. Ultimamente scrisse una Memoria sopra Parga, che fu assai gustata: e generalmente nelle sue scritture tratta o dell'Italia o della Grecia.

Tutti gli Italiani di riguardo che passano in Inghilterra cercano di Foscolo, ma ben presto se ne disgustano. Trechi, Confalonieri, Cicogna furono i più costanti nella convivenza con lui. Egli ha estese corrispondenze in Italia, e segnatamente con Firenze e con Venezia. A Milano si crede che

---

(2) Vedasi a pag. 134.

corrispondenti altri non abbia tranne il Confalonieri, col quale sempre si mantiene vivo nella memoria di codesti suoi amici, e somministra loro notizie e lumi.

Questo basta, e d'avanzo, per togliere gli scrupoli a chi facea dubitare che il Foscolo condiscendesse alla restaurazione austriaca, perchè era stato invitato a collaborare alla *Biblioteca Italiana*. Già sopra ci furono vedute le sue relazioni con Pellico e Confalonieri, e come fosse disgustato dei profughi italiani che affluivano a Londra, e che su lui pure avevano versato il fiele della diffidenza e della malignità.

Giovita Scalvini, che fu sempre parziale di Foscolo, e gli si serbò amicissimo fino alla morte, di lui scriveva: — « Vanta spesso il cuore, ma senza avvedersi scambia spesso il caldo della sua testa con quello del suo cuore. Avidissimo di fama, egli non è nè adulatore nè servo, perchè si è accorto che il mondo onora chi tale non è. Si adira spesso e grida, perchè ha veduto che gli uomini si contengono col timore. Tutti i suoi gravi movimenti, il suo sogguardare, il suo silenzio vengono dalla sua testa, calcolatrice degli effetti di tutte queste ciarlatanerie. La spontaneità non la trovi in nessuno dei suoi scritti.... L'ingegno suo si può paragonare ai raspi, che danno ancora del sugo violentemente pigiati, mentre il vero ingegno è come i grappoli, che, punti appena, gemono il liquore soavissimo.... Foscolo è per me un mistero ».

Lettere del Foscolo a Sigismondo Trechi furono stampate pocanzi dal signor Domenico Bianchini, piene d'amoretti, di scontento, di egoismo, rivelantesi attraverso al buon cuore. Fermandoci ai tempi del *Conciliatore*, eccone alcuna, non prodotta dal Bianchini.

1821, Londra, 2 maggio.

Stagione carnevalesca per gli altri, per me di lutto e di vergogna, e tu sai, e voi tutti sapete il perchè.

Mio caro Sigismondo,

La mia lettera ti sarà data dal signor Yeates Brown, amico mio carissimo, e degno d'essere amico di tutti gli amici miei. A lui ho dato alcuni, anzi quasi tutti i fogli stampati fino ad ora della *Storia di Parga*, ecc., ecc., ecc. Ma il libraio teme *ora* di pubblicarla, e gli amici miei me ne sconfortano perchè *ora più che mai* temono l'*Alien Bill*, ed ora dove anderei? Brown ti dirà il resto. Addio.

L'amico tuo Ugo Foscolo.

Londra, 30 giugno 1821.

Sigismondo mio,

Tu hai lasciato qui molte donne, alle quali tu bramavi che le nostre potessero somigliare; e se alcune le sono tali da farne vergognare d'essere italiani, non è colpa loro, ed è merito della natura se non le sono peggiori, ma pur troppo

    Natura non può star contro al costume.

E il cielo perdoni ai loro sciaguratissimi padri, che non hanno voluto nè potuto forse educarle un po meglio; e solo quando il cielo avrà, se avrà mai, pietà dell'Italia, allora le donne nostre saranno le migliori e le più utili educatrici della mente e dell'anima dei loro concittadini.

Or tu, Sigismondo mio, perchè se' partito innanzi ch'Ella tornasse dal continente, tu non hai conosciuto Lady Compter, alla quale assai rare donne somigliano, e a quanto io mi sappia, nessuna: e perchè il divino spettacolo della grazia, della virtù, dell'altezza d'animo e dell'ingegno riunite all'avvenenza femminile, ti rende beato, ed è spettacolo di cui tu sei degno ammiratore, io voglio che tu vegga in Italia la donna che non hai potuto vedere in Inghilterra, ed ella si degnerà di farti arrivar la mia lettera, e di parlarti dell'amico tuo, che per molte ragioni pubbliche, che tu sai, e per altre che stanno nelle mie viscere, vive tristissima vita, e non ha altro conforto se non se la certezza ch'ei può essere mortalmente piagato, ma non mai piegato. Addio con tutta l'anima.

L'amico tuo Ugo.

Sigismondo mio,

Ti raccomando dalle viscere dell'anima il più caro amico ch'io abbia in Inghilterra, e la certezza ch'ei sarà ben accolto dagli amici miei, mi consola tanto quanto della sua lontananza; tanto quanto, perchè perdo in lui quasi tutto: quand'oggimai da un anno egli ajutavami a tollerare questa faticosa mia vita, ed il suo ingegno animava e abbelliva i miei scritti, e ov'ei non li avesse tradotti, forse, Sigismondo mio, e senza forse, non avrebbero trovato molti lettori. Vorrei ch'ei potesse portarti le cose stampate; ma viaggia in guisa, che a stento potrà riporre nella sua valigia un opuscoletto su la storia di Napoli del 1799; e te lo presterà da leggere, e dal frammento vedrai s'io abbia o no ragione di struggermi di desiderio fino a tanto ch'io abbia una volta scritto la storia italiana, miserabile ma utilissima, de' miei tempi, dall'anno 1796 al 1816. All'amico mio Collyer, ed ei ti darà questa lettera, ho dato alcuni indizj perch'ei possa raccogliere per me, non foss'altro, la serie de' giornali politici stampati in Milano, e il *Bollettino delle leggi*, tanto ch'io abbia *date* certe, da che le *date* son nella storia come le battute son nella musica. Da Collyer saprai di me e del mio spinoso lavorare, che se giova per l'*oggi* non frutta mai tanto da sanare i guaj del *jeri*, nè acquetare le sollecitudini pel *domani*. Ma sia così! Del resto il signor Collyer, oltre all'essere dottissimo, è bello e compitamente gentiluomo; però le signore alle quali lo farai conoscere, ti saranno gratissime. Or addio dalle viscere dell'anima. Addio.

Tutto tuo U. F.

Londra, sabbato 5 novembre 1821.

XXI.

CAMILLO UGONI.

A Brescia ci conduce, e a lungo ci tratterrà, uno dei principali collaboratori del *Conciliatore*, Camillo Ugoni. Il Monti la diceva abbondante di buoni cultori della bella letteratura sopra tutte le città del Regno, e in fatto vi fiorivano i due fratelli Ugoni, gli Zambelli, Luigi Lechi (1), i Fenaroli, i Maggi, Francesco

---

(1) Di Giuseppe Lechi, generale rinomato come troppo amico dell'oro e della bellezza, seguendo Murat nel 1814, eccitava i Toscani alla rivolta. Orrida pittura ne è fatta alla Polizia in occasione ch'egli venne arrestato mentre tornava dal disfatto esercito napoletano nel 1815. Morì del cholera nel giugno 1836.

Il signor Giuseppe Gallia, nei *Ricordi funebri* letti nell'Ateneo di Brescia il 26 marzo 1876, dice che a Luigi Lechi va perdonato molto perchè molto odiò, cioè odiava la dominazione forestiera. I Lechi furono de' più infervorati contro Venezia, italiana, e per sottometter Brescia ai Giacobini forestieri. Teodoro, quattordicesimo dei 19 figli del conte Faustino Lechi, erasi premunito d'un brevetto di soldato francese, prima di ribellare Brescia. Entrato nell'esercito francese, da Civita di Castello si fece regalare lo *Sposalizio* di Rafaello, che a Milano vendette per 3500 zecchini. Fu barone dell'impero e generale di brigata, e fu in tempo di giovare

Gàmbara, l'avvocato Febrari, G. B. Soncini, l'architetto Vantini, i pittori L. Basiletti, Alessandro Sala, G. B. Gigola, il Tosi, Angelo Griffoni Santangelo, Girolamo Martinengo traduttore di Milton, il prete Zamboni, Camillo Brozzoni, il barone Girolamo Monti ospitale e attivo che morì di 89 anni nel 1872, i poeti Bianchi, Bucelleni, Arici, il tragico Scevola, Benedetto del Bene traduttore di Columella: Federigo Borgno di Bobbio, stabilito a Brescia, tradusse in latino i *Sepolcri* di Foscolo e di Pindemonti (2): aggiungiamo l'ardito ti-

e giovarsi della rivoluzione del 1848. Luigi fu arrestato anch'egli nel 23, e perciò venuto in rotta con Antonio Bianchi, ne cercò invano la riconciliazione per mezzo del Mompiani. Come a buon giudice dell'armonia, Foscolo gli declamava la sua *prolusione* prima di recitarla in pubblico. Nel *Vaticinio della rondine* egli difese l'Arici, il quale poi cantò la la penisola del Benaco, dal Lechi comprata e abbellita. Tradusse Laerzio e Museo grammatico: descrisse la tipografia bresciana del secolo XV, e gli incunaboli raccolti donò alla biblioteca Quiriniana.

(2) Ugoni scrivea a Foscolo da San Benedetto di Mantova, li 13 aprile 1808:

Carissimo amico,

Ho ricevuto la lettera tua a San Benedetto, ove con infinito piacere leggo la bellissima traduzione, che Orazio Borgno ha compiuta de' tuoi *Sepolcri*; alcuni tratti mi pajono migliori nel suo latino. Te la manderei, se sapessi come. Tu non hai se non da indicarmelo, per averla subito. Faccio qualche osservazione al tuo poema. — L'upupa non è, parmi, animale notturno. — Ulisse aveva egli dei cavalli in Argo? Suo figliuolo ha ricusato quelli che gli furono offerti in dono, *Non est aptus equis Ithaca locus*.

Godo, che tu abbia ricevuto il noto denaro, e che alla fine di maggio sia io per avere il tuo secondo volume del *Montecuccoli*. Borgno ti saluta caramente, ed io con lui. Sta sano.

Brescia, 18 dicembre 1809.

Carissimo amico,

Ma che? Avete voi obliate tutte le dolci affezioni dell'amicizia? Borgno ed io non facciamo che scrivervi, ma si grida

pografo Nicolò Bettoni, l'antiquario Gio. Labus, Stefano Morcelli sommo epigrafista: i berneschi Anelli autore delle *Cronache di Pindo*, e Grossi delle *Rime piacevoli d'un Lombardo*; G. B. Pagani, già capo di quella loggia massonica, poi conservatore delle ipoteche, fortunato dell'amicizia di Alessandro Manzoni; Giovita Scalvini che tante cose cominciò.

Camillo Ugoni, nato il 1784, fu educato ne' Gesuiti a Parma. Foscolo, allora acquartierato a Brescia come capo battaglione, ne vide i componimenti primi, e gli scriveva di non stamparli. « Giovane, libero, agiato, educato alle lettere, bello di costumi e d'ingegno, voi prodigalizzate questi aurei doni perchè vi manca l'arte di usarne. Riservate il vostro nome a un'opera che lo faccia degnamente conoscere. L'Italia abbonda di sonettini, favolette, epigrammi, traduzioncelle; tocca forse a voi ad accrescere il numero degli autori non ricordati che ne' cataloghi? Non mirate a premj di accademie, ma aspirate a lode vera, giusta e perpetua; disdegnate la vanità e amate la gloria: sagrificando all'arte ed alla patria tutte le vostre forze, cercate nei libri, non tanto l'ornamento dell'ingegno, quanto la dignità dell'animo ».

al deserto. Borgno ha più ragione di me di essere in collera con voi. Dopo la traduzione, che ha fatto del vostro Carme, pareva in diritto di avere almeno una vostra lettera. Confessate che trattate i vostri amici in modo assai strano. Avrei delle cose a scrivervi sul secondo volume del vostro *Montecuccoli*, ma a che pro, se voi non rispondete? Mi preme più assai che mi facciate sapere (per mezzo di vostro fratello, se mai voi nol possiate o nol vogliate assolutamente) se delle parole *zappatore*, *guastatore*, *marrajulo* sianvi nella nostra lingua sinonimi, se si trovino in Machiavelli, o in alcun luogo del vostro *Montecuccoli*. Una scommessa stuzzica la mia curiosità su questo proposito; pregovi quindi quanto so a volermi dar risposta. Intanto vi saluto di cuore.

L'Ugoni, come deputato di Brescia, assistette a Parigi al battesimo del figlio di Napoleone; a questo dedicò la traduzione de' Commentarj

> Di quell'infaticabil Giulio, a cui
> Di magnanimi rabbia aperse i fianchi   (ANICI)

il che gli meritò il titolo di barone.

Le memorie de' sopravviventi e gli scrittori d'allora s'accordano a presentare Camillo come ricco d'ingegno e di qualità morali, bel tipo di que' patrizj provinciali, che costituivano un tempo sì degna parte della vita italiana.

Grande ammiratore di Foscolo, allo Scalvini, allora studente a Pavia e che gliene avea scritto appassionatamente, egli rispondeva da Brescia, il 25 marzo 1811:

. . . . Dell'*Ajace* di Foscolo che ti dirò io? Ti dirò, che ne aspetto una tragediona, e che intanto il primo atto e le prime scene del secondo mi hanno rapito nel paradiso del bello. Che forza! che calore in tutto! come scolpiti que' caratteri! quanto diversi fra loro! che scaltra eloquenza in quell'Ulisse, che altera dominazione in Agamennone! che calda amicizia in Teucro, che onestà e imperturbabile franchezza in Calcante!... Parmi che il sacerdote l'abbia fatto buono questa volta.... ed hai badato che i versi di quest'ultimo sono di un'armonia che sta bene in una bocca ispirata, i cui detti sono santi e profetici, e debbono essere venerandi?... Queste sono finezze dell'arte! finezze di Foscolo, e forse i caca-tragedie non le hanno!! Non mi ricordo delle parlate lunghe e importanti, se non che sono eminentemente belle, ma i brevi tratti sublimi stanno in mente.

Un Araldo. Ajace re de' Salamini.
Agamennone.   Attenda.

Che grande zitto nel teatro allora! Che brivido farà nascer questo *attenda*, pronunciato da un attore, che conosca la dignità e la maestà della scena! (5) Che torrente di fuoco e di bile magnanima e di forsennatezza guerriera sarà per quell'Ajace. Mio Scalvini, io vorrei dirlo questo *attenda*.

Sai tu, che i pantomofreni m'hanno addossato la parte di Egisto nell' *Oreste* di Alfieri. Duolmi a far da tiranno; ma ci si proveremo; non è forse il mestier più difficile. Nicolini ha tagliata la testa, e si è tolta la parte di Oreste.... se non la recita bene!!! nè io credo punto ch'ei possa far bene. Sentiremo. Vantini fa Clitennestra, e bene abbastanza: Dossi Elettra.... crepa dalle risa.... con quella voce da quattro c....
— Gelmetti nell' Agamennone da Egisto, polenta fredda e sorda.... Mompiani, Bis Toccagni, Soncini, e gli altri non li ho ancora sentiti. Giovedì rideremo a posta nostra.... Ma nè l'aria pure sappia nulla di questo; poichè io mi professo anzi altamente, e sono davvero animatore di questa impresa, e le critiche sul bel principio non son atte a far nascere un istituto, che potrà un dì onorare e dilettare questa nostra patria diletta. Io farò tutto per far bene la mia parte e perchè tutto riesca.... Ma torniamo ad Ajace.... E quel saluto così omericamente maestoso in bocca di Teucro e diretto all'Atride,

T'onori Giove, o re dei forti,

dimmi, questo saluto non ti alza egli quattro palmi da terra?

Questa *torre* del *Cesare* non anco è coperta, poichè non vogl'io murare a secco, come fanno i tiranni... Hai sentito i colpi di cannone? Sono i peti dei tiranni nascenti (4)... Tanto pericolo eravi che mancassero padroni e bastonatori alla pecorona razza degli uomini!! Anche Foscolo, quando, accommiatandomi la prima volta da lui gli dissi, — « Vo a veder Milano » rispose mi — « A guardarlo ». Ma in due dì *guardarlo* e *osservarlo*, e voler *veder* tutto è impossibile. Ho preso dunque partito di vederlo solamente.

(3) Si sa che, invece, eccitò un riso plateale quel *re de'Salamini*.
(4) Per la nascita del re di Roma.

E ancora da Brescia il 15 del 1812:

> Qui posava l'austero; e avea sul volto
> Il pallor della morte, e la speranza.

Era notte ferma quando udii ripetutamente picchiar forte alla porta, e ripicchiar subito un'altra volta, e poi mi vidi innanzi Ugo Foscolo in arnese di fuggiasco. Pareami d'aver qui l'esule vate ghibellino. Ugo al par di lui

> lascia dir le genti,
> Sta come torre ferma che non crolla
> Giammai la cima per soffiar di venti.

In ogni altro momento mi sarei rallegrato assai in vederlo; in quell'occasione e in quell'ora il mio cuore tremava per lui, ma mi accorgeva ch'egli ama questi contrasti, e li crede atti a rassodare il carattere d'uomo e a fermentare la sua fama, e credo anch'io che l'invidia e il livore altrui ci faccia maggiori di noi stessi. D'altra parte mi assicurava ch'egli andava soltanto a Venezia a trovare sua madre, e che ne sarebbe tornato fra un mese. Fra gli altri subbietti del conversare di quella notte puoi ben credere, o mio dolce Scalvini, che l'*Ajace* non ebbe l'ultimo luogo. Me ne rese ragione. Le censure del giornale, assai delle quali non reggevano nè agli occhi pure di chi non avesse veduto la tragedia, caddero tutte. L'argomento non è *guerra d'armi*; è l'usurpazione tirannica di Agamennone, il quale, siccome fu sempre infenso ad Achille finchè visse, perchè lo invidiava e temeva la prepotenza del merito di lui, così lo è ad Ajace, il quale, dall'altra parte, re dei Salamini, furibondo pei suoi dritti calpestati, cerca di difenderli contro il re, e la guerra dell'armi è un incidente, una continuazione, una conseguenza della lotta fierissima tra que' due, poichè l'oracolo diceva che l'armi d'Achille dovevansi al più prode dell'esercito, e tutto l'esercito proclamava tale Ajace, e malgrado ciò, le armi si vorrebbero dare ad Ulisse.

Quanto alla scena di cui mi parli, a me non parve servilmente imitata da quella d'Alfieri; bensì osservai che il verso d'Achimelech

Ragion dirò, s'ira di re nol vieta,

e uno di Foscolo, che racchiudeva a un dipresso lo stesso senso, sono presi da Omero, e ove fosse pure alcuna somiglianza, pensa che in ambe le scene è un re che parla adirato contro un sacerdote, che tutelando il giusto, tutela un avversario; e bada che, in tanta somiglianza di circostanze, i pensieri essendo pur limitati, non si può a meno che una certa analogia non si trovi. Ma altresì che diversa guisa di vestire i proprj concetti hanno eglino Alfieri e Foscolo! Questi mi recitò gli squarci più splendidi del suo poema. Come l'antecessore è vinto dal successore nello splendore dello stile e della sentenza! Fu detto alterato il carattere di Ulisse. È tratto perfettamente da Omero, da Ovidio e dagli altri, che il ritrassero. Si diceva di 700 versi il quinto atto; è di 450, un po' lungo, e un po' lunga invero tutta la tragedia, ma parrà breve a chiunque abbia un po' di gusto pel bello, pel forte, pel grande.

Qual più felice trovato, per evitare la confusione di una battaglia sulla scena e la freddezza di un racconto, di quello che il sacerdote, dall'alto d'un colle, in veduta degli spettatori, osservi i diversi casi di un conflitto, che segue fuor degli occhi degli altri attori, che trovansi sulla scena, i quali prendono viva parte a tutti quelli eventi, a' quali tien dietro l'occhio, e il pensiero del sacerdote, che li manifesta. Questo colpo di scena, ch'io credo nuovo, doveva avere ed ebbe diffatti effetto magico e teatrale. Ciò non tolse, che il *Corriere delle Dame*, tenendosi forse in debito di rallegrarle anche alla tragedia, non gettasse nel brago del ridicolo questa scena medesima, dicendo il sacerdote un telegrafo. Ma, mio caro Scalvini, quando si vuol ridere ad ogni costo, si va alla commedia; eppure i Milanesi volevano ridere e ridere alla tragedia; e risero quando Ajace sclamava — « Popoli Salamini! » poichè essi non conoscono altri salamini, oltre quelli dei loro paffuti pizzicagnoli, de' quali pasconsi più volentieri che non dell'aspre vicende del re dei regi Atride e di Ajace re dei Salamini. Però non tutti hanno un genio; e quaranta e più penne stenografiche copiavano dalla bocca degli attori quanto potevano della tragedia. Foscolo mi ha accertato che ne cominciava un' altra immantinenti; non so se l'Edipo a Colono o l'Ifigenia.

Negli *Annali di scienze e lettere* leggonsi pure varie memorie di lui, le quali tutte hanno un intento pericoloso e sublime. L'aquila ha degli artigli rapacissimi e tenaci, ma pur qualche augellino, ai cui natali rise l'ardire e la non disgiunta fortuna, scappa talora da quegli unghioni e allora la brigata ride con compiacimento, però che altri si compiace sempre di vedere sfuggire il debole al forte; forse perchè più o meno siamo tutti assai deboli!

Altra volta l'Ugoni allo Scalvini scriveva:

La Vita di Machiavello è un libro di filosofia bellissimo. Monti ignora il greco, lo sai; Foscolo ha scritto sotto al suo ritratto:

Questi è Monti poeta e cavaliero,
Gran traduttor dei traduttor d'Omero.

Ma e Foscolo pure encomia quella versione, e più gli ultimi volumi che il primo, e se trova a ridire alcuna cosa è sul primo libro, forse perchè lo tradusse anch'egli, e il conosce meglio degli altri. Questa traduzione però fa la delizia di tutti i letterati.

Vedemmo quanta parte l'Ugoni prendesse al *Conciliatore*, e Vincenzo Monti gli scriveva:

Ho ricevuto questa mattina il secondo volume del nostro Arici, e ho gittato al diavolo il Vocabolario per darmi subito alla lettura della Musa Virgiliana. Ne sono rapito. Ma voi che, come suona la voce, vi siete fatto romantico (povero Ugoni!), come avete potuto sostenere che vi si dedichi un libro così contrario ai principj della romantica epizoozia? Fuori di celia, v'ha chi vi grava di questa calunnia, ma non vi fo il torto di prestarvi credenza.

Camillo faceva allora da direttore del patrio liceo, carica che il Governo austriaco affidava a persone colte e agiate, ottenendo così, senza spesa dello Stato, quel che si cerca ora, e non sempre si ottiene, con ambìti stipendj. Egli cominciò nel 1820 a stampare la continuazione de' *Secoli della letteratura* del suo concittadino Corniani, con molta maggiore scienza e critica, e con sentimenti liberali, per cui il colossale frate Borda, lodato epigrafista, scriveva: — « Ci sento odor di carbone ». Tanto pareva allora che, chiunque sentiva liberalmente cospirasse contro l'ordine attuale! E questo criterio fu molto adoperato dagli inquirenti d'allora, e lo applicaron al nostro Ugoni.

Veramente Brescia era lavorata assai dalle società segrete, tanto che un grosso carteggio fu riservato dalla Comissione speciale all'esame e alle condanne di que' cittadini, col titolo di *Processo Bresciano*, nel quale, a dir del Salvotti, furono involte ben 200 persone (5). La giudicatura ordinaria, interpellata sull'Ugoni, attestò che nulla s'avea mai avuto a suo carico: che anzi egli credeva giovar meglio scrivendo. Giovita Scalvini era stato arrestato per titolo di turbata tranquilità pubblica, ma rilasciato.

(5) Al contrario il delegato provinciale Mazzoleni assicurava che lo spirito generale della popolazione era tutt'altro che avverso al Governo:
— « È costume dei liberali e dei radicali, come si scorge in Francia e in Inghilterra, e si vide in Napoli, in Piemonte, in Ispagna, ecc., il dire *Noi siamo la nazione, Tutti pensano come noi*. Ma il fatto ha dappertutto provato il contrario, dimostrando quanto sia tranquilla e ben disposta la massa degli abitanti d'ogni Stato ».
Pure esso delegato di Brescia nel 1820 avvertiva la presidenza di Governo che quel vescovo aveva solennizzato il giorno natalizio dell'imperatore con non sufficiente pompa, e che il *Domine salvum fac regem* era stato cantato a bassa voce.

Pure erano tenuti d'occhio come persone colte, come amici di molti inquisiti (6), come onorati della confidenza de' concittadini. Essi il sapevano, videro arrestarsi alcuni loro amici, subirono una perquisizione, per cui nella casa dell'Ugoni e dello Scalvini si colsero moltissime lettere, massime di quello a questo e dei loro amici. Pur troppo è moda, o golosità dell'inedito il pubblicare anche le trivialità epistolari, a cui più sono costretti gli uomini più conosciuti, ed è a deplorare la mancanza o di gusto o di delicatezza che ne mette fuori anche di intime, ove un uomo s'apre, non solo senza preoccupazioni letterarie, ma senza i riguardi troppo necessarj quando altri intervenga fra il labbro e l'orecchio. Ma chi onestamente pubblicasse il carteggio dell'Ugoni, che correda il processo fattogli nel 1821, avrebbe non solo un'altra prova del suo bel cuore e bell'ingegno, ma un quadro vivo de' sentimenti, delle usanze, della letteratura d'allora. Forse si modificherebbe quella diffamazione di tutto il passato, che ora si usa per farne olocausto al presente, quasi la nostra sia una nazione fanciulla, nata il 1859, auspici La Farina e Cavour.

(6) Fra altri, Luigi Porro scriveva:

Carissimo Ugoni,

Ho chiesto tue nuove ad Arrivabene, onde sapere ove trovarti, ed egli non avendone nel momento, sono obbligato a rendermi a Milano per un affare che mi preme, e verrò a trovarti nel mese prossimo. — Dammi tue nuove. Ho passato qui tre giorni deliziosi con questo ottimo amico. Bisogna vivervi insieme per imparare ad apprezzarlo — e che amici lo circondano! Non vedo l'ora di conoscere i tuoi, e passare teco dei giorni e ne ho bisogno. Arrivabene ti manderà un'ode bellissima. Addio — dirai mille cose a tuo fratello, a Mompiani, a Nicolini, Scalvini, ecc. — Amami e credimi con la più viva amicizia

tuo affmo Porro.

Poveri noi se credessimo la libertà sbocciata jeri! Essa ha bisogno di tradizioni, e noi scriviam questo episodio appunto per rimuovere il disprezzo che troppi gettano su alcuni momenti della nostra storia.

Ci si perdoni questa divagazione, dalla quale ritorniamo per ricordare come di Giovita Scalvini raccogliesse i frammenti Niccolò Tommasèo con quella bontà, che gli facea trovar meriti, anche invisibili ad altri. Di Camillo scrisse largamente il fratello Filippo, vissuto fin jeri († 1877), e che nelle congiure trescò assai più di Camillo.

Molto aggravio si fece a quest'ultimo della sua amicizia col conte Arrivabene di Mantova, col quale nel 1815 avea fatto il viaggio d'Italia; e che era legato alla società milanese, e infervorato per le scuole di mutuo insegnamento. Denunziato dagli improvvidi racconti dei detenuti, l'Arrivabene era stato messo agli arresti, ma si dovette rilasciarlo come innocente.

Tal fu l'opinato della Commissione speciale: la quale, interrogata sul conto di Camillo Ugoni, dovette rispondere che non apparteneva a società segrete; avea bensì amicizie in quelle, mandava e riceveva lettere di senso liberale, ma sarebbe illegale il perturbarlo. Intanto però, nella perquisizione, gli si colsero molte lettere, specialmente dell'Arrivabene, il quale gli discorreva delle scuole lancastriane e chiamava ingiusto il perseguitarle; lodava un'orazione funebre, recitata a Chiari in morte del prevosto Morcelli, famoso epigrafista, nella quale l'Ugoni mostrava quanto il sapere giovi a render l'uomo e più pio e più morale e più utile alle società; e più accetti a Dio essere i più illuminati, « checchè ne dicano le nostre Polizie, che l'hanno tanto contro questi illuminati ».

Saputo che, per le scuole lancasteriane, si minacciavano disturbi a Giovanni Arrivabene, l'Ugoni gli scriveva:

Mio caro amico,
Brescia, 16 giugno 1820.

Partecipo io pure al tuo dolore e alla tua giustissima indignazione; ma voglio credere che non ti verrà fatto il torto di che temi; e quando fosse in procinto di avverarsi quella minaccia, io ti consiglierei di presentarti tu stesso al viceré (Raineri), il quale presto dee tornare in Italia. Odo dai Milanesi che egli favorisce queste scuole, e so che ha fatto egli stesso un decreto per quella di Milano. E le poche volte che io mi sono presentato a lui per oggetto di pubblica istruzione, l'ho sempre trovato sollecito de' suoi progressi; e permettimi di credere che, dove egli le vedesse e le udisse, non sosterrebbe che il ministro ti obbligasse a desistere dal bene che fai. Io spero che non giungerai a quel punto che ho detto di sopra, ma se tu vi giugnessi, ricórdati che devi fare anche questo passo, perchè ad ogni modo sarà sempre un conforto al tuo cuore eccellente la coscienza di non aver nulla trascurato in pro dei giovinetti, a' quali provvedi una così egregia instituzione. Vedi nell'ultimo numero d'aprile della *Biblioteca Universale* le persecuzioni sostenute da Lancaster, e le angustie economiche, nelle quali si trovò, e il fermo petto che oppose a tutti questi ostacoli che dalla sua costanza furono vinti; e confòrtati col suo esempio ad imitarlo. Io ti parlo queste cose col maggior calore dell'anima, perchè ti giuro che non soffrirei meno di te di veder troncata un'opera, dalla quale spero cotanto. Nella mia patria io congiungerò i miei sforzi a quelli di Mompiani e del fratello, e le scuole non si chiuderanno, spero. Il delegato ci sosterrà. Egli ne vede la utilità, e non le abbandonerà della sua tutela. Probabilmente questo vento che spira contrario sarà stato soffiato dai maestrucoli e da certi signori della Metropoli. Il Governatore avrà accolto queste insinuazioni, perchè fu sempre avverso a questa istituzione, e perchè ci trova forse un legame colle cose politiche, il che è una falsa opinione.

Ho ricevuto l'articolo e ringrazio quanto so te e Doria che lo copiò. Salfi (7) parlò con troppa bontà di me, e mi pose al cimento di meritar quelle lodi: però vado correggendo e ricopiando i miei articoli, e se dovessi badare a questo solo lavoro avrei già pubblicato il primo volume. Ma l'Ateneo mi dà altre cure. Presto avrai i Commentarj dell'ultimo biennio. Addio, caro. Ama sempre il tuo

UGONI.

E il 20 giugno di nuovo lo eccitava a diffondere il mutuo insegnamento, massime alla campagna, e «trapiantare in questo suolo, di tutto capace, tante altre istituzioni che onorano le nazioni che le hanno inventate, e che soccorrendo i poveri, non ne fomentano nè l'ozio, nè i vizj, nè l'infingardaggine. A questa bell'opera ho anche animato la società di Firenze, e finchè vivo, per quanto filosofo, liberale, rivoluzionario, massone possa esser chiamato, sempre griderò che la nascita e la ricchezza sono una macchia e un'infamia ove non sieno adoperate al progresso dello incivilimento e della pubblica prosperità».

Il 29 settembre l'Arrivabene da Mantova rispondeva all'Ugoni:

Mio amico,

Sebbene io non regga al paragone di tanti insigni letterati che ti scrivono, pure, per la bontà del tuo cuore e per i vincoli di antica e santa amicizia che a te mi legano e legheranno per l'intera vita, fermamente credo che ti sia caro il ricevere qualche volta mie lettere. Dante, nel colmo

---

(7) Profugo napoletano, che figurò molto nel regno d'Italia, poi ricoverato in Francia, fece una povera continuazione del Ginguenè, e scriveva articoli su quei giornali.

dell'ira e del dolore, godeva che il nome di Firenze si spandesse per l'inferno; io ho goduto invece che il tuo fosse noto e caro a Firenze e altre città di Toscana. Con Nicolini e Capponi si è parlato molto di te, e da entrambi si spera in te un sostegno al giornale che stanno preparando. Con esso vorrebbero porre Italia al livello dell'altre nazioni, ove è abborrito lo spirito di parte, ove i veggenti fanno una lega veramente sacra, perchè mira non al servaggio ma alla felicità, alla libertà degli uomini. Il primo è tuo amico di vecchia data, e provasti già quanto sia cara la sua compagnia, elevato il suo cuore. Quando conoscerai Capponi, la conformità delle opinioni, dei desiderj, la generosità dell'animo, tutto concorrerà a fare che, dopo pochi momenti, vi troviate già molto innanzi nei sentimenti di stima e di amicizia. Vi sono uomini con cui si rimane amici per tutta la vita; altri con cui la confidenza segue l'essersi veduti.

Alla prima occasione ti restituirò il Volney e il Thomas: il mio ignorare è tanto, che non v'è tempo da perdere, e mi conviene tagliare l'orecchie al presentarsi di ogni forbice.

In questo andare sossopra di mondo non giova smarrirsi, ma fortificare le oneste amicizie, conservare i moderati e giusti desiderj, ed aspettare che si avveri la profezia dell'antico arcivescovo di Malines; — « L'Europe a été tour-à-tour grecque, romaine, barbare, féodale: l'Europe entière sera constitutionnelle ».

Le frasi di queste lettere erano più che sufficienti a promuovere, non solo l'attenzione della Polizia, ma la persecuzione del tribunale. Pertanto Camillo, lo Scalvini e l'Arrivabene presero accordo, e traverso alla val Camonica, e alla Valtellina, passarono nei Grigioni e in Francia (8). Sommo fu il dispetto della

---

(8)   Per le camunie rupi e li nevosi
        Sentieri della retica montagna,
        Accelerando i passi dolorosi
        Fuggo all'irata aquila grifagna.

Polizia, cuculiata non solo dai liberali, ma dal Salvotti, dell'essersi lasciata sfuggire tre soggetti, di cui la fuga attestava la reità: e lunghi esami si fecero ai servi, agli ostieri per determinare ogni passo della loro fuga. Si perquisirono le loro case (9), ed essendosi denunziato che le carte dello Scalvini erano nascoste nelle fondamenta dette di San Pietro, presso al Castello, località paurosamente guardata, vi si fecero indagini, ma vane. Si vigilò attentamente il carteggio domestico di Marianna Del Bene, sorella dell'Ugoni, collo zio di lui Francesco.

Al fratello Filippo, mentre stava alla sua villa del Campazzo presso Pontevico, si presentò il commissario Bolza per arrestarlo, ma egli trovò tempo di montare a cavallo e fuggire. Camillo s'indugiò alcun tempo a Lugano « paese (dice suo fratello) di natura bellissimo, ma dalla schiavitù d'un tempo abbrutito, e non peranco dal libero governo ingentilito ». Da

> Tu pur, dolce fratel, questi selvosi
> Gioghi vedesti, quando le calcagna
> Davi ai rapaci artigli sanguinosi,
> Da' quai campasti, come da lupo agna.
> O terra, ove le prime aure spirai
> Dolci di vita! o Italia, io ti saluto,
> Sebben a me patria non fosti mai.
> Io non mi dolgo del destin, ma il muto:
> E tu ten duoli e non lo cangi, ed hai
> Pur tanti forti all'alta impresa ajuto.
>
> C. UGONI.

Poschiavo, aprile 1822.

(9) Nella perquisizione fatta all'Arrivabene si trovarono lettere dello Scalvini da Milano, in cui gli inquisitori notarono queste frasi:

« Domani Mompiani ed io andremo dalla Calderara; niun tedesco, niun ministro, niuna spia. — Monti ha scritto un inno per lo imperatore ch'è sotto i torchi. Bada bene, è sotto i torchi l'inno, non l'imperatore per nostra sventura. Siamo tali piante noi, che di null'altro ci nutriamo che di liberalismo ».

Zurigo, mandò all'*Antologia di Firenze* un articolo, ove si lodava di questa città, che « avendo appena 10 mila abitanti, contava cento scrittori che aveano pubblicato qualche opera (fra cui Gaspare Orelli che pubblicò in italiano una vita di Dante); una biblioteca di 72,000 volumi, dieci società artistiche, letterarie, filantropiche, quattro istituti di educazione pubblica, varie stamperie; dove miseria non c'è, nè ricchezza insultante, ma agiatezza, con discrete fatiche acquistata; dove la mattina vedete comandare una compagnia di soldati quello stesso che, deposto l'uniforme, presiede al pranzo dell'albergo di cui è padrone; dove vedete deputato o giudice o magistrato il mercante che vi ha venduto il panno, o il banchiere che vi pagò una cambiale; dove non vi ha nè rilassatezza, nè sospetti, nè rigori; dove il Governo è la difesa dei cittadini ».

Più a lungo stette Camillo in Francia, a Parigi o a Saint Leu Taverny, sempre braccheggiato con una attenzione davvero superflua alla sua tranquillità (10). Luigi Filippo diceva a me: — « Non comprendo come l'Austria possa perseguitare un uomo quale il barone Ugoni. »

Nel 1833 suo zio chiedeva per lui un salvocondotto, sicchè potesse venire a difendersi a piede libero; allora il tribunale riassunse gli atti del processo, e come non fosse trovato partecipe della congiura, ma

---

(10) Egli stesso mi raccontava che a Ginevra si imbattè a un pranzo, dove sedeva pure uno sconosciuto, d'apparenza insignificante, viso pallido, sguardo spento, aria distratta, che l'interrogò sullo stato dei partiti in Francia. Ugoni gli divisò dei legittimisti, dei repubblicani, de'fourieristi: e quell'incognito gli domandò: — « Ma e i Bonapartisti? » Ugoni non esitò a rispondergli che un tal partito neppure esisteva. Dovette riderne quello sconosciuto, che era il principe Luigi Buonaparte.

tutti ne lo dichiarassero complice, atteso il suo pensar liberale, il favore al romanticismo e alle scuole lancastriane; e avere assistito alla lettura della famosa ode del Rossetti per la rivoluzione di Napoli (11): dopo uscito (conchiudeva) non si compromise in verun modo, e i profughi lo teneano in conto pei talenti, pel pensare, per le tendenze, solo rimproverandogli che cercasse rimpatriare.

Difatti l'esilio sempre gl'increbbe; da Parigi scriveva alla contessa Anna Serego di Verona: — « Io non desidero nulla più vivamente che di tornare in patria per vivere tranquillo in seno ai cari parenti ed amici. La vostra ultima lettera è venuta ad accrescere ancora questo desiderio. Per ora non vi posso dire di più ».

E rimpatriò quando Ferdinando I diede l'amnistia.

(11) È la bella ode ove Gabriele Rossetti salutava l'aurora che annunziava

    Che d'Italia nell'almo giardino
      Il servaggio pur sempre fiorì.
Da fratelli si steser la mano
    Dauno, Irpino, Lucano, Sannita....
Cittadini, posiamo sicuri
    Sotto l'ombra dei lauri mietuti,
    Ma col pugno sui brandi temuti
    Stiamo in guardia del patrio terren....
  Sazierete la fame dei corvi,
    Mercenarie legioni di schiavi:
    In chi pugna pel dritto degli avi
    Divien cruda la stessa pietà.

XXII.

GIOVITA SCALVINI.

Giovita Scalvini, che testè incontrammo a fianco del suo concittadino Ugoni, studiò a Padova, e Paride Zajotti trentino, ben giovane allora, gli mostrava affettuosa riverenza, come da molte sue lettere in istile così diverso dalle fin qui recate. Da Trento il 19 settembre 1812 gli scriveva:

Indocile a soffrir l'ozio, aggirai le mie colline materne, e, come amor di solitudine mi governava, con me conversando. Tu, fra tanti, e solo mi ricorri al pensiero, e teco i dì che passammo in compagnia di vita, ridendo delle follie dell'umana saggezza e di noi: a te forse non importa, ma importa bene a me, che ho bisogno d'un amico. Ho perso l'amica mia, tu sai, ma l'incessabile mio pianto la segue... (vengono lamenti, alquanto arcadici).

Sai tu bene quanto io sono ardito? Mi calzai il coturno, e m'occorsero i *funerali di Codro*. Svolgi in te l'argomento, e conoscendo tutto me, scrivimi se credi potersi altamente trattare: sii certo che il labro a nuova fonte profersi, e il campo sarà mal arato, ma sarà mio. Gli scrittori più originali dei nostri tempi sono cattivi copisti; le anime dei nostri padri son morte, e noi non siamo governati che dallo spirito delle nostre madri; tu però, odiando il volgo degli scrittori, non disonestar le tue pagine di furti: l'applauso del nostro secolo non vale il biasimo dei futuri, ed io vorrei pascer di lode le mie ceneri.

Dopo tutto questo non mi resta a far per te se non il voto che faceva per me ogni giorno l'incomparabile estinta: « scorra la tua vita come un placido ruscello a traverso d'un prato seminato di fiori ». Ed a ciò non aggiungerò altro, se non che vorrei che il ruscello fosse tanto ascoso tra i fiori, che non giungesse col mormorio ad avvisare te stesso, giacchè, se volessi splendidamente seguir la virtù, saresti presto ridotto alla bestemmia di Bruto. Ci basti dunque la vita nell'ignoranza degli scellerati, e la morte nella benedizione dei buoni.

Il tuo solo amico PARIDE ZAJOTTI.

Poi il 28 novembre, nell'atto di partire per l'Università di Bologna:

Mio Scalvini, se non avessi sacramento di non ir mai contro chi adopera fatti degni ad uom saggio, questa volta sdimetterei di lodare i tuoi pensieri, tanto mi ha diserto il tuo consiglio: che sarà l'applauso dei molti a me, cui sì poco le cortigiane cose talentano, se m'è tolto l'amico consigliere a quegli studj? E davvero quando penso per che vie si viene in fama, e siccome invanamente l'amor di gloria ne nasce, m'adiro a me stesso di non saperti imitare Che facciam noi in questa frivola età? noi non sappiamo origliare all'uscio dei Potenti, nè ire e redire per l'altrui scale; noi a bene spiare vagliam poco, e nulla a maledire ad alcuno: il cuore m'indovina, che la sventura ci sarà fatata, e sia, purchè un angolo della terra ci accolga incontaminati. Intanto parla di me alla tua amica, e le narra l'irreparabile mia perdita: possa ella aver il cuore della mia Benedetta, e renderti felice! possa io negli anni miei più maturi vederla recar a mano i tuoi piccioli nati, e cennar loro col dito l'amico del loro padre! Che se anzi la mia finita non mi fia dato abbracciarti, verrò nei tuoi sogni notturna consolazione, e parlerò di te coi nostri padri, assai migliori di noi. Ma non può esser consentimento di destino che due amici sieno lontani, ed ora, che le svolgo, le tue ragioni per non venire a Bologna si ponno infirmare. Cre' tu, che la libertà non possa aversi pur là? Ella sta a noi nell'anima; puossi esser libero e tra i ceppi. Che se aggiugni a ciò, che troverai tale, che bolla dell'istessa fiamma e amico ti sarà fino al die novissimo della vita, s'addebilirà forse la tua risoluzione, e l'amicizia tua si parrà intera. Sbandeggia dal tuo cuore i pensieri d'un altro secolo, che già nullo legger ventolino fiata, che ne affidi del porto, sarà tra noi due che ci trapianteremo nel secolo dei generosi, e forse in quello di Codro. Non ha scrittore che parli de' suoi funerali, ma tutti convengono, che l'ultimo Re si fu degli Ateniesi: qui dove ai volgari si cala il sipario, quale scena non si apre ad un uomo nobilmente passionato! Io mi metto davanti degli occhi della mente il popolo Ateniese raunato intorno al cadavere d'un Re morto per lui, e disposto ad eleggerne un altro: chi s'avrebbe aspettato, che, esperta la bontà singolare dei Re, s'accendesse in lui brama di libertà? Che foco doveva essere nelle concioni ciò persuadenti? Quale artifizio ne' perversi a combatterle? Quale dubbiezza nell'intera Nazione? Alfine la parola de' buoni non è senza mercè, e la celeste semenza di libertà s'irriga del sangue degli scellerati. Atene è libera. Pensi tu, che a simil tragedia non potrebbero intervenire Catone, i due Bruti e i due Gracchi? Se non ad altro, vieni a Bologna a giovarla dell'ardente tuo spirito: è un personaggio, che tu adempirai, primo a mostrare, tempo non essere di far il pianto a Codro, aver lui operato quanto a Celeste Divo si conveniva; dover loro operare ciocchè ad uomini veri aspettava. Vieni, o mio Giovita, intendiamo insieme al lavoro, che sì caramente mi piace: noi meschieremo a questi studj maschili la gioja convivale, e rallargheremo ogni vigore in luoghi di tutta voce secreti. O noctes coenaeque Deum! Altri si piacciano ne' pacchiamenti, e nelle tresche, e l'anima loro al male ingegnandosi, si lascino inchinare ad atti nefandi: a noi giovi più l'ascoltare il gemito dell'oppresso che stromenti d'ogni allegrezza, e mentre altri crederassi d'altra polpa fabbricato che il resto degli uomini, noi crediamoli tutti eguali, finchè a tutti s'insaporano le frutta ai maturi Soli della state, e per tutti egualmente albeggia la luna. Il mio cuore è affaticato di dolore, e tu debbi salutarlo: un amico infelice ti chiama da lungi: è sacra questa voce, e parlava a Pizia, e il traeva alla mannaja di Dionisio, e Damone negava, e i Siracusani piangevano, e terzo a tanta amicizia il Tiranno s'aggiungeva.

Vedi, siccome sono cambiato da quel primo, che non volea disuaderti: ahi miser lasso! Io sarei troppo solo a Bologna, e invano careggiato da tutta gente, io non contenterei di nulla: il cuore de' buoni si divide tra l'amicizia, e l'amore: il mio amore dorme sotterra, e tu vuoi frodarmi del vicine conforto dell'amicizia? tu veleggi felicemente quel mare, che a me non offerse, che scogli: la tua diletta vive, e ti ama, e la mia?... o perduta amica!

          I' mi credea
Che a te, dal terzo lustro ancor lontana,
Non mirasse la Morte, e tu cadevi
Qual giglio mattutin al duro aratro
Ignoto ed all'armento, all'aureo sole
Conosciuto, ed a lei che lo governa.
Vanamente io dicea: quando l'Eterno
Ripresa avrà quest'anima, vestita
In negro vel sui lagrimati avanzi
Pianta un rosajo, onde al tornar di maggio
Sparpagli i fior tardo nipote e il Lare
Famigliar propizii: e tu se' prima
Tornata al loco della tua partita,
Bella Angioletta, e ti vedrò ne' sogni
Scender a consolarmi, e un'aura intanto
E una fragranza spanderassi intorno
Qual soffio de' Celesti. Al suo Cantore
Laura s'offria più bella e meno altera
Dacchè, lasciando senza sole il mondo

Per adornarne il Ciel, Dio se la tolse,
E purissima intanto discorrea
L'onda di Sorga, e un latte di dolcezza
Bevean le vene di Francesco, ed ella
Prega pur, che s'affretti, e che la segua
Ond'ei voglie e pensier tutti al Ciel erge.
Ma tu, come più bella, e come altera
Meno offrirti potrai, s'eri più bella
Della luna del cielo, e più modesta
Del giglio delle valli; ognor più vaga
Della mattina ti vedea la sera,
Come il pastor maravigliando il salce
In riva alle cadenti acque cresciuto
Stupisce, e le novelle ombre misura.

Ma dove mai trassi delirando? Perdona, o Scalvini, se impetuosamente alcuni di quei versi mi scorsero: gli altri, che altra volta avrai, sono tutti migliori di certo, ma questi furo composti l'istesso dì, che la dura novella mi giunse della morta amica; perciò più cari, e sempre delle mie lagrime bagnati. O mie lagrime, scarso conoscimento a tanto amore, voi sarete almeno eterne, e l'ombra amorosa non arrossirà mai del suo amante! Nè tu arrossirai dell'amico: il mio nome sarà ignoto ma puro, ch'io non saprei ricorrere a certi mezzi, che ne assicurano la fama. Ed è ella poi una sì gran cosa la fama, perchè si debba comprarla colla perdita della pace, e con un'eterna vergogna! Quanti probi vissero sconosciuti, cui sarà dolce l'imitare! Io m'addormirò nel sonno de' miei Padri, pago di me stesso se porterò meco il testimonio d'una vita incolpabile, e la memoria d'un amico: questi sono i supremi miei voti, cui non apporrà una **nube** quel Dio, che ascolta il muto

Gemer del verme, che calcato spira.

Io ti scrivo alla veglia di mia partenza, indugiata finora dalle cure di coscrizione; io ne esci onorevolmente libero, di che sono ben contento perchè davvero io non era nato a combattere.... Il.... dicembre mi vedrà tra i popoli del Sipa:

perchè non ci sei tu pure? in questo solo discordi, ma nel resto

Annuimus pariter noti, vetulique columbi.
Addio, accompagnami di tua memoria e sii bene.

L'amicizia non venne meno cogli anni, e il 24 marzo 1819 da Lodi lo Zajotti scriveva a Scalvini:

Mio dolcissimo amico,

Sai tu, perchè si stampi a Roma un giornale? (1) Sai tu, perchè Perticari, ch'è pur possessore d'una delle poche lucerne, che in tanto bujo ne restano, si confini in un luogo, ov'è colpa l'accenderla e farsi scorta agli erranti? Egli non può avere scusa che vaglia. Se i grandi ed animosi ingegni, in cui riposa ogni nostra speranza, per avversa condizione di paesi e di tempi, tradiscono la verità, a chi affidaremo noi il nostro avvenire? E che dirà il Perticari, che non si risenta delle miserie di Roma papale, e delle scipitezze d'Arcadia? Giudichi l'Italia a suo senno; per me non vedo strada di mezzo; o il giornale sarà proibito, o riescirà dannoso all'incremento delle buone arti.

Che ti pare di quella nota sul poemetto, che vuolsi dare al Boccaccio? Ottimamente scritta, ma non pensata abbastanza. Se non osti la fede de' Codici, mi sembra quello scritto avvicinarsi meglio ai modi del secolo decimoquinto, che a quelli del Trecento, e più alla gioventù del Belcari che alla vecchiezza del Boccaccio, se non che per parlarne più maturamente vorrebbe esser letto tutto il poema: sia detto con riverenza, ma il Perticari mostrò di non saperne molto avanti nelle dottrine poetiche, quando paragonò quell'antica schiettezza colla facilità di Metastasio; la melodia e l'armonia sono cose fra loro molto diverse.

Ma di queste cose presto a voce. Scrivimi, fin a che

---

(1) Il *Giornale Arcadico*, che cominciavasi allora a Roma, e che durò fino al 1870. Giulio Perticari, di Pesaro, noto scrittore, era genero del Monti.

tempo resta Cheluzzi in Milano; io non posso venire costà, che nella settimana santa: tanto è grande la mole de' miei piccioli affari!

Tu abbiti bene, come fai, e tienti nel cuore

Il tuo ZAJOTTI.

E di Verona il 21 maggio 1820:

Ritornato da un viaggetto, cui la carità del natio loco m'aveva condotto, seppi dell'ottimo nostro Monti, te non aver ricevuta l'ultima mia, e quello ch'è peggio, essere già da molti giorni indisposto d'una febbretta: seppi anche da lui per che modo Acerbi offendesse te, e le buone lettere, e non ebbi a stupirne: non può l'anima trasnaturarsi, e come in te tristizia, in quell'uomo non cape bontà. Dagli pure compitamente il suo dovere, e lascia ch'egli ti faccia uscir addosso voci d'ingrato; era sì cancheroso quel benefizio, che mal potevi sapergliene grado: e chi con ingrate occupazioni ne spenna le ali dell'ingegno, ne condanna a due morti. Mi piace però che tu non sia venuto alla rotta con Melzi, e ti diparta giustificatamente da lui: noi non abbiamo soltanto ad essere senza colpa, ma e senza sospetti; che a parlare e scrivere liberamente basta sentirsi nettissimo, a voler esser creduto bisogna anche parerlo.

Monti verrà in breve a visitarti nel tuo romitaggio di Bolterino, di che gli porto una dolcissima invidia; tu profitta intanto dell'aria de' tuoi colli, ed offrigli alla sua venuta tutto sano il mio Giovita.

Scrivimi di frequente, che m'avrai pronto rispondilore, e credimi, che io t'amo di quanto amore mi abbia.

Mio più che carissimo,

« Qual che tu sie, ombra od uomo certo », se non se' ito fin colà lontanissimo in Truffia e Buffia, dove pellegrinò frate Cipolla, saprò raggiungerti con questa lettera. Ti scrivo a Brescia, ove ti faceva tornato il cav. Monti, e tu zitto: ti scrivo a Milano, dove seppi che t'arrestarono i tuoi peccati, e tu niente. A questo foglio non potrai sfuggire per Dio.

Monti, che debb'essere famigliare col diavolo, perchè senza l'ajuto del diavolo non si scrivono nè quei bei versi, nè quella nobile prosa, Monti, pregato di ricapitare queste due righe, saprà stanarti, se fossi anche

Nel più profondo, e tenebroso centro
Dove Dante ha alloggiati i Bruti, i Cassi.

Non ti varrà dunque, come temeva in principio, nemmeno un viaggio in India pastinaca. Aspetto tua risposta, se abbia ricevuta una o l'altra di due lettere, colle quali ti mandava que' nonnulla che mi chiedesti; non vorrei, che tu fossi negligente, e che io lo paressi.

Nè una parola di più: sta bene, se puoi, ed amami, se vuoi.

L'Acerbi aveva trovato allo Scalvini un posto di maestro in casa Melzi, ove legava amicizia col fior dei letterati d'allora. Il buon Mompiani gli scriveva al 20 marzo 1820:

Amico carissimo,

Mi duole di sentire dalla vostra di jeri, che siate determinato di abbandonare la casa Melzi, molto più che questa notizia, che mi perviene inaspettata, mi fa credere che tale misura per parte vostra abbia avuto origine da una causa disgustosa. Io non potrei venire a Milano che per la metà del venturo aprile e ciò perchè l'assenza di due mesi mi ha accumulate molte faccende che non potrò sì presto disimpegnare. Mi è poi caro il sentire che continui ad esservi gradita l'idea di quel tal giornale, alla di cui compilazione voi potreste contribuire più degli altri, per l'abilità vostra e più per le buone inclinazioni che adornano il vostro cuore. È pur dolce il sentire che, anche in questi tempi di dissipazione, si trova chi disprezza la vanità e cerca di essere utile all'umana famiglia. Questo sentimento in voi è lodabilissimo e sono sicuro che lo conserverete.

Vostra madre qui sta bene e si è rallegrata al sentire da me che eravate in buona salute.

Addio il mio caro amico: vi desidera quelle prosperità che meritate

il vostro Mompiani.

Allude al *Conciliatore*, ma lo Scalvini scriveva piuttosto nella *Biblioteca Italiana*, dove pose articoli sull'*Jacopo Ortis* del Foscolo e sulle *Grazie* del Cesari: l'Acerbi (vedi pag. 96) lo esortava a mandargli articoli, e il 13 novembre 1818: — Voi sarete uno scrittore per la immortalità, ma non per un giornale, che ama e vuole più il presto che il perfetto ».

Abbiamo sotto mano un ampio carteggio collo Scalvini, fra cui una lettera del 18 settembre 1819 d'un Luigi (Somini?) di Chiari che dice: — Sotto ruvida scorza quel vero bresciano (Mompiani) ha un cuore eccellente ed una testa benissimo fatta. Mompiani farà onore alla patria, stanne certo. Sai che risposta ha data al Viceré quando fu a visitare la sua scuola alla Lancaster? Il principe lo domandò dei principali vantaggi della sua scuola; ed egli prontamente: « Così si avvezzano a comandare senza orgoglio ed ubbedire senza viltà ». E tu tel sai che Giacinto non ha ombra di giacobino. Virginio (Soncini?) che me l'ha contata, mi ha soggiunto che l'Austriaco l'ha capita, e gli ha voltato le spalle ».

In quel carteggio, che va dal 1806 al 1821, oltre le lettere di famiglia e d'affari, ce n'ha di Vincenzo Monti, del Pagani, del Nicolini, di Gio. Arrivabene: oltre quelle di Giuseppe Acerbi relative alla cooperazione alla Biblioteca Italiana.

Lo Scalvini, uscito di patria, come narrammo, coll'Ugoni, si diede « al mestier di chi non ha mestiere », insegnando l'italiano: e fremeva:

Abbiamo fallito l'intento della vita, e aggiunti i nostri proprj errori agli altrui, per renderla miserabile e inutile. Abbiamo voluto essere sciolti d'ogni soggezione; ci siamo creati una soggezione peggiore, perchè abbiamo dovuto domandare asilo allo straniero, e accettare protezione e soccorso. Abbiamo voluto essere virtuosi; siamo rimasti perplessi. Avevamo sortito nobile ingegno e l'abbiamo trafficato come una merce per campare la vita; abbiamo gridato, anzichè operare, pianto, anzichè ajutarci. Abbiamo disdegnato le arti della vita; e quando ci sono bisognate, ci siam trovati stolti e disarmati; abbiamo superbamente voluto edificarci un mondo più alto del reale; e siamo precipitati in esso, stanchi, offesi, irati, senza virtù di rilevarci.

Io aveva casa e beni più che non bisognano al sostegno della mia vita, contento di poco; e molti altri erano come me: e abbiamo dovuto stender la mano; abbiamo dovuto mendicare. Errammo dispersi, ci riscontrammo per caso, e parlando la medesima lingua, rammentammo le medesime cose che insieme avevamo conosciute ed amate in patria, i comuni amici, le comuni abitudini.

Se tu dici « Le mie merci affondarono in mare; il fuoco arse le mie case; la grandine ha deserto i miei campi » tu trovi commiserazione. Ma se tu dicessi, « Io sono sbandito », egli è come se tu dicessi « Io sono pazzo ». Aggiungi che il falsario, il ladro, l'assassino, il vagabondo prendono il mantello della tua sventura, e tu che sei povero, vai a rischio d'esser creduto un di loro.

Lo Scalvini mostrossi più volte mal contento dei cospiratori e degli insorti d'allora, e de' Piemontesi cantava:

> Corse nel campo una confusa voce
>   Che narrò il nembo della polve, avvolta
>   Sotto a' piè de' cavalli, e i rai dell'armi
>   In lontananza; e ratto, come stormo
>   Di paventosi augei, se rigirarsi
>   Vede il bruno falcon sotto le nubi,

Come nei colli aperti aride foglie
Dinanzi al vento, si sbandaron tutti,
Tutti. — Tremaron pe' lor di le madri,
Le sorelle, le spose; e tutti illesi
Al loro amplesso ritornâro: ai baci
Delle adultere donne, alle profuse
Mense, dove il conviva, a lor le colme
Tazze votando, salutolli prodi.
Pur v'ha talun che i panni apre, e sul petto
Mostra i segni del ferro; e narra immani
Fatiche d'altri giorni, allor che in armi
Contro al Settentrion corse il Meriggio,
E curvo sul destrier, coll'inclinata
Lancia il Cosacco rapido avventarsi
Sul gel lucente; e, nella notte, accesa
Repente la regal Mosca, dell'armi
Tramutar la fortuna: onde allo scampo
Bisognò più valor che alla conquista (10).

(10) Anche Foscolo compassionò, anzichè ammirasse i tentativi liberali; i nostri migrati giudicava o fanatici senza ardire, o metafisici senza scienza, deliranti dietro all'impossibile. E caratterizzando gl'Italiani, soggiungeva che « mentre quasi tutti aspiriamo all' indipendenza, cospiriamo pur alla schiavitù... Questa setta è contenta dell'onore di bramare a viso aperto l'indipendenza, e lascia ad altri il pensiero e i pericoli d'affrettarla, e, per giunta, si lusinga d'impetrarla quando che sia dalla commiserazione delle altre nazioni.... Voi siete accaniti in battaglie, accorti a discernere l'arti della tirannide, concordi a dolervene, e inerti ogni sempre, e odiosamente diffidenti a sottrarvene: e presumete di non vivere servi?

« Quando il tempo e la violenza dei fatti vi desta, voi vi guardate d'attorno colla sonnolenza dell'ubbriachezza, ad esecrar Francesi e Tedeschi, e missionarj di sante alleanze, e ambasciadori che hanno versato sospetti e scandali a disunire ed infamare l'Italia ed ogni italiano. Pur da che vi soggiogano senza spandere sangue, hanno merito di prudenti. Ma se voi non voleste ascoltare, nè credere, nè ridire sospetti e scandali; e aveste fede gli uni negli altri; e se non vi accusaste fra voi di essere nati, allattati ed allevati figliuoli di patria lacerata da dissensioni, e se non vi doleste che

Anche al Confalonieri fu poco benigno, e ne cantava:

> E poi che sperse come ombre di sogno
> Andaron l'arme di due campi, e diede
> Securtà la vittoria alle vendette,
> Tu, malaccorto, a infellonir tornavi,
> A rannodar le lacere tue trame,
> A raccor vie più densa la procella
> Sovr'al tuo capo; e perchè fuor de' tuoi
> Si maturava il tuo castigo,...
> Ivi cianciando che niun fora ardito
> Porti addosso le mani. — E te l'han poste,
> Te vil turba ghermì; nè della casa
> Ti valse lo splendore in che fidavi,
> Non la canizie del tuo vecchio padre,
> E non la grazia che su' tuoi congiunti,
> Per la provata fe, piove dal trono.
> Circuîr gli alti tetti, entro le soglie
> Baldi misero il piè; cercâr le interne
> Camere, i letti; irriverenti innanzi
> Le fiere effigie dei proavi, innanzi
> Lo stuol de' servi, nelle pinte assise
> Chiusi ed immoti, t'assalîr nascoso
> Fra le macerie come fiera stanca.
> E te, captivo, senza ira nè duolo
> Vide il vulgo condur, freddo guardando
> Or sovra a te, qual tu solei sovr'esso....

ciascheduno di voi sta apparecchiato a prostituirla per oro o per rame alle libidini di tutti gli adulterj; e se non nominaste oggi l'uno, domani l'altro, a fare Tersiti de' vostri Achilli; credo che la prudenza de' vostri oppressori tornerebbe in ridicola furberia, e l'avrebbero oggimai pagata del loro sangue; sareste servi, ma non infami nè stolti. Se non che voi sciagurati non lasciate nè lascerete mai che neppure i fatti, i quali fanno ravvedere anche gli stolti, assennino voi, che pur siete scaltrissimi ed animosi ».

La nostra povera nazione (io l'amo troppo per non osare di chiamarla così) ha essa perduta l'opportunità di tali rabbuffi?

Misero, e più non metterai la bella
Veste, che tanti d'amorose donne
Sguardi traea su te, quando, lunghesso
Le vie della città, stringendo un vajo
Tuo corridor, letizia diffondevi
A dritta e a manca di gentil saluto,
E dagli occhi splendenti e dalla dolce
Bocca e da tutta la persona il lume
Di tua grande prosapia si spandea.

Chiudiamo più tranquillamente con una lettera che Vincenzo Monti dirigeva allo Scalvini da Sesto di Monza, il 12 aprile 1821:

Mio caro amico,

Tutto quel poco che nelle mie postille a Dante vi giova, traetelo a vostro uso, e liberamente adoperatelo come cosa vostra. Piacemi poi grandemente il pensiero di ridurre in altrettante lettere la materia, e farete opera di molta onestà e cortesia dirigendola al nostro Arrivabene: ch'egli è degno di questo tributo d'onore e di stima. Mano adunque all'impresa, e a profitto della gioventù studiosa di Dante mettetela sul buon sentiero ritraendo dal malvagio, in cui studiasi di aggirarla il Biagioli con quei suoi eccessi perpetui e quando loda e quanto vitupera. Nè vi date affanno del rimandarmelo, contentissimo che me ne facciate la restituzione quando ritornerete: il che desidero avvenga subito che avrete pronta una qualche parte del lavoro che meditate, e a cui per vostro onore vi esorto.

Da tre giorni qui godo, in compagnia d'Oriani, il ritorno della primavera, e rifiorisco le forze del corpo e dello spirito. Ma sono tante le cose, a cui ho le mani, che non regge a tutte l'ingegno e la voglia di lavorare. Ad Ugoni ho mandato risposta a voce per mezzo di un suo amico. Dio sa se desidero di compiacergli; ma per le molte correzioni che a quei versi (*della Feroniade*) abbisognano, e dimandano tempo e fantasia libera da tutt'altre cure, vi giuro ch'egli mi avrebbe reso grande servigio se mi avesse sciolto dall'obbligo di mantenergli le mie promesse: perchè assolutamente in quel tratto della Feroniade io veggo quel bello che gli manca, e che potendo aggiungervelo, mi dorrebbe non aver avuto tempo di condurre alla debita perfezione. Salutatelo, e ditegli che preghi le Muse di mandarmi un momento felice d'ispirazione. State sano ed amate

il vostro MONTI.

XXIII.

GIUSEPPE NICOLINI.

Giuseppe Nicolini di Brescia, cantore dei Cedri e traduttore di Byron, prese gran parte al *Conciliatore*, vi inserì il *Romanticismo alla China*, e un'ode la *Musa romantica*, dove invitava il Monti a lasciar anch'egli la mitologia. All'Ugoni scriveva:

Il *Conciliatore* non dee più considerarsi come semplicemente romantico, ma nazionale. È una sacra favilla che sorge tra la notte e il gelo della nostra patria, e non deve assolutamente morire. La colonia bresciana deve contribuire ogni mese un numero. Io ho indicato intanto, come collaboratori veri, Scalvini, Vantini, Mompiani, Giacomazzi, Tanfoglio, Ogna, ecc. Spero che tutti accorrerete. Vorremo sempre vegliare per la sola reputazione personale? non si farà mai niente per la patria?

Il Nicolini non avea conseguito in patria la cattedra a cui concorreva, ed era stato mutato a Verona, dove Camillo Ugoni gli scriveva dalla sua villa del Campazzo l'8 ottobre 1816:

Vi ringrazio della gentile vostra lettera, che mi fu assai cara. Piacquemi di vedervi occupato assiduamente dalla *Cana-*

ce (1), dal greco, e solo vorrei che nol foste più dalla infreddatura; però ritiratevi di buon'ora la sera, e abbiate cura della salute. Quanto alle istanze per me fatte a' magistrati affinchè siate confermato in una cattedra, da voi tenuta con tanto onor vostro e profitto degli scolari, per tutto quest'anno, oltre all'aver secondato l'impulso del mio cuore, mi sono con ciò sdebitato di un ufficio spettante a visitatore delle scuole.

Non verrete voi a trovarmi queste vacanze? Se alle uccellande e alle cacce non prendete gran parte, troverete qui due grandi archimandriti in τύπτω, dico l'Ab. Chiaramonti e l'Ab. Gaggia (2). Sarebbero opportunissimi pe' vostri studj, e vi si presterebbero assai di buon grado. Sareste anche liberissimo di attendere alla *Canace*, perchè qui ognuno fa ciò che più gli piace. Sappiate intanto che, se verrete, mi sarete carissimo, e scriverò in bianca pietra il dì del vostro arrivo.

(1) Simile argomento di tragedia era allora piaciuto al Gasparinetti e al Foscolo, e questi ne era dissuaso dal Borgno dicendogli:

Melpomene... Fusculum
Dedecorat Biblidem canentem.

Può vedersi *Di Giuseppe Nicolini bresciano, discorso del prof* GIUSEPPE GALLIA; Brescia, 1866.

(2) Filippo Ugoni nel 1873 all'Ateneo di Brescia leggeva una commemorazione di G. B. Passerini. Nato a Casto in Valsabbia il 28 settembre 1793, dal vescovo Nava mandato a perfezionarsi negli studj ecclesiastici a Bologna col Gaggia, li mise professori nel suo seminario, donde poi fuggirono entrambi. Il Gaggia fondò a Brusselle il collegio dove insegnò Gioberti; Passerini andò a Berlino, poi a Parigi, conoscendo i filosofi di cui avea studiato le opere, e ottenendo l'amicizia e le lodi del Cousin. Viaggiò coi tanti profughi, stette a Ginevra col Picchioni; fermatosi a Zurigo, e fattosi zuingliano, tradusse in italiano alcuni trattati di filosofi tedeschi, che crede inclinati sempre allo spiritualismo, mentre il materialismo domina nei Cattolici (!); e aspira alla riconciliazione della filosofia colla religione, pendendo evidentemente al panteismo. Morì a Zurigo nel 1864 — « credendo nella virtù degli uomini, nel progresso del genere umano e nella divinità ».

Poi il 23 novembre:

Amico dolcissimo,

Indegnissima cosa fece il Consiglio, non però impreveduta. Ma se il capo della provincia, di che non so dubitare, accompagnerà i nomi della dupla con informazione schietta senza amore di parte, il danno tornerà in capo a chi voleva recarlo altrui. Una tale fiducia ci conforti della solenne ingiustizia. Duolmi, che queste ingiustizie sieno frequenti nel nostro paese. Toccò anche a Chiaramonti di credersi anteposto D. Apollonio nel carico di bibliotecario. L'antica barbarie, che dura tuttavia ne' nostri seniori, fa che sieno affatto stranieri all'importanza dell'istruzione pubblica, e alla stima per quei loro cittadini, che si affaticano onde crescere splendore alla patria. La loro volontà, affatto indifferente in tali materie, si piega al primo buccinamento. Aggiungete il *patrizial* talento, che li reca al favore verso quelli dello stesso ceto, e avrete sott'occhio tutte le cagioni del torto che vi fu fatto, e del quale aspetto con impazienza una solenne riparazione. A tôrre questi mali, una legge *de ambitu* sarebbe forse utile, se la esecuzione fosse possibile. Vi ringrazio della sollecitudine, con cui comunicaste, secondo il desiderio che vi manifestai, l'esito del Consiglio. Lo avrei voluto diverso. Venerdì o sabato verrò a Brescia, e parleremo più a lungo delle cose nostre. Or addio di cuore. E vivetevi lieto, alla barba delle decisioni comunali.

E di nuovo da Campazzo, il 5 novembre 1817:

Mio caro Nicolini,

Così foste veramente venuto a trovarci! Quanto meno aspettato, altrettanto ci sareste stato più caro, e ci saremmo studiati di distrarre il vostro spirito, troppo occupato. Non potete credere quanto mi dolga di vedervi così. Oso avventurarvi su ciò alcune considerazioni, forse importune, ma ch'io detto con buona intenzione.

Alla debolezza de' nervi va costantemente congiunta una

maggiore sensibilità dell'anima, ed affinchè la vostra immaginazione si agiti prestissimamente, e le passioni che dipingete sieno forti, la malattia che soffrite è quasi necessaria. Io ho osservato i più felici cultori di Febo essere di tempra gracile, e mal atti a soffrire le più lievi alterazioni della stagione. Ora però sono alcuni dì che si gode d'un'aria serena ed elastica, onde mi tengo certo che voi pure a quest'ora sarete risorto, vi sarete rallegrato, e posto in istato di pensare e di scrivere. Ma voi, oltre la bella immaginazione e il forte sentire, di che siete dotato, inclinate pur molto alla meditazione, e quanto più uno si sprofonda a pensare, tanto più si trova abbattuto, e la diminuizione dell'allegrezza è un morale effetto della ragione aumentata. Però parmi che, ad avvalorare la vostra anima a sostenere con rassegnazione, siccome pur fate, quella mobilità d'organi, che fa sentire al vostro corpo le più leggiere impressioni, possa giovare non poco il pensiero che quella stessa mobilità è pur dessa che assottiglia lo spirito ai più fini sensi, che ha la massima parte al bell'ingegno, che contribuisce al genio e al gusto, che fa imprendere le più nobili e le meglio concepite imprese quando lo spirito dirige le passioni; che dessa vi fece autore dei *Cedri* e della *Canace*, e che essa pure vi ajuterà a comporre, a fare un capolavoro dell' *Idomeneo*. Bellississimo soggetto di tragedia! Io pure voleva suggerirvelo, anzi parmi di averlo fatto quel dì che passeggiavamo per quell'ombrosa via che mette al vostro *praedium* suburbano. Idomeneo re di Creta, figliuolo di Deucalione e nipote di Minos; assedio di Troja; vittoria disputata con Ajace: voi potete circondare il vostro eroe della più gran pompa di bellissimi nomi de' tempi eroici della Grecia, e ciò tutto prima ch'egli appaja; poi descrizione poetica di una burrasca navale, voto a Nettuno salvatore, amore paterno che lotta colla religione del sacramento, ecco la lotta col destino, onde far contento anche Schlegel. Suppongo che ad accrescere l'interesse, ad intrecciare un'azione e a prepararne lo scioglimento, darete o una moglie a Idomeneo la quale poi sia madre tenerissima della vittima sacra a Nettuno, o al figliuolo stesso, il che piacerà di più, una svisceratissima amante e promessa sposa. Anche il piano che Sgricci (3) avrebbe prescelto dovendo trattare questo argomento, offre alcune belle situazioni che si potrebbero introdurre felicemente, e che farebbero colpo di scena. Avrete già letto l' *Idomeneo* di Crebillon. Quanto alla parte erudita del soggetto (la minima per una tragedia, non però da trascurarsi neppur essa) avrete veduto o vedrete, oltre Omero e Virgilio, il bellissimo episodio consecrato a Idomeneo da Fénélon nel suo *Telemaco*. Quanto a Barthélemy l'ho consultato io, e non vi sono se non brevissimi cenni da non poterne trar profitto. Bensì leggerete l'articolo Idomeneo nel Millin *Dizionario delle favole*....

Ma poichè vi ho nominato Sgricci, e voi pure fate cenno di una sorta di plagio nei piani delle sue tragedie, vi dirò che non mi dà punto maraviglia (avendo egli dovuto naturalmente per l'arte sua studiar molto i teatri di tutte le nazioni) che, quando gli vien proposto un tema già da altri trattato, gli si affacci ad un punto il piano seguito da' suoi predecessori nella trattazione di quell'argomento, ma ciò che mi fa credere ch'egli sia veramente atto ad inventare *stans pede in uno* un lodevole piano di tragedia è l'udire da tutte parti quante volte s'inoltri, scorto unicamente dal suo genio mirabile e sempre felicemente, in una terra *nullius ante pressa pede*, onde io inchino a credere che alcune volte, ricevendo un tema trattato da altri, gli si affacci ben tosto alla mente un piano già conosciuto, e questo gli occupi e gl'ingombri la mente per modo, che in quelle strette di tempo, non sia esso capace di liberarsene per cercarne un altro; che altre volte il poeta lavori di memoria, credendo pure di creare colla fantasia, e che finalmente il più delle volte inventi egli i suoi piani, non lasciando neppure alcune volte di accostarsi a questo o a quel piano già conosciuto, il che, con buona licenza degli scrittori, io credo che facciano essi stessi alcune volte, come avrete veduto in Voltaire e in Racine. Di ciò che vi dico vi addurrò anche una

(3) Famoso improvvisatore di tragedie.

prova di fatto, desunta da una lettera di Velo (1), che ricevo in questo punto. « Lo Sgricci ha sorpreso a Vicenza, « come nelle altre vicine e lontane città. Anche qui ha tro« vati degli increduli, ma qual è la strepitosa novità che « non ne incontri, prima di giugnere a godere della fede di « tutti? Le due tragedie s'aggirarono sopra due famosi episodj « de' poemi di Dante e di Camoens — *Francesca d'Arimino* e « *Ines de Castro*. Sul primo fabbricò un'azione tragica con « veramente greca semplicità, e pervenne a destar al più « alto grado la compassione di tutto l'uditorio. Nel secondo « argomento (che non gli si può perdonare di aver detto a « lui ignoto interamente) formò un'azione più intralciata, « ma sparsa però di belle scene, e lavorate con molta arte, « e se meno felice della prima, eccitò pure anch'essa ma« raviglia. Non si possono abbastanza commendare i pregi « di dette tragedie. Le tre unità religiosamente osservate, « il sempre crescente interesse che giunge al sommo negli « ultimi atti di ambedue le tragedie, il dialogo animato, la « lingua pura e scevra di frasi o voci ricercate, le situazioni « più strane de' suoi personaggi, condotte felicemente, in « fine un talento straordinario di ben declamare, per cui, « malgrado la sua sgraziata figura e gli svantaggi di dover « rappresentare varj affetti e varie persone, rapisce e senza « confusione seduce tutti gli uditori a prestargli la più instan« cabile attenzione; sono tutti meriti che niuno gli può con« trastare. Se non fosse indiscrezione l'esigere ancor più da « chi tanto opera, si potrebbero desiderare meglio deter« minati i caratteri forti ed anche quelli de' personaggi se« condarj, e che sempre uguali si sostenessero dal princi« pio al fine. Nelle terzine fu poco felice, benchè avesse la « seconda volta un bel tema — Alfieri alla tomba di Sha« kespeare. Gli sciolti furono migliori e nel tema della na« scita di Minerva dal cervello di Giove mostrò vastissima « erudizione mitologica e un'immaginazione feconda di nuove « idee ».

(1) G. B. Velo, professore d'eloquenza a Pavia.

Mi accorgo, mio caro, benchè un po' tardi, di avervi fatte chiacchiere assai, troppe più che non si conviene mandare ad uomo sempre bene occupato. Attribuitelo al piacere seducente di trattenermi con voi. Abbiate cura di vostra salute, e se poteste verificare il progetto di venirmi a trovare, fatelo, ve ne prego. Io verrò dopo il S. Martino. Addio, mio amico.

Brescia, 10 maggio 1821.

Caro Nicolini,

Povero Nicolini! Questa sera piove, e tu sei senza ombrello. La tua mamma però non ha perduto tempo, e lo consegnò questa mattina al mercadante Fachi, insieme co' tuoi libri, ed a quest'ora avrai ricevuto tutto. Quando sei lontano, mi conforto andando a salutare la tua buona mamma, che tanto ti ama insieme a tutta la famiglia, che assai ti saluta.

Ho ricevuto il caro tuo foglio. Quanto mi piace che tu scriva un *Inno al Cantinone!* (5) Così sono sicuro, che non vi entrerà l'Ippocrene; ma che l'estro ispirato da un miglior liquore sarà più caldo. Dopo la tua partenza non abbiamo più visitato quel luogo, giacchè il buon Monti si dimenticò del salame e dei suoi impegni.

Io questa sera ti scrivo dal casino, per approfittare dell'opportunità che mi offre Bettoni, però non posso scriverti nè alla Plutarco, nè alla Passeroni, bensì ti scrivo alla carlona.

Va a trovare la Annetta, che ti attende per conversare un po' più a lungo con te. Tutti gli amici ti salutano; e aspet-

---

(5) Il Cantinone o Canevone era il sotterraneo d'antico convento, ove da tavolini e sedili servivano botticelli e barili e altri mobili convenienti a celliere, e dove amici bresciani si adunavano a bere e far le ciarle a debole lume e gran vivacità di motti. Come Göthe nel *Faust* immortalò un luogo consimile di Lipsia, così G. Nicolini scriveva all'Ugoni il 27 aprile 1821:
— Ho pensato un inno al gran cantinone di S. Afra, e perdio voglio scriverlo: l'argomento è molto bello ».

tano l'Inno per cantarlo al Canevone. Lo faremo porre in musica da Soncini.

Addio, mio caro. Ti ringrazio delle mie commissioni eseguite con tanta bontà. Addio addio. Scrivimi.

Avvicinandosi la bufera, gli scriveva da Brescia, il 20 del 1821:

Giacchè Iddio non vuol brigarsi di questo mondo, lasciamo che lo governi il diavolo, e che continui ad essere una cosa mostruosa, come fu sempre; e questa per me è la somma delle teorie, che si possono trarre dalla storia. Intanto, se me lo concedi, quando pure fosse una nobile stoltezza, domando anch'io un posto fra' *mondi di cuore*, e come tale mando al diavolo la politica. E non solo la grande, ma anche la piccola, la sociale, però io romperei tutti quegli angoli. E poichè sono tante le pretensioni, vorrei talmente ristringere le mie relazioni, che le dita di una mano abbondassero a numerarle. E siccome quelle relazioni sarebbero fatte dal cuore, mi ristringerei a coltivare con quella libertà, che tra amici *damus petimusque vicissim*. Quanto agli altri, applicherei loro l'*oblitusque eorum, obliviscendus et illis;* ma a prezzo vorrei farmi schiavo di cosa che disprezzo. Tu hai anche un diritto, o se bisognasse, una scusa di più a seguire questo tenore di vita, e ti viene dalla tua natura schiva e concentrata nel pensiero e nel sentimento....

Per distrarci da tante malinconie, e per secondare il tuo eccitamento, siamo andati jeri sera al Canevone. Eranvi i beventi, Vantini, Mompiani, Panigada, Bottazzi, Gorno, Pippo ed io. Tu solo mancavi *au parfait bonheur*, e a te vennero i brindisi, giacchè altri non li cura. Si cercò anzi carta e calamajo per mandarteli ufficialmente, ma ci portarono dell'altro vino, perchè la carta mancava, benchè non mancasse ancora affatto tanto senno quanto basta a reggere la penna, e a scriverti così alla buggerona, come faccio io questa sera, nella quale sono sovranamente malinconico e di tutto svogliato.

Addio, caro; scrivimi, salutami chi sai, ed ama il tuo

CAMILLO.

Richiesto, anni dopo, da Camillo Ugoni di notizie sulla sua vita, dopo le solite scuse il Nicolini rispondeva:

Consentirò dunque a parlarvi di me, e vi dirò in primo luogo che quelle cosucce che voi mi dite possedere del mio, se così a voi piace, intendo che bastino per argomento di quel poco che altri vorrà dire della mia vita letteraria infino a qui, quando pure non si volesse gettare un cenno di quella mia traduzione della Bucolica virgiliana, non fosse per altro che per la ricordazione da voi fattane nella vostra storia. Di quel libercolo, del quale fa parte l'analisi della drammatica di Schlegel, io desidero che non se ne parli. Sa troppo di gioventù, e giacchè egli è anonimo, lasciamolo stare così, se già non è morto, come io credo che lo sia, e da molto tempo. Oltre la *Canace*, io non ho pubblicato nè pubblicherò mai nessuna delle altre due tragedie da me scritte. Altro, dopo il *Due novembre*, non ho, non che pubblicato, ma neppure composto. Del poema dell'Anima di cui mi toccate, io non ho scritto verbo, nè forse scriverò. L'argomento è bello e grande, e parmi anche nuovo per la poesia, almeno veduto, come lo veggo io, così in confuso e senza averlo ancora meditato; imperocchè non si tratterebbe già solo, come potrebbe parere dal titolo, delle sole e consuete disquisizioni metafisiche intorno all'anima; ma sibbene di tutto l'uomo fisico e morale. Quante e quante svariate cognizioni non addomanda una tanta impresa, quanta saggezza e contenzione di spirito la scelta e la disposizione, quanta varietà e quant'arte lo stile, quanta filosofia e poesia ad un tempo, quanti ostacoli insomma da sgomentare la lena di ben altri che io non sono! Nondimeno, benchè ella sia cosa assai poco probabile che io mi risolva a tanto, tuttavia vo studiando filosofia, della quale oggimai ho fatto la mia principale occupazione e il mio primo, per non dir solo diletto; con questo pensiero che questi studj, quando anche non si vogliano fare fruttare scrivendo, sono sempre ottimi a ben pensare e ben vivere; il che non so se si possa dire degli altri. Impercioccchè, lo confesserò pure, mio caro Camillo, nella mia gioventù io ho creduto che la meta più degna degli animi gentili fosse la gloria, e che tanto lo fosse, che, anche senza pervenirvi, il solo anelarvi fosse pur molto; ma dacchè ascolto e sento Platone e Plutarco e Cicerone e Seneca e altri veri filosofi, conosco che una cosa (ma una cosa sola) sta sopra anche alla gloria; e questa è la sapienza.

Io sono nato del 1789, 28 ottobre. Ho fatto i miei studj nelle pubbliche scuole parte in Brescia, parte in Bologna, dove del 1807 fui laureato in legge. Non ho esercitata l'avvocatura, perchè non era il mio mestiere; e applicatomi alla pubblica istruzione, fui dal 1816 fino al 1820 professore di retorica nel pubblico ginnasio di Brescia, e di storia universale nel liceo convitto di Verona nell'anno 1820-21. E tanto credo che basterà intorno a me, se non è anche di soverchio.

Nel 1825 il Nicolini dissuadeva Camillo Ugoni dal tornare in patria.

Che vorreste voi fare in questo convento da frati? Stampare? Ma se ogni giorno se ne sente una di nuova in fatto di Censura. Non mi pare ancor vero d'aver potuto pubblicare il *Corsaro* e un mio ragionamento sulla storia bresciana. Fra noi non si può far altro oggimai che il ganimede, il picchiapetto o il misantropo, onde io faccio l'ultimo per manco male, e studio come un diavolo. Di quando in quando scrivo delle lunghe lettere a quella gentilissima, che sola mi ha fatto rincrescere l'abbandono di Verona; dacchè per ogni altro rispetto io non ho se non a felicitarmene. Voi mi avete fatto dire che il romanticismo costì fa grandi progressi; e veramente io me ne sono accorto da certi articoli dei *Débats*; ma tutte le tragedie in prosa! Iddio ne guardi. Del rimanente mi pare che costì siasi ancora a' termini in cui eravamo noi in Italia già sei o sette anni fanno. Vi ricordate voi delle nostre passeggiate letterarie, delle battaglie della capitale, delle nostre ruggini municipali? Guerra alle unità drammatiche, croce alla mitologia, nazionalità di soggetti, originalità d'immagini; non è questo ciò che si dibatteva fra noi sette anni fa, e che si seguita a dibattere ancora a Parigi? Qui si è finito, e da molto tempo, col dir bello al bello e brutto al brutto, sia romantico, sia classico, e col creder buoni tutti i generi, *hormis l'ennuyeux*. Qui si studia assai la lingua, e si fa benissimo; ma *cui bono*, se non si scrive? Si sta in aspettazione di un poema di Grossi sull'andare, si crede, dell'*Ildegonda*: ma più lungo. Sarà, io non ne dubito, un bel lavoro (6); ma in Italia che sarà, più che legna nel bosco? Voglio dire, e in ciò meco vi accorderete, che in Italia si fa poco più che perdere il tempo scrivendo versi, quando non si possa fare o un poema eroico o un teatro. Quanto a me, io confido, se Dio mi ajuti, di guarire affatto della metromania.

Nel 1836 Nicolini fu eletto secretario dell'Ateneo di Brescia, e un confidente della Polizia suggeriva di non approvarlo per le sue antiche relazioni liberali, e perchè fu proposto dal Lechi, che invece sfavoriva il Buccelleni. Ma il direttore generale della Polizia, interpellato, rispondeva al governatore conte Hartig, nel l'ottobre:

.... Il Nicolini, uomo di molto ingegno e di grande coltura, ma di guasti principj, e non amico quindi certamente del nostro Governo. Per altro la sorveglianza a cui venne sottoposto dopo la sofferta vicenda ed il suo ritorno a Brescia non ha offerto contrarie risultanze a suo carico. Da quell'epoca in poi mena una vita ritiratissima e tutta dedita allo studio, non dovendosi però tacere ch'esso ha nell'Ateneo di Brescia, di cui è membro e censore, delle strette relazioni con altri uomini di lettere, che appartengono a quel corpo e che professano idee esaltate e principj politici simili ai suoi.

Sebbene io ritenga, col parere della R. Delegazione Provinciale, che nello stato attuale delle cose non convenga di

---

(6) *I Lombardi alla prima Crociata.*

infirmare la nomina del Nicolini fatta dall'Ateneo in suo segretario, mancando un positivo pregiudizio ed una chiara prova che derivasse da moventi per fini politici, non posso per altro sottacere alle riflessioni sapienti dell'Eccellenza Vostra che l'Ateneo stesso consta in gran parte di uomini avversi all'attuale ordine di cose, per cui merita di essere tenuto in particolare vigilanza, potendo facilmente, all'opportunità di circostanze, degenerare dall'originaria istituzione scientifica, in una conventicola pericolosa.

XXIV.

ALTRI BRESCIANI.

Può dirsi che nessuna persona notevole bresciana restasse immune da persecuzione o almeno da sospetti. Cesare Arici, malmenato dal Foscolo, esaltato dal Giordani colle iperboli a lui consuete, sospetto all'Austria, eppur autore dell'inno nazionale (1), celebrava ogni evento ed ogni persona della sua città; cantò le *Fonti;* volle emulare Manzoni cogli *Inni*, e recitatone qualcuno, esclamava: « Di strofe simili don Alessandro non ne fa ». Il suo poema la *Gerusalemme Distrutta* fu strapazzato dalla Biblioteca Italiana, e ch'è peggio, non curato dall'Italia.

Aggiungiamo il Bucceleni, lodato per un viaggio poetico; Lodovico Ducco, due Dossi, Baza, Martinen-

(1)   Salve d'Austria eccelso figlio,
         Ferdinando imperator.
     Dal tuo seggio onnipotente,
         Dio, riguarda a questo impero,
         Della gloria nel sentiero
         Fa ch'ei duri eternamente, ecc.

Più tardi avea proposto alcune varianti, che non furono accettate.

go, Rossa, Mazzotti, Panigada, Toccagni (2), Ferdinando Arrivabene, Federigo Fenaroli, i Maggi, l'avvocato Fabrini, Francesco Gambara, Rinaldini, Maffoni, Bigoni, Martinelli, i cavalieri Peroni e Richiedei già capitano d'artiglieria, l'abbate Zamboni, li canonico Luchi, tutti sospetti, e tutti qualificati di romantici.

Tanto han ragione quegli *storici e critici*, che dicono i Romantici fautori del dominio tedesco!

Giacinto Mompiani, persona tranquilla e pia, che andava le domeniche a spiegare il Catechismo in chiesa, aveva organizzato le scuole lancastriane a Brescia e a Milano, del che udimmo scrivergli il Confalonieri. Arrestato, seppe condursi con prudenza, onde fu rilasciato.

A lui scriveva la moglie di Confalonieri:

Milano, il 2 gennajo 1822.

Solo jeri ricevetti dall'amico Compagnoni la sua cara lettera, che mi ha recato grande conforto, poichè mi prova la continuazione della di lei preziosa amicizia, e non è che dall'amicizia vera ch'io posso ottenere un sollievo, e forza

---

(2) In una informazione sopra l'avv. Attilio Toccagni, fatta da E. Sertorio commissario di Polizia a Brescia, che poi fu assassinato a Parma, leggiamo: — « Se non è certo che il Toccagni appartenesse alla Società dei *Pantomofreni*, che significa unione di persone dello stesso modo di pensare, è certo però che fu nel numero delli romantici, nati dalla società precitata: onde legò cogli Ugoni romantici e coi loro seguaci e fautori, Nicolini, Scalvini, Mompiani, Panigada e simili: cosicchè aveva egli pure accesso alle conversazioni presso gli Ugoni, favorito in ciò dal cognato signor Girolamo Monti, altro romantico... E siccome tra li Romantici appunto troviamo tutti coloro che, in fatto di politica e per liberali tendenze, si sono altamente compromessi, ne nasce spontaneo il dubbio che il Toccagni pur fosse del loro modo di pensare, e che con loro non andasse esente di colpa »

per sostenere la mia afflizione. Non è già ch'io dubiti dell'innocenza di Federico, anzi sono certa che ne sortirà con onore, ma è la di lui salute sempre pericolante che mi tiene in continua agitazione. Sono tre giorni che il di lui dolore al cuore si fa sentire più forte, ma siccome il medico non lo ha potuto vedere in questi giorni, e ch'io stessa non lo vedo da tredici giorni, così non posso sapere esattamente in quale stato si trovi. Dica alla sua buona madre che ci raccomandi nelle loro orazioni, e che lo faccia fare da altre persone pie. Mi conservi la sua memoria ed amicizia, e mi creda veramente di cuore

TERESA CONFALONIERI.

Poichè nelle umane cose vanno daccanto il bello e il deforme, l'angelo e il demonio, produrremo questa infame anonima, diretta a Giulio Pagani, vice-direttore della Polizia a Milano.

Eccellenza,

L'Alto Governo di Milano ha fatto un gran bene a procurare l'arresto del signor Mompiani, il quale inestava veleno ed odio mortale contro il nostro Sovrano, a danno della società: ma pare impossibile che dimenticato siasi fin ora di arrestare un individuo della provincia, secreto, ma intimo, anzi peggiore del Mompiani, il quale distende trame di ribellione contro il nostro ottimo Governo, e non avvelena i giovanetti, ma gli adulti. Questo è un certo prete Gio. Batta Marini di Gottolengo, distante sole dieci miglia, il quale anche adesso appartiene alla occulta setta dei Carbonari, e che so di certo che ebbe carteggio con i ribelli di Napoli e Torino, ed ora so che carteggia con que' di Parigi. Più so ch'un emissario secreto gli reca le lettere in mezzo foglio, e che l'emissario le nasconde tra il cuojo delle scarpe. Esso a caso me lo confessò perchè ubriaco: ma per iscoprire il vero non bisogna interrogare quella Deputazione, essendo composta di soggetti a lui fidi, verso de' quali come capo insegna idee di rivolta, ed anco ai più benestanti del paese.

Questo le serva di norma per la pubblica tranquillità, mentre l'assicuro della pura verità.

Pontevico, 10 aprile 1822.

PS. Si crede che le carte dei ribelli le tenga nascoste sotto copi (*tegole*) in un grosso legno.

Quando fu arrestato Daniele Manin nel 1848, gli si trovò, fra altre carte, questo biglietto:

Caro amico,

Ebbi le vostre due lettere. Vogliatemi bene.
14 gennajo 1848

Vostro affez. M.

La polizia indovinò che questo M era Giacinto Mompiani di Brescia, e ordinò una perquisizione in casa di questo, ove si trovarono le seguenti due lettere:

Caro amico,

Vi mando copia di una supplica proposta da Nicolò Tommasèo, che si va coprendo di firme in Venezia. Altri esemplari ne sono diffusi per essere firmati nelle altre città del territorio veneto. Gioverebbe che il medesimo si facesse anche costì. Perciò a voi mi rivolgo, nè potrei a migliore (4).

Non ho dimenticato i vostri raccomandati i sordo-muti: di due ottenni la liberazione dal manicomio di S. Servilio.

---

(4) Era la nota petizione, perchè la censura della stampa fosse revocata alle regole abbastanza liberali, postevi nel 1815. Tommasèo, partendo da Venezia, avea lasciato incarico al Manin di farla firmare pel primo da me. Io gli feci osservare che le cose erano progredite a un punto, ove si poteva domandar qualcosa meglio che l'esecuzione d'antichi decreti, come di fatto fecero le Congregazioni centrale e provinciali.

Vedasi *Daniele Manin e C. Cantù*, articolo dove si confutano impertinenti osservazioni di due fastidiosi panegiristi.

Continuatemi la preziosa vostra benevolenza e credetemi sempre

Di Venezia, il 3 gennajo 1848.

Vostro affmo amico
DANIELE MANIN.

Questi spiriti liberali non si tenevano ristretti a Brescia: abbiamo ragguagli sopra altri paesi della provincia, e specialmente sopra Iseo. A Toscolano erasi formata l'undecima falange del Benaco, in relazione colle altre. Nei ragguagli che il delegato di Brescia dava il 28 gennajo 1823 riflette che i fratelli Ugoni, il Dossi ed altri passavano volentieri qualche tempo a Coccaglio, nel casino che Andrea Tonelli possiede sull'ameno Montorfano. « La quasi continua applicazione allo studio del barone Camillo Ugoni, occupato a lavorare indefessamente all'opera che andava pubblicando colle stampe in continuazione a quella del Corniani, intitolata *I secoli della letteratura italiana*, non gli permetteva di sociar molto col Tonelli ».

Il Tonelli, avvolto nei processi, allo Spielberg fu compagno al Pellico, e con lui tornò liberato, come è detto nelle *Mie Prigioni*. Dopo comunicatagli la condanna, gli si fece istanza perchè palesasse molte circostanze che avea sottaciute nel processo, onde con ciò *meritarsi un pieno perdono dal Governo*. « Gli stessi riguardi (soggiungeva il Salvotti) che gli si usarono finora, debbono averlo convinto che il nostro Governo è generoso ed umano » (5).

In una relazione di Giuseppe Macchi, dottore delle carceri di Milano, sotto il 20 febbrajo 1823, leggo questo notevole periodo:

---

(5) Esame del 23 marzo 1821.

Il detenuto Andrea Tonelli è robusto e ben complesso di corpo, e non ha difetti personali, ma è soggetto non di rado ad emorroidi. Quest'incomodo di salute lo *rende incapace bensì di sostenere le percosse,* non però gli altri inasprimenti portati dalla legge.

Nel voluminoso processo della Commissione speciale altri cenni trovai di tali sevizie:

Ho visitato il detenuto Caporali Pietro: questi mi accusa di essere affetto già da molto tempo da stranguria abituale.

Sottomesso il suddetto alle mie più scrupolose osservazioni, mi risultò esser vero l'esposto.

Una malattia di tal genere esclude la possibilità di poterlo sottoporre agli inasprimenti portati dal Codice penale, come quello delle battiture.

Ciò è quanto mi faccio un dovere di dire alla I. R. Commissione speciale di Prima Istanza.

Milano, li 29 aprile 1823. -

GAETANO RAVIZZA chirurgo fiscale.

Così il 25 agosto 1823, il dottor Macchi dava ragguaglio sui detenuti politici, e per 14, fra cui Zamboni, Mompiani, Ducco, Martinengo, Colleoni, Cigola, Dossi, Peroni, attesta non sarebbero capaci di sostenere gli inasprimenti portati dal Codice penale; altri 7 sì. Longhena è senza difetti, e fornito di buona costituzione fisica, per il che sarebbe capace di sostenere gl'inasprimenti portati dalla legge (8 gennajo 1824). Nel processo del Polesine del 1820 son notati quelli che hanno alcun difetto, e i *sani* « atti a sostenere in tutto o in parte gl'inasprimenti dal sovrano Codice prescritti all'Art. 47 ».

Ecco anzi un ordine del Salvotti a Marcantonio Dosmo, medico primario alle carceri criminali in Venezia.

S'invita il signor direttore Dosmo a voler visitare colla possibile sollecitudine i detenuti soggetti a quest'I. R. Commissione.

1. Silvio Pellico nelle carceri politiche a S. Marco.
2. Giuseppe Leard nelle carceri criminali.
3. Pietro Maroncelli.
4. Angelo Canova.
5. Giacomo Alfredo Rezia.
6. Conte Giovanni Arrivabene.
7. Il professor Gian Domenico Romagnosi.
8. Il professor Adeodato Ressi

custoditi all'isola di S. Michele, e riferire l'esatta descrizione della loro costituzione fisica, delle loro forze, ed i coloro eventuali difetti, aggiungendo il proprio parere sulla loro attitudine all'esacerbazione della pena stabilita al N. 47 del Cod. dei delitti.

Li 5 agosto 1821.

SALVOTTI.

La risposta portava che tutti erano sani e capaci di esacerbazione, eccetto Romagnosi e Ressi. Speriamo che la visita e la dichiarazione fossero di mera formalità, giacchè Pietro Maroncelli, nel *Temps*, 3 marzo 1831, dichiarava: *Ni Confalonieri, ni moi, ni aucun de nous n'avons jamais reçu la bastonade.*

Nessuna meraviglia se il processo *della congiura bresciana* formò un titolo a parte nella Comissione speciale di quel tempo; l'imperatore ne voleva continui specificati ragguagli: e il 20 agosto 1823 di proprio pugno scriveva:

Questo rapporto periodico mi serve di notizia, e avendo io già emanata la mia risoluzione per riguardo a Bucceleni, altro non ho per ora da avvertire su questo argomento, se non che conoscendo il Senato, dalla mia risoluzione 16 giugno 1823, la mia volontà rispetto a Rizzola, la sentenza che il Senato pronuncierà contro di lui non dovrà essermi rassegnata per la conferma, ma soltanto in appresso portata a mia notizia (6).

I condannati di Brescia furono mandati a scontar la loro pena a Lubiana, in cinque carrozze, tre per ciascuna, sotto la guardia di tre gendarmi. Gli accompagnava il delegato di Polizia Carlo de Villata, che n'ebbe il compenso di 1000 fiorini, mentre il viaggio era costato lire 3265.

Io non so se parrà un vantaggino esuberante la descrizione di quel viaggio: sono atti di martirologio.

Il giorno 19 maggio 1824 alle ore 1 e mezza antimeridiane, il convoglio de' condannati, consistente e diviso nel modo come segue, intraprese la sua prima marcia.

Cioè: Nella prima carrozza, sotto la custodia del sergente a cavallo Sacchetti e gendarme Galbusera, furono collocati i condannati *Martinengo Vincenzo, Rossa Girolamo* e *Pavia Pietro*.

Nella seconda, sotto la sorveglianza de' gendarmi Cornelli e Villachino, furono collocati *Ducco Lodovico, Cigola Alessandro* e *Dossi Antonio*.

Nella terza, affidata ai gendarmi Gritti (7) e Benedini, furono riposti *Peroni Franco, Bigoni Paolo* e *Maffoni Giovanni*.

---

(6) Abbiamo, di pugno dell'imperatore, questo rescritto:

« Fo grazia della pena di morte a Lorenzo Morosi, e lascio al Senato il pronunciare contro di lui un'altra pena temporanea.

« La sentenza contro Longhena mi serve di notizia, ed il Senato ne renderà inteso il mio presidente del Governo di Milano, ingiungendogli di porre immediatamente il Longhena sotto il precetto politico, e di farlo accuratamente sorvegliare.

« Praga 3 giugno 1824.   « FRANCESCO ».

(7) Costui, avendo ricevuto dal Confalonieri un viglietto da consegnar alla moglie con promessa di larga mercede, lo portò ai giudici, e n'ebbe un bel premio. Alla custodia di lui stesso fummo affidati noi nel 1834.

Nella quarta, sotto la cura de'gendarmi Galbiati e Favretti, furono collocati *Bastasini Giovanni, Rinaldini Angelo* e *Ricchiadei Pietro*.

Nella quinta, affidata al caporale Oppizio e gendarme Dallago, i condannati *Mogotti Antonio, prete Domenico Zamboni* e *detenuto Vincenzo Maneo*.

La sesta carrozza finalmente occupata dal sottoscritto e dal gendarme Ribola chiudeva la marcia al convoglio, che in buon'ordine si portò sino alla Gatta in vicinanza di Lodi, ove ebbe luogo un piccolo rinfresco: di là si portò a Gerra di Pizzighettone ove si pranzò, quindi verso le ore 8 pomeridiane a Cremona, passandovi la notte alloggiati nelle carceri della Delegazione provinciale.

Li 20 detto alle ore 4 e mezzo antimeridiane si partì da Cremona, si pranzò a Bozzolo, e di là a Mantova, ove si giunse verso le ore 7 e mezzo pomeridiane senza alcuna novità.

Il convoglio venne alloggiato comodamente nel castello; quivi si è permesso l'abboccamento del *Bastazini* colla moglie che ricevette sgarbatamente, del *Magotti* co' suoi figli, essendo che sua moglie trovavasi gravemente ammalata; si dispose l'occorrente pella consegna del condannato prete *Zamboni*. Il convoglio intraprese la marcia in buon ordine, si pranzò a Sanguinetto, e verso le ore 6 e mezzo pomeridiane si giunse a Legnano, ove il convoglio trovò un buonissimo alloggio in una casa particolare.

La notte fu tranquillissima.

Li 22 ore 3 e mezzo antimeridiane s'intraprese la marcia, si pranzò a Monselice, e verso le ore 8 pomeridiane si giunse a Padova, ove il convoglio fu bene alloggiato in quella casa di forza.

Qui pure la notte fu tranquillissima.

Li 23 detto, alle ore 3 e mezzo antimeridiane collocato nella seconda carrozza il condannato *Magotti*, in rimpiazzo del *Cigola*, che per alleggerire i suoi piccoli incomodi passò in quella del sottoscritto, assai più comoda delle altre, e passato il caporale Oppizio nella seconda carrozza in luogo del gendarme Vittacchio, s'intraprese la marcia, si pranzò a Mestre, e si giunse alle 6 pomeridiane a Treviso, ove il convoglio fu alloggiato nelle carceri dell'I. R. Delegazione provinciale.

Li 24 detto, ore 4 antimeridiane il convoglio partì, pranzò a Sacile, e giunse alle ore 6 pomeridiane a Pordenone, ove per cura di quell'I. R. Commissario distrettuale fu benissimo alloggiato nella caserma Comunale.

Li 25 detto, alle ore 3 e mezzo antimeridiane il convoglio intraprese la sua marcia con tutta tranquillità, si fece un piccolo rinfresco a Rivolso al di là di Codroipo, indi si portò a Palma, giungendovi verso le ore 3 e mezzo pomeridiane accompagnato da una dirottissima pioggia; ivi fu alloggiato nell'albergo della Bella Venezia.

Il condannato *Ricchiadei* verso la mezza notte fu preso da colica, si sono immediatamente messi in pratica i rimedj dell'arte, motivo per cui si potè essere in grado di proseguire il di seguente la marcia senza ritardo.

Li 26 detto, alle ore 4 e mezzo antimeridiane s'intraprese la marcia, e si passò il confine veneto.

Il sergente Sacchetti, momentaneamente sostituito nella carrozza dal gendarme Vittacchio, si portò anticipatamente a Gorizia onde disporre l'occorrente pel convoglio, che in pien ordine vi giunse verso le ore 11 antimeridiane, venendo alloggiato all'albergo dell'Aquila Nera. Questa mezza giornata di riposo giovò assai a rimettere la scomposta salute del Ricchiadei. La notte fu assai tranquilla.

Li 27 detto, alle ore 3 antimeridiane il convoglio si mise in moto, pranzò a Vippaco, e passando poscia, coll'ajuto di due paja manzi per vettura, la montagna di Prevald, si portò ad Adelsberg, giungendovi verso le ore 7 e mezzo pomeridiane senza novità. Quivi pure furono bene alloggiati nell'albergo dell'Aquila. La notte fu assai tranquilla.

Li 28 detto alle ore 3 antimeridiane fu messo appena il convoglio in ordine di marcia.

Il convoglio pranzò a Ober Lajbach, e giunse a Lubiana verso le ore 5 e mezzo pomeridiane, accolto da un numerosissimo concorso di popolo che in pieno silenzio appagava la sua curiosità, riguardando i condannati, che per quella notte, furono alloggiati nella casa della città. Il tutto fu tranquillo.

Li 29 detto, alle ore 6 e mezzo antimediane per disposizione di quell'I. R. Governo, e Direzione di Polizia, collocatisi i condannati in 4 fiaccher tirate a 4 cavalli, e messi i bagagli su d'un carro, fu il convoglio trasferito al castello, ove ebbe luogo l'immediata consegna, ultimatasi soltanto verso la ora 1 pomeridiana di detto giorno.

I condannati che appartengono alla provincia di Brescia dimostrarono colla loro condotta d'essere ravveduti, e non fecero che decantare la somma clemenza dell'augustissimo monarca, usata a loro riguardo (!); non così puossi dire dei due condannati mantovani Mangotti e Bastazini, i quali, di carattere mai sempre torbido, non diedero al certo dimostrazioni di pentimento e di riconoscenza.

Milano, 10 giugno 1824.

Al Conte di Strasoldo presidente del Governo.

Eccellenza,

Ho l'alto onore di riferire ciò che risulta dalle notizie finora ricevute dal segretario di questa Direzione generale di Polizia d'Hehreneim, dirigente il convoglio dei condannati Luigi Manfredini, Albertini Cesare ed Andrea Tonelli, diretta per la fortezza dello Spielberg, che questo convoglio arrivò il giorno 25 andante a Mantova in tutto ordine, e che durante il viaggio non ebbe luogo verun inconveniente. Soltanto a Casal Pusterlengo e a Codogno qualche curioso si fermò per vedere i detenuti; ma rimasero anche questi nei limiti della semplice curiosità.

Il contegno dei condannati fu sempre quello di uomini rassegnati al loro destino, modesti, tranquilli ed ubbidienti. Essi godono tutti buona salute, e sembrano contenti dei modi blandi e moderati coi quali vengono trattati dai gendarmi che li accompagnano.

Il commissario dirigente il convoglio non credette di poter negar alla moglie dell' Albertini a Mantova di darsi un ultimo addio in presenza sua; fu questa una scena commovente; la quale egli, dopo una mezz'ora stimò d'interrompere. La moglie dell'Albertini consegnò nelle mani del segretario de Ehrenheim una somma per sussidio del marito, la quale sarà regolarmente versata al Direttore della fortetza dello Spielberg. Mi riserbo rispettosamente di rassegnare in seguito le susseguenti notizie, che mi perverranno sulla continuazione del viaggio del convoglio.

Milano, 28 luglio 1824.

In assenza del sig. Direttore generale
PAGANI.

XXV.

RIASSUNTO.

Qui finisce questo forse troppo lungo episodio dei tentativi fatti in Lombardia pel riscatto nazionale.

Del terribile dilemma posto dal Manzoni sull'Italia,

> O risorta per voi la vedremo
> Al convito dei popoli assisa,
> O più stolta, più vil, più derisa
> Sotto l'orrida verga starà,

compivasi la seconda parte. Da nove mesi era cessato il parapiglia piemontese; i re avevano ricomposto il freno a questa fiera indomita, e consolato i popoli con assicurar la pace (1), quando Alessan-

---

(1)
.... Là lontano
Dall'Italia andò un rumor
D'oppressori e di frementi
Di speranze e di dissidj
Di tumulti annunziator,
Ma confuso, ma fugace
Fu quel grido, e ratto a sperderlo
La parola uscì dei re
Che narrò composta in pace
Tutta Italia, ai troni immobil
Plauder lieta, e giurar fè

BERCHET.

dro Andryane, diacono straordinario della società dei Maestri Sublimi, piantata in Ginevra dal fiorentino Filippo Buonarroti, fu spedito in Lombardia per riformare l'Adelfia, e rannodare le fila, recise dal mal esito della insurrezione piemontese e napoletana. Questo giovane francese, avventato e vanitoso, storditamente recava con sè note, lettere, documenti; la Polizia austriaca avvertitane lo arrestò a Milano, e così ebbe in mano l'orditura della Carboneria, e titoli di far varj arresti. Non si sgomentò di questi Federico Confalonieri, uscito appena da gravissima malattia; e sordo agli avvisi, teneasi o fuori di pericolo, o sicuro di mezzi per trafugarsi. Quando la Polizia gli arrivò nel palazzo, egli credette camparsi per una botola a tetto, che s'era preparata, ma, sventura! ne trovò arrugginita la serratura, onde fu côlto. Allora coi complici suoi venne sottoposto ad una Commissione speciale, della quale era presidente il Della Porta, anima il Salvotti, dovizioso proprietario trentino, consigliere d'appello a Venezia, ricco di cognizioni legali e di non ignobile ambizione. Lo secondavano De Meneghini, Rosmini, altri trentini (2).

Tutti conoscono, molti conosciamo per esperienza qual ne fosse l'andamento. L'imputato, rimesso all'arbitrio di un giudice prescelto, senza difensori, senza avere sott'occhio le sue e le altrui deposizioni, durava fra un esame e l'altro interi mesi nella solitu-

---

(2) Una ciurma irrequieta
Scosse i cenci, e giù dal Brennero
Corse ai Fori e li occupò:
Trae le genti alla secreta,
Dove iroso quei le giudica
Che bugiardo le accusò.

BERCHET.

dine del carcere. Qualche volta il giudice, fattosi umano, gli insinuava: — « Ecco: ella è affatto nelle mie mani. Non siamo in paesi dove la pubblicità conturba ogni buon volere. Se ella confessa ciò che del resto noi sappiamo d'altra parte, l'imperatore le fa grazia, ella torna a casa sua, onorato e innocente. Se ella s'ostina al niego, sta in me il diffamarla, e spargere che ha tutto rivelato, che tradì i compagni, e così torle di fuori quello di che ella mostra far tanto conto, la pubblica opinione ».

Ad arti di tal genere non tutti resistettero i detenuti d'allora; altri per generosità, per iscolpare amici (3), per alleggerire un'imputazione, fecero di quelle tenui concessioni che conducono ad altre, onde si potè raccogliere quanto bastasse per trovarli rei di morte, sotto un Codice che la comminava anche a chi soltanto non rivelasse.

Già a Venezia erano stati condannati per carbonari Cecchetti di Rovigo, il dottore Caravieri di Crespino, Rinaldi di Casalnovo, il marchese Canonici di Ferrara

---

(3) Il marchese Giorgio Pallavicini ode che fu arrestato il giovane Gaetano De Castiglia. Corre alla Polizia ad annunziare che questi non era conscio di nulla, e solo aveva portato in Piemonte dispacci da lui affidatigli. Fu dunque arrestato egli pure, senza salvare l'altro; ed ebbe la costanza di fingersi delirante e di credersi tramutato in un merlo; e perseverò in questa generosa finzione, che non salvò nè lui, nè gli altri.

Il governatore Strasoldo, in lettera presso noi, data da Varese il 14 ottobre 1823, scriveva al Torresani, direttore della Polizia: « I detenuti or ora posti in libertà dovrebbero starsene tranquilli, e spero che almeno saranno prudenti. Vorrei che si potessero tutti spedire in persona a Vienna onde offrire la convinzione che sono capacissimi a far delle chiacchere, ma inetti a qualunque impresa. *Vana sine viribus ira* ».

e nove altri (4); tutti a morte; commutata in lunga prigionia nel castello di Lubiana, Canonici, Delfini, Rinaldi, Cecchetti, Monti, Caravieri: allo Spielberg, il dottor Felice Foresti pretore di Crespino, Antonio Solera pretore di Lovere, Costantino Munari di Calto, Giovanni Bachiega di Crespino, il prete Marco Fortini, Antonio Villa, il conte Antonio Oroboni, tutti del Polesine. La sentenza fu letta pubblicamente a Venezia la vigilia di Natale, giorno di letizie religiose e civili: e parve il cielo la disapprovasse sfogandosi in tuoni e ruggito del mare, che invase la città. S'aggiungano Canova, Pellico e Maroncelli di cui divisammo. Vedi nelle aggiunte.

Ci vennero nominati i processati di Milano (5), a cui aggiungiamo il colonnello Arese (6), e Silvio Moretti di Sabbio, già tenente italico, che involto nel 1815 nelle trame di Teodoro Lechi, era stato quattro anni prigione in Slesia: imprigionato di nuovo, tentò segarsi la gola; poi liberato, morì nel 27. Paolo Olini di Quinzano riuscì a fuggire, militò in Ispagna, nel 31 tornò a combattere cogli insorti italiani e fu arrestato, ma reclamato dai consoli inglese e francese, visse in Francia sino al 1835.

Confalonieri fu esposto alla berlina a Milano il 24 gennajo 1824, e il popolo e un vulgo ricco, e fin si-

---

(4) Villa, Bachiega, Fortini, Oroboni, Delfini, Monti, Solera, Foresti, Munari. Vedi nelle aggiunte.

(5) Si veda le sentenze nelle aggiunte.

(6) Francesco Teodoro Arese, nel 1797 entrò capitano degli usseri *d'argento* della Cisalpina; alla coronazione di Napoleone cavalcava accanto alla carrozza reale, e il cavallo impennatosi lo gettò a terra. Fu fatto scudiere e maresciallo d'alloggio, e arrivò fino al grado di colonnello. Condannato allo Spielberg, fu graziato nel 1826 e visse fino al 1835.

gnore assistettero come a spettacolo a quella scena. Dio lo perdoni ai Milanesi! (7).

Federico, raso de' capelli, vestito dei bigi tralicci di galeotto, ribaditegli ai piedi e ai polsi le catene, fu inviato allo Spielberg.

Francesco I teneva nel proprio gabinetto il piano di quelle prigioni, e riceveva direttamente minuti ragguagli sugli atti di ciascuno de' detenuti; talchè potea sapere quanto avesse patito, non diceva Confalonieri o Pellico, Pallavicini o Castiglia, ma il numero 4, il 6, il 9; enti impersonali, sui quali ordinava: — «Il 7 sia trasferito nel tal fondo di torre. — Al 10 sia diminuita la razione di fagiuoli. — Al 15 sia esaudita la domanda di occuparsi, col dargli a filare ».

A questa squisitezza del tormentare, Teresa Confalonieri oppose una squisitezza di consolare; non risparmiando oro, viaggi, cure, perchè qualche sollievo penetrasse fra le orride mura, o almeno il conforto di qualche notizia (8); un progetto di fuga era anche stato disposto; i preparativi del quale, poi la caduta si pensi quanto abbattessero la povera Teresa.

(7)   Son questi? è questo il popolo
Per cui, con affannosa
Veglia, ei cercò il periglio;
Perse ogni amata cosa?
È questo il desiderio
Dell'inquieto esiglio?
Questo il narrato agli ospiti
Nobil nel suo patir?

BERCHET.

(8)   Patria - Spilberga - vittime
Suona il suo gemer tristo.
Quel che dir voglia il sanno,
Come ella pianga han visto:
E niun con lei partecipa
Tanto solenne affanno;
Niun gl'infelici e il carcere
Osa con lei nomar.

BERCHET.

Anche a tutti gli altri la pena capitale fu commutata in carcere duro od ordinario e a tempo. Morivano in carcere il Rossi di Cervia, il conte Oroboni, il veterano Morelli, Antonio Villa, Adeodato Ressi; Maroncelli vi perdette una gamba. Laderchi, come romagnuolo, fu consegnato ai papalini, e destinatagli per carcere la fortezza di Ferrara; il cardinale d'Arezzo, che vi era legato pontifizio, considerò per fortezza tutta la città, ond'egli poteva girarla il giorno, e vi compì i suoi studj, indi professò l'avvocatura, finchè proscritto affatto, restò fedele al giusto e al bene anche quando la rivoluzione del 1859 traducea le vittime dell'Austria in vittime di nuovi sacrificatori.

Eransi campati Luigi Porro, Giuseppe Pecchio, Giuseppe Vismara, Giacomo de Meester (9), Costantino Mantovani, partecipi della trama e sollecitatori dell'invasione piemontese; i marchesi Benigno Bossi e Giuseppe Arconati, che avevano dato e opera e denari, come il cavaliere Carlo Pisani; i conti Ugoni e Arrivabene che preparavano diversioni a Mantova e a Brescia. Un Canonici di Torino ebbe sei anni di carcere. Cesare Armari fu rilasciato, come Romagnosi, del quale io prima stampai, dall'originale manoscritto, la difesa.

La condizione dei rilasciati era trista anch'essa, giacchè aveano perduto e gli impieghi del Governo e la confidenza del pubblico, che, troppo spesso cospirando coi tiranni, sospettava di loro perchè non condannati, accoglieva le sinistre insinuazioni, sparse

---

(9) Militare sotto la Repubblica Cisalpina e cattivo generale della guardia nazionale nel 1801: generale sotto il Regno: cospirò nel 1815 con altri uffiziali: nel 21 fuggì qua e là finchè, ricuperati i beni suoi in Lombardia, prese stanza a Lugano, dove morì il 15 dicembre 1852.

dalla Polizia stessa o dalla invidia cittadina; finiva per temere e odiare quelli che il Governo temeva e odiava. Sorte non rara in Lombardia ai martiri della causa migliore.

Misley (*Apparence et réalité*) scrisse che gli arrestati furono ottomila; li riduce a 74 il suo confutatore nella *Semplice Verità*. In questo libro si legge:

Melchiorre Gioja, così istrutto nella parte positiva delle scienze economiche, che per la qualità de' suoi studj avrebbe sembrato dover essere d'un carattere placido e perseverante, aveva invece sortito dalla natura un ingegno irrequieto e tumultuoso, che gʼi agitò tutta la vita, e sul finire di essa gli fu cagione d'un pentimento amarissimo. Bastava che un ordine di cose esistesse, perchè ei sentisse il bisogno di guerreggiarlo; bastava che un'opinione fosse generalmente adottata, perchè egli sorgesse a combatterla. Non era che quando egli lodava e difendeva, che le sue dottrine erano veramente solide e luminose, perchè allora, avendo superato lo spirito di contraddizione che lo dominava, la forza del suo ingegno si manifestava imparziale ne' suoi giudizj. Fuori di questo caso, in lui tutto era passione; egli era l'Ismaele delle scienze economiche, e disgraziatamente anche della vita sociale. Con questo infelice carattere, è naturale ch'ei non avesse mai pace. Non appena egli incominciò la sua carriera d'uomo pubblico e d'autore, ch'ei gettò il guanto della disfida, e da quel momento in poi continuò quasi sempre a vivere in una ostilità più o meno palese contro tutti i Governi che si succedettero. All'epoca del triennio egli era già stato processato tre volte, e nel 1796 inquisito a Piacenza sua patria, nel 1799 a Milano. Avendo di poi potuto acquistare un impiego, ne fu ben tosto rimosso nel 1803, e se la formazione del nuovo Regno Italico lo collocò in miglior fortuna, anche di questo suo riposo ei non potè starsi lungamente contento. Nel 1809 era già per la seconda volta destituito da ogni impiego, e nel 1810 il Governo dovette ricorrere al rigoroso partito di sbandirlo. Ristabilita in Lombardia la potenza austriaca, il

Gioja godette finalmente di una pace meno interrotta, e i sei primi anni del nuovo dominio furono il periodo più tranquillo della sua vita, quello in cui scrisse e maturò le sue migliori opere.

Non era però da sperarsi ch'ei si volesse soddisfare di questa esistenza pacifica. La sua indole non era cambiata, e il riposo per lui non era che inerzia. Dapprincipio la saggezza delle nuove istituzioni, lo aveva soggiogato, ed ei si era fatto lodatore aperto e schiettissimo del Governo austriaco: i libri da esso stampati in quell'epoca lo provano. Ma questa disposizione di animo non era in lui naturale e ben presto fece luogo a sentimenti del tutto opposti. Forse qualche motivo d'interesse non bene appagato, forse qualche piccola vanità di amor proprio s'aggiunsero alla violenza del suo carattere: certo si è che nel 1819 si fece una rivoluzione totale nelle sue idee, e che d'allora in poi egli ricominciò con doppio impeto contro il Governo austriaco quegli attacchi, che sotto il Regno Italico gli avevano procurato inquisizioni, destituzioni ed esiglio. In breve tempo la sua condotta fu tale, che il suo arresto diventò necessario (10). Questa misura di apparente rigore fu vera pietà. Era quello il momento in cui le cospirazioni s'allargavano su tutta l'Italia a preparare gli avvenimenti del 1821: egli si era già gravemente compromesso, e un passo di più l'avrebbe perduto per sempre. L'arrestarlo fu allora un salvarlo.

(10) Il Gioja abitava in via Cusani 2288, dove ebbe una visita il 19 dicembre 1820, dal commissario Bolza, e trovatagli l'ode del Rossetti, e lettere da Napoli, fu arrestato. Egli si difese con molto accorgimento; mostrò che Saurau gli aveva scritto: « Vedrei volentieri che ella mi offrisse occasioni per fornirle delle testimonianze della particolare mia stima e distinta considerazione »; disse che le lettere da lui dirette a Napoli riguardavano affari particolari, o dissuadevano dalla insurrezione, mostrando come fossero superiori le forze degli Austriaci.

Fra altre discolpe aggiunge che nel 1818 scrisse un opuscolo *Sulle manifatture nazionali*, ove difendeva la legge austriaca che vieta le manifatture estere: « e mi acquistai il titolo di scrittore prezzolato dal Governo, ed il giornale *Il Conciliatore*, che potevasi in qualche modo dire il foglio dell'opposizione, mi fece molti rimproveri ».

L'ipocrisia che ammanta la crudeltà! Ma è vero che in carcere il Gioja era trattato con riguardi, fino a lasciarlo uscire in carrozza a passeggio e ricevere persone: e molte cure gli prodigò la Bianca Milesi Moyon, nota letterata: colla quale poi essendosi guasto, egli pubblicò uno sciagurato opuscolo di calcolo fra i meriti di essa e i compensi datile.

Si diffuse generale spavento in chiunque appena si distinguesse: e noi salutavamo di applausi i nostri professori quando ricomparivano nelle aule. Il Bianco in un bizzarro libro *Della guerra d'insurrezione per bande*, scrive:

> Alcune altamente generose Italiane, più non potendo il loro entusiasmo, risvegliatore di purissimi e caldi affetti, contenere, a vantaggio della santa causa efficacemente il manifestarono. Quante immortali commendazioni tributarsi non deggiono alla principessina della Cisterna che, ricca di fervido, profondo ed acutissimo ingegno, intenta con tenace costanza agli studj severi, tanto sul volgare uso innalzata, schiva del fasto e della grandezza della Corte, l'amor della umanità, la gloria della liberazione della patria ad ogni affetto antepose? Tal donna, con la efficace persuasione, che dalla sua bocca forza maggiore acquistava, i suoi amici ad intraprendere quella grand'opera incoraggiva; agl' infelici, che alla sconfitta di Novara dovettero per dura fatalità soggiacere, recava soccorsi, e illesi rendea dalle persecuzioni tiranniche; ai rimanenti che saggie e nobili opinioni nutrivano, salutare conforto apprestava e loro infondea coraggio, generose speranze; ed eziandio dopo il trionfo degli oppressori, vivo faceva serbare il santo ardore di patria.
>
> Dovremo per avventura obbliare la Porta, signorina leggiadra e gentile che, astretto essendo il marito allontanarsi per alcun tempo dal Piemonte onde il primo furore della tirannide restaurata schivare, gli fu compagna dell'esiglio, con forza veramente virile lo seguì, ed i ghiacci perpetui

delle scoscese Alpi, che sono il confine di quel paese verso la Francia, a piedi attraversò ramingando? Di quanti elogi non è meritevole la contessa Fracavalli di Milano, che sola di notte da quella capitale si partiva, passando in mezzo al detestato campo alemanno per recarsi ora in Alessandria, ora in Novara, ed esattamente i capi piemontesi sulle forze, sullo stato del nemico ragguagliare, e scongiurarli di spingere almeno almeno una riconoscenza, un distaccamento, fare insomma alcuna piccola dimostrazione in favore dell'Italia sopra Milano che con caldissima brama nel suo recinto li attendea? Ma que' capi o non vi posero mente, o al nobile invito opponeano resistenza.

Questi avvenimenti sono di jeri, eppure pajono dimenticati, e quando si volle ridestarli (11) non mostrò accorgersene il paese a cui specialmente venivano rammentati. Chi passa il fiume della rivoluzione passa il fiume dell'oblio, tanto più che la stampa quotidiana, se anche non pasce di bugie la credulità, offre ogni giorno quadri nuovi, guardati a volo tra il sigaro e il caffè, senza identificarsi coll'autore e col tema. È però deplorabile il voler immolare tutto il passato alla glorificazione del presente, supporre che l'Italia cominciasse solo nel 1858 con Cavour e La Farina, ripetere che l'Italia dormiva, era morta, e perfino calunniare quei tentativi come bambinaggine dell'arte, resistenza inopportuna, ove costoro rischiavano le teste e non approdavano a nulla. Perciò noi volemmo qui presentare le origini d'un movimento letterario ch'era insieme politico, e che naufragò per colpa forse di chi doveva un giorno condurlo in porto.

(11) Vedasi *Il Conciliatore, episodio del liberalismo lombardo*, nell'*Archivio storico italiano* di Firenze, 1877; e più distesamente nel capo XXVIII della *Indipendenza Italiana*, ove si reca la *Relazione officiale della congiura de' Lombardi nel* 1821.

Nel 1847 il movimento cominciò dall'esaltare il nostro primato. Nel 1820 il *Conciliatore* suggeriva esempj di letteratura straniera, che dovessero non imitarsi, ma servire di eccitamento. V'è sempre una ciurma che oltrepassa i precursori; e noi non proponiamo di seguire il loro programma letterario nè il filosofico: forse neppur essi ne aveano uno, chiaro ed effettivo; forse fermavansi a mezzo in letteratura, come in politica fermavansi alla Costituzione; diedero pochi risultati, ma molte speranze; l'Arcadia dovette scomparire; quel che si perdeva in perfezione di forma, acquistavasi in ricchezza di idee.

Il Pagani Cesa definiva i Romantici « briganti politici, gente d'armi, giovinetti non pratici che del disordine in cui sono nati, avventurieri fortunati, intesi a sovversioni e letterarie e politiche ».

Trent'anni dopo, Emiliani Giudici torceva le accuse stesse in senso opposto, denunziandoli come emissarj del Governo Austriaco, perchè accettavano dottrine predicate da sommi Tedeschi. E trovò chi gli fece eco da Napoli nel 72.

Avendo io scritto che i propositi dei Romantici erano « esprimer le idee nostre, la religione, i nostri avvenimenti, il modo nostro di vedere, di sentire », Luigi Settembrini mi derise come d'idee vecchie: definì questa scuola una « espressione della reazione politica in letteratura, abborrimento dell'arte antica e dispregio anche della forma, la quale, così polita e lisciata, non bisogna al buon cristiano ed al suddito fedele che debbe soltanto tacere ed obbedire »; aggiunse che « nella servitù pubblica le dottrine romantiche parevano dottrine di libertà, e non erano che reazione religiosa e negazione di nazionalità nell'arte » (12). Eppure costui definisce l'arte «l'armonica rappresentazione del vero in una forma fantastica » (13).

Più giusto Giuseppe Mazzini scrive: — « Combattendo, a pro del romanticismo, le vecchie norme dei classicisti, noi intendevamo combattere nell'unica via che allora stava aperta a pro della rivoluzione » (14).

E noi, rispettosi alle credenze e alle tradizioni, interessati a chiunque fa uno sforzo per riuscire, devoti al triplice ideale ascetico, cavalleresco, artistico, nell'ardor delle nobili lotte e nelle illusioni generose trovammo una poesia melanconica; e ben altro che compatimento tributiamo a tentativi falliti, la cui ragione forse fu solo il sentimento. No: non furono inutili lottatori nella inevitabile sconfitta; additavano la strada; voleano superar una barricata senza ben sapere che cosa vi fosse al di là: ma intanto la superavano. Senza que' generosi presentimenti, senza quegli sforzi, viepiù meritevoli perchè non erano spinti dalla pubblica opinione e dal prospetto di lucri e di posti, sareste arrivati qui voi, o eroi sprezzatori?

Se sopravvennero tempi ove le dottrine soccombettero all'azione; se da 30 anni tutto è cambiato, politica, patriotismo, economia, arti, idee, credenze, spettacolo e spettatori; se ottennero il sopravvento la mediocrità uniforme, lo sguajato sofisma, la fatuità petulante, i colpi plebei, un epicureismo cencioso, affetto di consunzione, le logomachie politiche, la ciarla parlamentare, l'analisi tra incapace e indolente; pure,

---

(13) *Lezioni*, vol. III, pag. 303, 305, 325.
(14) Vol. I, pag. 1.
(15) Mazzini, *Scritti* II, II.

quando la pace ordinata che da tanto tempo s'invoca, restituirà la cura dei libri, gli sforzi dell'intelligenza, la festa della letteratura vera e viva, del ragionamento filato, delle reminiscenze imparziali, del buon senso originale, della solidità morale, si professerà riconoscenza a quei che primi spezzarono il giogo, che ci diedero l'entusiasmo, foss'anche per esuberanza di sentimento, e qualche capitolo di cuore, più efficace che non la vana e deplorevole declamazione; a quelli che i precetti della nostra vecchia retorica sottoposero a una critica generosa e iniziatrice, e parlavano con un calore, disimparato dagli scettici sopravvenuti.

Molto tempo ci vorrà prima che nozioni esatte e teoriche, conformi alla verità, alle tradizioni umane, al progresso vero, alla reputazione d'un gran popolo prevalgano in alto e in basso alla superstizione del positivo, alla abitudine del paradosso, alle menzogne e ai pregiudizj politici, i quali, invece di spegnersi, vediamo ogni giorno avvivarsi tra imprecazioni e sbadigli; molto tempo, prima che la storia, non più melodrammatica, sceverato il vero, diventi la migliore scuola politica.

Intanto vogliansi pur bastonare, ma conviene soffrire coloro che con emozione destano ricordi, raffreddati dall'età; tengono vive o resuscitano le memorie d'un passato non ispregevole, e interrogano quelle tombe, da cui, se sorgessero le aride ossa, ci griderebbero, *Ingrati!*

FINE.

AGGIUNTE.

A pag. 4 in nota:

Di Luigi Porro abbiamo il discorso che, come tenente della legione lombarda, recitava in occasione della *erezione dell'albero della libertà in Lentate il giorno 7 fiorile, anno V repubblicano*.

A pag. 12, alla nota 4, si aggiunga:

Fu anche stabilita una fabbrica di aceto a Lezzeno. La dirigeva Giuseppe Odoardo Bonelli, che di là, il 3 febbrajo 1820, scriveva a Pellico:

— « Viaggio sollecito mi condusse alle tuttora amare sponde. I progressi del sole sul nostro orizzonte ed il vostro prossimo arrivo al Balbianino contribuiranno assai a render più gradito il mio soggiorno in quella selvaggia e remota terra. Salutate cordialmente il signor conte, il signor De Breme, ed abbracciate teneramente gli amabili vostri allievi. Non cessate di tener diritti i loro teneri e sensibili cuori all'adorazione del Gran Nume ».

A pag. 30 aggiungasi:

Foscolo a Pellico scriveva da Londra l'ottobre 1818:

.... Del *Conciliatore* io aveva ricevuto da Trechi il manifesto, ed una lettera circolare firmata dall'abate di Breme. Non rispondo io mai a circolari stampate: se de Breme o altri desiderava ch'io cooperassi, poteva e doveva scrivermi. — ed avrei risposto ciò che ora risponderò a te, Silvio mio, Come concilierete voi il *Conciliatore* e l'ingegno e l'animo vostro, parlo di te e del dottor Rasori, con la Censura? Come concilierete con la dignità d'un giornale letterario, le meschinelle superbiette, le malignette invidie de' letterati? Come mai scanserete le allusioni che, chiunque non pensa nè sente come voi, vorrà pure trovare e far trovare (anche dopo l'*imprimatur* della Censura) al Governo? Ma questi sono minori ostacoli verso del maggiore di tutti; ed è che taluno, o taluni degli scrittori preponderanti vorranno lodare sè stessi e gli amici, e biasimare nemici, e fare (come pur la s'è fatta sempre) la letteratura un pretesto d'*eunucomachia*. E di sì fatte esperienze n'abbiamo oramai da secoli: ma l'esperienze furono più convalidate da cent'anni in qua, dopo la istituzione di varj giornali in Italia; e i loro vizj inerenti alla divisione delle nostre provincie, e alla venalità ed umiliazione e rabbia impotente della nostra letteratura critica, andarono sempre più peggiorando, — fino al pessimo, abjettissimo, velenosissimo fra tutti gli altri, il *Poligrafo*. — Cosa sia il giornale istituito poi dagli Austriaci, ove mi dicono che abbia scritto anche il Monti, non so; non m'è incontrato mai di vederlo. Trechi, il quale vedeva come in Inghilterra i due principali giornali letterarj sono compilati da estensori che sono ad un tempo ministri di Stato, o capi della parte contraria al Governo, e tutti potenti, dotti, eloquenti, mi diede il manifesto del *Conciliatore* e la circolare per disobbligare la propria promessa — dacchè l'aveano pregato, ed egli avea promesso di confortarmi a mandare articoli; — ma confortandomi, crollava anch'egli il capo meco, e prevedeva che l'evento tradirebbe le vostre buone intenzioni. Amori di parte, Silvio mio, e rancori e gelosie e cabale sono anche ne' giornali d'Inghilterra; ma il loro scopo è maggiore: però sono essi meno risibili. Trattasi di chi avrà il governo ed il ministero, se i *wighs* o i *tories*: trattasi di libri massicci, liberi, e liberamente giudicati. Però gli inconvenienti naturali a sì fatta impresa letteraria sono più tollerabili. Ma in Italia di che si tratta? di lodare il sonetto proprio, e degli amici; e malignare a ogni modo, e calunniare, se a Dio piace, i nemici. L'abate mi mandava una circolare, e intanto scriveva filippiche agli Inglesi per infamarmi. Bei modi — santissimi modi — e tutti nostri, pur troppo, di *conciliare!* Il conte Confalonieri mi parlò anch'esso, e mi riparlò istantemente perch'io pur ajutassi, come potessi, il *Conciliatore*; ed alle mille ragioni ch'io gli addussi per iscusarne, mi ha sempre risposto « che il non far nulla è il peggior dei partiti »; ed è vero; — ma e il far male? Il potere far bene, e dovere a forza, volere o non volere, far male? — A ogni modo, dacchè tu, Silvio mio, e Rasori e Sismondi ci avete parte, farò che di tanto in tanto abbiate alcuni miei articoletti; — e lascio d'ora in poi a te l'arbitrio di stamparli o no, d'allungarli, accorciarli e farne in tutto e per tutto a tua posta.

A pag. 42 in capo si metta:

Dopo caduto il regno d'Italia, Foscolo scriveva da Milano il 4 agosto 1814: — « Pellico è qui, ramingo esso pure, cioè in casa Briche (?), intento per amicizia all'educazione di Odoardo: forse lo indurrò a scrivere qualche articolo. In quanto a Borsieri, le opinioni e tanti trambusti politici lo hanno sviato da me e dalle lettere, e lo vedo assai raramente. Anch'egli ha perduto il pane, e forse la povertà lo ridurrà allo studio: è giovane di potentissimo ingegno, e sarebbe peccato ch'ei divenisse di perdute speranze ».

E altrove:

— « Il povero abate di Breme, ch'era innamorato di Milano, è in Milano e comincia ad esserne sazio. Lo vedo più spesso ora che viene a congratularsi meco, ed a spassionarsi a quattr'occhi. A me questa città non è mai piaciuta, e lasciando stare l'affare fantastico e disperato dell'indipendenza, si sta men male ora d'allora, quanto al Governo: si vive più liberi, come avviene a tutti i paesi nella lontananza del principe, ed io del passato Governo non amo se non la viceregina perchè era bellissima, giovane, e principessa graziosa ed elegantissima quanto le grazie, e madre di figli italiani, che ad ogni modo, sarebbero stati milanesi. L'abate di Breme la vedeva assai spesso, e talvolta le diceva messa ».

A pag. 60 alla nota 4 si aggiunga:

Un rapporto del Goheausen direttor generale della Polizia del 28 novembre 1821 sull'influenza del giornalismo, qualificando i giornalisti, dice che — « Francesco Pezzi appartiene ad una famiglia di mercanti di panno in Venezia, il suo genitore ed avo erano zelanti osservatori d'ogni antica costumanza veneta, e sommamente riservati e religiosi. I figli, all'opposto, cioè Francesco di cui parlasi, un suo fratello ed una sua sorella, tennero, con sommo cordoglio del genitore e dello zio, una condotta diametralmente opposta, cioè quella della zerbineria i primi, e della letterata da caffè la seconda. Il padre e lo zio, disperando che i figli potessero loro succedere con buon esito, cedettero il negozio a un fedele loro giovine, con un tenue assegno ai figli. Nel 1805 o 1806 Francesco Pezzi si trasferì a Milano, ed avendo in quel tempo i signori Darnay e Méjan acquistata la proprietà del *Corriere Milanese*, destinarono Pezzi e Lafolie per collaboratori. Nel 1814, all'arrivo dell'armata austriaca, rimase Pezzi il solo redattore dello anzidetto foglio, indi venne dall'eccelso imperiale regio Governo proposto a redigere il foglio intitolato *La Gazzetta di Milano*.

« I sentimenti politici del Pezzi non si possono facilmente determinare, poichè, sotto il cessato Governo, era tutto ligio e devoto ai principj che allora dominavano; nel giorno susseguente a quello in cui si commise il detestato assassinio dell'infelice Prina spiegò caldamente le massime che regnavano nella subingressa Reggenza; e ritornato in seguito il Governo austriaco, mostrò, in generale, attaccamento alle viste direttrici del medesimo. Da ciò ne viene ch'egli è comunemente considerato come uomo di nessun Governo, e seguace dei principj del dominante.

« La condotta morale privata del Pezzi è quella del Sibarita. Egli conviveva già colle due sorelle Tran bolognesi di nascita, delle quali la più avvenente venne sposata dallo stravagante conte Tomasini veneziano: ora, come dicesi, tiene in casa una donzella gelosamente custodita, la quale per non essere veduta si decanta, forse più del vero, di rara bellezza.

« L'accuratezza del Pezzi nella redazione del suo foglio secondo le mire dominanti del Governo austriaco, viene universalmente e costantemete ritenuta massima: tuttavia conviene osservare che egli venne qualche volta dalle autorità politiche censurato, per l'inserzione di notizie non consentance ai principj adottati dallo attuale Governo, e che nell'appendice talvolta si permette di lanciare colpi di privata vendetta. Non consta di avere appartenuto a società secrete ».

A pag. 62 alla nota 7 aggiungi:

Alla restaurazione del 1814, l'Austria era rappresentata presso la Corte di Torino dal generale Bubna, senza carattere officiale; poi dal generale Neipperg come plenipotenziario. Dal 15 al 20 lo fu dal principe di Starenberg, poi dal barone di Binder, cui al 23 successe il conte di Senffst-Pilsach: dal 32 al 35 il conte di Bombelles; indi il conte Brunetti; nel 1838 il principe Schwartzenberg; e nel 1844 il conte Buol-Schauenstein, che ne partì allo scoppio della guerra del 48.

A pag. 69 linea 4 metti in nota:

Il 14 marzo era nato Vittorio Emmanuele.

A pag. 116 alla nota 3 aggiungi:

Sopra l'esistenza di questa Società dei Sanfedisti è fondato un romanzo, che al suo tempo levò molto rumore, *Rome souterraine* par Charles Didier, della quale grandissime lodi fece Mazzini per bellezze di stile, d'immagini, di dramma, erudizione senza pedanteria, iniziazione dell'Italia futura sul sepolcro degli ultimi Carbonari. Un cardinale, ajutato dai Carbonari, è eletto papa, ma l'Austria gli dà il veto: onde Carbonari e Sanfedisti cospirano contro l'Austria. Il romanziere si credette in obbligo di soggiungere che la scena avveniva gli ultimi anni della Ristorazione; ma che, dopo le giornate del 1830, Roma non credette salvarsi che coll'allearsi a Cesare. Allora i Sanfedisti divennero feroci avversarj dei Liberali; e ne' riti di loro iniziazione domandati,

— Quai sono i vostri colori? — rispondevano: — Col giallo e nero mi copro la testa; copro il cuore col bianco e giallo.

— Qual è il vostro dovere?

— Sperare in nome di Dio e della sola vera Chiesa cattolica romana.

— Quali sono i nodi che ci stringono?

— L'amor di Dio, della patria, della verità.

— Come vi addormentate?

— Sempre in pace con Dio, e colla speranza di svegliarmi in guerra contro i nemici del suo santo nome.

— Coraggio dunque, fratello, e perseveranza.

A pag. 270 si aggiunga:

N. 80-81. Sentenza.

Visti ed esaminati gli atti d'inquisizione dalla commissione speciale eretta in Venezia contro la setta dei Carbonari, costrutti contro

1. Pietro Maroncelli nativo di Forlì;
2. Silvio Pellico di Saluzzo;
3. Angelo del fu Giovanni Canova di Torino;
4. Adeodato Ressi di Cervia;
5. Giacomo Alfredo Rezia di Bellagio,

Imputati i tre primi del delitto di alto tradimento, i due ultimi di correità nel delitto medesimo,

Vista la consultiva sentenza della detta commissione speciale di prima istanza del dì 10 agosto 1821,

Vista la consultiva sentenza della commissione di seconda istanza, egualmente istituita contro la setta dei Carbonari, del giorno 9 settembre 1821,

Il cesareo regio senato Lombardo-Veneto del supremo tribunale di giustizia sedente in Verona, con sua decisione 6 dicembre 1821 ha dichiarato:

Il *Maroncelli*, il *Pellico*, il *Canova* rei del delitto di alto tradimento, e gli ha condannati alla pena di morte.

Ha pure dichiarato: essere il *Ressi* e Giacomo Alfredo *Rezia* correi del delitto di alto tradimento, e perciò condannati i medesimi alla pena del carcere duro in vita, e tutti insieme al pagamento delle spese processuali ed alimentarie, colle riserve del § 537 del codice penale.

Subordinati gli atti colle relative sentenze a Sua Sacra Cesarea R. M. A., l'altefata M. S. con veneratissima sovrana risoluzione 6 febbrajo 1822 si è clementissimamente degnata di condonare, in via di grazia, al *Maroncelli*, al *Pellico*, al *Canova* la meritata pena di morte, ed al *Ressi* ed a *Giacomo Alfredo Rezia* quella del carcere duro in vita, ed ha invece ordinato, che debbano subire la pena del duro carcere il *Maroncelli* per venti anni, il *Pellico* per quindici, il *Canova* e *Ressi* per cinque, il *Rezia* per tre, tutti in una fortezza, quelli condannati ad un carcere più lungo, cioè *Maroncelli* e *Pellico* sullo Spielberg, e quelli condannati ad un tempo minore, cioè *Canova*, *Ressi* e *Rezia* nel castello di Lubiana, cessando ora, in quanto ad *Adeodato Ressi* la disposizione attesa la di lui morte naturale dopo l'ultima sentenza avvenuta. Scontata la pena, quelli fra i delinquenti che sono sudditi esteri, verranno banditi.

Tale suprema decisione, e tale clementissima sovrana risoluzione vengono portate a pubblica notizia in esecuzione del venerato aulico decreto del senato Lombardo-Veneto del supremo tribunale di giustizia 13 corrente, n. 409-A, partecipata col rispettato dispaccio dell'I. R. Commissione Speciale di seconda istanza 16 detto mese, n. 34.

Dall'I. R. Commissione Speciale di prima istanza in Venezia il 21 febbrajo 1822.

Conte GUGLIELMO GARDANI, *presidente.*

DE ROSMINI, *segretario.*

Fu processato anche Girolamo Cicognara, fratello di Leopoldo, ch'era podestà di Ferrara, ove dal Comune fece comprare la casa dell'Ariosto.

A pag. 270:

Sentenza sugli atti dell'inquisizione criminale costrutti dalla commissione speciale in Milano pel delitto d'alto tradimento contro i detenuti: 1.° *Federico* conte *Confalonieri*, 2.° *Alessandro Filippo Andryane*. Contro i contumaci: 3.° *Giuseppe Pecchio*, 4.° *Giuseppe Vismara*, 5.° *Giacomo Filippo de Meester Haydel*, 6.° *Costantino Mantovani*, 7.° *Benigno* marchese *Bossi*, 8.° *Giuseppe* marchese *Arconati Visconti*, 9.° *Carlo* cavalier *Pisani-Dossi*, 10.° *Filippo* nobile *Ugoni*, 11.° *Giovanni* conte *Arrivabene*. E contro i detenuti: 12.° *Pietro Borsieri* di *Kanifeld*, 13.° *Giorgio* marchese *Pallavicini*, 14.° *Gaetano Castiglia*, 15.° *Andrea Tonelli*, 16.° *Francesco* barone *Arese*, 17.° *Carlo Castiglia*, 18.° *Sigismondo* barone *Trechi*, 19.° *Alberico di Felber*, 20.° *Alessandro* marchese *Visconti d'Aragona*, 21.° *Giuseppe Rizzardi*, 22.° *Gio. Batta Comolli*, 23.° *Giuseppe Martinelli*, 24.° *Paolo Mazzotti*, 25.° *Luigi Moretti*, tutti imputati di alto tradimento.

Il cesareo regio senato lombardo-veneto del supremo tribunale di giustizia sedente in Verona, colle sue decisioni 27 agosto quanto all'Andryane, e 9 ottobre 1823 quanto agli altri ha dichiarato:

1.º Essere i detenuti Federico conte Confalonieri e Alessandro Filippo Andryane, i contumaci Pecchio, Vismara, de Meester-Haydel, Mantovani, Bossi, Arconati-Visconti, Pisani-Dossi, Ugoni, Arrivabene; e gli altri detenuti Borsieri, Pallavicini, Castiglia, Tonelli e Arese, rei del delitto di alto tradimento, e li ha condannati alla pena di morte, da eseguirsi colla forca, osservato in quanto ai contumaci il paragrafo 498 del Codice penale.

2.º Ha pure dichiarato doversi pel titolo d'alto tradimento sospendere il processo, per difetto di prove legali, a carico di Carlo Castiglia, Trechi, de Felber, Visconti d'Aragona, Rizzardi, Comolli, Martinelli e Mazzotti, condannati però tanto essi che tutti i prenominati inquisiti al pagamento delle spese processuali in *solidum* e delle alimentari in loro specialità, giusta il paragrafo 537 del Codice penale; e tutti i nobili, dichiarati rei di alto tradimento, alla perdita, quanto alle loro persone, dei diritti della nobiltà austriaca.

3.º Ha dichiarato doversi assolvere Luigi Moretti, essendosi riconosciuto la di lui innocenza.

La S. C. R. A Maestà, colle sovrane risoluzioni 17 dicembre 1823 e 8 gennajo 1824 lasciò che la giustizia avesse il suo corso riguardo ai contumaci Pecchio, Vismara, de Meester, Mantovani, Bossi, Arconati-Visconti, Pisani-Dossi, Ugoni ed Arrivabene; e in via di grazia degnossi di rimettere ai condannati Confalonieri, Andryane, Borsieri, Pallavicini, Gaetano Castiglia, Tonelli ed Arese la pena di morte, e di commutarla nella pena del carcere duro da espiarsi da tutti nella fortezza di Spielberg, in quanto a Confalonieri e Andryane *per tutta la vita*, in quanto a Borsieri, Pallavicini e Gaetano Castiglia *per venti anni*, in quanto a Tonelli *per dieci anni* ed in quanto ad Arese *per tre anni*, oltre le conseguenze legali della condanna al carcere duro.

Il consigliere aulico Della Porta, presidente
A. Rosmini, segretario.

INDICE.

I.	Proemio	Pag.	1
II.	Luigi Porro	»	4
III.	Il mutuo insegnamento	»	10
IV.	Il romanticismo	»	21
V.	Il conciliatore	»	30
VI.	Berchet	»	36
VII.	Borsieri	»	41
VIII.	Lodovico de Breme	»	52
IX.	Silvio Pellico	»	75
X.	Soppressione del *Conciliatore*	»	89
XI.	Maroncelli e i processi	»	101
XII.	Carboneria e Guelfismo	»	115
XIII.	Ressi e Romagnosi	»	122
XIV.	Confalonieri	»	132
XV.	Lombardi e Piemontesi	»	158
XVI.	Giuseppe Pecchio e Sigismondo Trechi	»	170
XVII.	Manzoni	»	178
XVIII.	Pellegrino Rossi	»	185
XIX.	Gino Capponi e i Toscani	»	190
XX.	Leopardi e Foscolo	»	202
XXI.	Camillo Ugoni	»	212
XXII.	Giovita Scalvini	»	229
XXIII.	Giuseppe Nicolini	»	245
XXIV.	Altri Bresciani	»	255
XXV.	Riassunto	»	267
	Aggiunte	»	280

CPSIA information can be obtained at www.ICGtesting.com
Printed in the USA
LVOW11s1923031113

359807LV00005B/177/P